Etre bilingue

Exploration
Recherches en sciences de l'éducation

La pluralité des disciplines et des perspectives en sciences de l'éducation définit la vocation de la collection Exploration, celle de carrefour des multiples dimensions de la recherche et de l'action éducative. Sans exclure l'essai, Exploration privilégie les travaux investissant des terrains nouveaux ou développant des méthodologies et des problématiques prometteuses.

Collection de la Société Suisse pour la Recherche en Education, publiée sous la direction de Marcel Crahay, Rita Hofstetter, Nicole Rege Colet et Bernard Schneuwly.

Georges Lüdi
Bernard Py

Etre bilingue

4e édition ajoutée d'une postface

PETER LANG
Bern · Berlin · Bruxelles · Frankfurt am Main · New York · Oxford · Wien

Information bibliographique publiée par «Die Deutsche Nationalbibliothek»
«Die Deutsche Nationalbibliothek» répertorie cette publication dans la «Deutsche
Nationalbibliografie»; les données bibliographiques détaillées sont disponibles
sur Internet sous ‹http://dnb.d-nb.de›.

Réalisation couverture: Didier Studer, Peter Lang AG

ISBN 978-3-0343-1440-4 br.   ISBN 978-3-0351-0647-3 eBook
ISSN 0721-3700 br.   ISSN 2235-6312 eBook

© Peter Lang SA, Editions scientifiques internationales, Berne 2013
Hochfeldstrasse 32, CH-3012 Berne, Suisse
info@peterlang.com, www.peterlang.com

Tous droits réservés.
Cette publication est protégée dans sa totalité par copyright.
Toute utilisation en dehors des strictes limites de la loi sur le copyright est interdite et
punissable sans le consentement explicite de la maison d'édition. Ceci s'applique en
particulier pour les reproductions, traductions, microfilms, ainsi que le stockage et le
traitement sous forme électronique.

Remerciements

Nous souhaitons exprimer notre reconnaissance à Mmes Claude-Anne Zuber et Esther Wagnières, secrétaires aux Universités de Bâle et de Neuchâtel, pour leur collaboration à l'édition du présent ouvrage.

Nous tenons également à remercier Mme Fée Steinbach pour son aide précieuse à l'élaboration de la bibliographie.

TABLE DES MATIERES

AVANT-PROPOS   XI

CHAPITRE 1: FREQUENCE – DEFINITION – INTERET   1
    Le plurilinguisme est la règle,
l'unilinguisme l'exception   1
    L'individu plurilingue   5
    Le bilinguisme social et la notion de diglossie   11
    Le bilinguisme des migrants   17

**CHAPITRE 2: ANALYSE DE CAS PARTICULIERS
ET PRESENTATION DES CONCEPTS DE BASE**   21
    Une famille espagnole à Neuchâtel   22
    La migration externe en Suisse: quelques chiffres   25
    Incidences qualitatives   31
    Deux histoires de vie de «migrants»
francophones à Bâle   32
    Les francophones à Bâle   37
    La langue comme emblème de l'identité sociale   38
    Migration interne et migration externe;
influences sur le bilinguisme   41
    Plaidoyer pour l'abandon de la notion de
«langue maternelle» dans la recherche
sur le bilinguisme   44
    La famille nucléaire, lieu d'une double médiation   47
    Un exemple de bilinguisme volontaire:
le stage linguistique   48

**CHAPITRE 3: DEUX LANGUES, DEUX CULTURES,
DEUX SCHEMATISATIONS DE LA REALITE**   53
    Langue, pensée, culture   54
    Biculturalisme et distance culturelle   62
    Marginalisation, assimilation, intégration   69

Un concept clé pour le bilinguisme:
la fonction interprétative ... 73
Plurilinguisme et variation polylectale ... 79
Pour une conception «bilinguale» de
la compétence linguistique des migrants ... 82

CHAPITRE 4: ATTITUDES ET REPRESENTATIONS SOCIALES ... 85

Qu'est-ce que les attitudes et les représentations
sociales ont à voir avec le bilinguisme des migrants? ... 86
Attitudes ... 88
Attitudes, préjugés et discours méta-attitudinal ... 90
Comment identifier les attitudes face aux
langues et à leurs utilisateurs? ... 93
Représentations sociales ... 97
Comment identifier des représentations? ... 102

CHAPITRE 5: LA DYNAMIQUE DE LA COMPETENCE LINGUISTIQUE BILINGUE DES MIGRANTS ... 107

Particularités du comportement langagier
des bilingues et des apprenants ... 108
Différences de structure et interférences ... 110
Interlangue et compétence bilingue ... 114
La restructuration de la compétence en
langue d'origine et les variantes de contact ... 118
L'instabilité de la compétence linguistique
des migrants ... 119
Les contextes de l'acquisition ... 127
Conclusions ... 129

CHAPITRE 6: MANIFESTATIONS DISCURSIVES DU BILINGUISME ... 131

Choix de langue et parler bilingue ... 131
De la variabilité dans une «grammaire»
du choix de langue ... 132
Négocier le choix de langue dans
l'interaction verbale même ... 136

Parler bilingue comme choix de langue	139
Les marques transcodiques	**141**
Vers une typologie du code-switching	145
Aspects cognitifs du parler bilingue	146
Fonctions de l'alternance codique	152
Parler bilingue et acquisition des langues: les apprenants code-switchent-ils?	**160**
Les marques transcodiques comme emblèmes ou comme stigmates	**166**
Marques transcodiques et identité sociale	167
Statut ambigu des marques transcodiques comme «members category» chez des migrants internes en Suisse	168
Les marques transcodiques comme marques de la non appartenance à une communauté	170
CHAPITRE 7: INCIDENCES DIDACTIQUES ET EDUCATIVES	**173**
Quelle valeur des langues de l'immigration sur le marché linguistique?	174
Que nous apprend le bilinguisme «sauvage» des migrants?	177
Purisme, bilinguisme, xénolectes et stéréotypes	181
Quels conseils donner aux parents d'enfants bilingues?	185
BIBLIOGRAPHIE	**187**
POSTFACE	**205**

Avant-propos

Depuis la parution de la première édition beaucoup de choses ont changé. Le contexte social dont nous parlions alors n'est plus tout à fait le même. Les migrations existent bien sûr toujours, mais l'origine de nos hôtes s'est fortement diversifiée, même si les Espagnols et les Alémaniques sont encore relativement nombreux à Neuchâtel. La communauté espagnole s'est bien intégrée; elle est nettement «moins étrangère» que d'autres communautés, notamment celles qui sont formées de demandeurs d'asile provenant de l'ancienne Yougoslavie ou de régions plus éloignées géographiquement ou culturellement. Le statut administratif de ces nouveaux migrants est le plus souvent très instable (accueil provisoire). Sur le plan de la recherche, les travaux sur les contacts de langues, leur apprentissage et le bilinguisme ont connu d'importants développements.

Ces changements ne peuvent pas être négligés dans la réédition d'un livre qui prétend à la fois décrire une situation sociolinguistique particulière et former des lecteurs à la réflexion et à la recherche sur le bilinguisme et tout ce qui l'entoure. Mais en même temps la première édition définissait déjà un cadre théorique et méthodologique global dont les principales caractéristiques nous paraissent toujours valables. Elle semble avoir trouvé une forme et un contenu qui répondent encore aux attentes de nombreux lecteurs. Nous avons en conséquence procédé à des adaptations – parfois importantes – plus qu'à une réécriture complète. Nous avons remplacé les anciennes données par des informations plus récentes (notamment sur la plan statistique). Nous avons recadré ou complété nos réflexions théoriques de manière à refléter notre évolution, qui est elle-même inséparable de l'évolution du domaine en général.

Nous sommes restés fidèles à l'esprit originel de cet ouvrage, à savoir proposer au lecteur de nous accompagner dans des analyses que nous avons menées dans un cadre théorique situé aux confins de la linguistique, de l'ethnographie, de la pédagogie et de la psychologie. Notre ancrage est cependant resté clairement linguistique dans la mesure où nous attribuons au langage un rôle central dans tous les phénomènes que nous étudions et où nous utilisons des méthodes proprement linguistiques. Comme dans la première édition, nous nous en sommes cependant tenus à une certaine linguistique: nos références n'ont aucune prétention encyclopédique.

Nous avons bien entendu ajouté certains développements, en les compensant partiellement par la suppression de passages qui nous ont paru trop dépassés. La bibliographie a suivi le même mouvement. Nous n'avons pourtant pas systématiquement enlevé toutes les balises du contexte social et scientifique où nous avions rédigé la première édition. Nous estimons en effet que tout ce qui est dépassé n'est pas dénué d'intérêt. Et nous souhaitions également conserver, sous des formes certes discrètes, quelques traces de l'évolution de nos travaux depuis 1986. Il ne s'agit pas d'une autosatisfaction déguisée, mais du sentiment que notre propre trajectoire suit de près une interprétation possible de l'histoire récente des recherches sur le bilinguisme.

Au centre des changements qui nous concernent, il y a la poursuite de la diversification culturelle et linguistique de notre environnement social. Et les réponses, bonnes ou mauvaises, que notre société apporte à cette évolution. Parmi les bonnes réponses, il y a de nombreuses tentatives visant à tirer les conséquences pédagogiques de cette évolution. D'où un nouveau chapitre à orientation didactique. La didactique se trouvant à l'intersection d'une recherche scientifique et d'une réflexion pratique dont l'importance sociale n'est pas à démontrer, elle permet de cristalliser nos réflexions et de les ancrer dans un contexte social particulier, ce qui est une bonne manière d'apporter une conclusion à un livre dont le sujet est si riche et hétérogène.

Printemps 2002

Chapitre 1

Fréquence – Définition – Intérêt

Plus de la moitié de l'humanité est plurilingue ou vit dans un environnement multilingue. Le plurilinguisme n'est pas une exception, il n'a rien d'exotique, d'énigmatique, il représente simplement une possibilité de normalité, une des manifestations de la compétence linguistique humaine offertes à l'observation de celui qui considère son entourage avec l'optique du linguiste. Dans ce premier chapitre, après quelques réflexions destinées à *cerner le phénomène*, on étudiera les modalités de contact des langues chez les individus plurilingues. Pour ce faire, le plurilinguisme sera défini *fonctionnellement*; on se demandera comment le plurilingue utilise ses connaissances. Puis, on s'interrogera sur les relations entre le plurilinguisme de l'individu et la juxtaposition de plusieurs langues dans un même groupe, et par là même, on discutera de la notion de diglossie. Enfin, on traitera de quelques particularités qui caractérisent le plurilinguisme des migrants.

LE PLURILINGUISME EST LA REGLE, L'UNILINGUISME L'EXCEPTION

On sait aujourd'hui que le locuteur-auditeur «idéal», locuteur natif d'une langue standard parlée par une communauté absolument homogène, est une construction des linguistes, utile, certes, mais sans existence réelle. Si elle ne reflète pas la réalité, cette conception repose pourtant sur de très anciennes représentations culturelles du langage solidement implantées. Dans l'optique du mythe de la tour de Babel, la diversité linguistique est une punition divine et donc foncièrement mauvaise. Plus proche de nous, Antonio de Nebrija, grammairien et lexicographe espagnol de la fin du XVe siècle, préconisait la diffusion du castillan en Espagne selon le dicton: une nation, un roi, une langue. La Révolution française cimenta cette attitude:

> Dans une République une et indivisible, la langue doit être une. C'est un fédéralisme que la variété des dialectes: elle fut un des ressorts de la tyrannie, il faut la briser entièrement... (Circulaire du Comité de salut public, présidé par Robespierre, du 28 prairial, an 11)

En plein XXe siècle, dans l'Espagne de Franco, on inculquait aux élèves la thèse que la monoglossie est une vertu civique, gage d'unité nationale (Ninyoles, 1977). Dans une toute autre tradition, celle de l'idéalisme allemand, qui soulignait le rôle déterminant de la langue maternelle («Prägekraft der Muttersprache»), le bilinguisme et le mélange des langues qu'on lui reprochait sont considérés comme éminemment dangereux pour les individus et les communautés (Weisgerber, 1966). Citons encore comme dernier exemple d'une attitude négative face au plurilinguisme le fait que certains pédagogues confrontés avec des enfants migrants ne maîtrisant pas suffisamment la langue scolaire officielle ne considèrent toujours point la langue maternelle des élèves comme un enrichissement mais plutôt comme un handicap, en alléguant le danger d'un double «semilinguisme».

Pourtant, dans le monde d'aujourd'hui, le plurilinguisme est bien plus souvent la règle que l'exception.

a) D'abord, il n'y a guère de pays en Europe ni dans le monde sur le territoire duquel il ne se parlerait pas plus d'une langue. Voici quelques exemples de *plurilinguisme historique* en Europe:

France: français, occitan, basque, catalan, corse, alsacien, flamand, breton.
Espagne: espagnol (castillan), catalan, basque, galicien.
Belgique: français, flamand (néerlandais), allemand.
Suisse: allemand, suisse-allemand, français, italien, romanche (plusieurs variétés).

En dehors de l'Europe, le plurilinguisme «historique» était, et il l'est encore, bien plus varié. Pour ne citer qu'un exemple: on mentionne plus de 800 langues différentes pour la Nouvelle Guinée (voir d'autres données chez Grosjean, 1982, pp. 1-41).

b) En raison des nombreuses migrations, de nouvelles langues ont fait leur apparition, telles que l'espagnol et l'arabe en France, l'espagnol, le portugais, le turc, l'albanais et le grec en Suisse et en Allemagne, etc.

c) Extrêmement nombreux sont d'autre part les individus capables de communiquer dans plus d'une langue en famille, à leur lieu de travail, en vacances, etc. L'accès aux données statistiques de ce type n'est évidemment pas sans poser de problèmes et, lorsqu'elles émanent par exemple de recensements de la population, ces données ne sont pas entièrement fiables (Lüdi, Werlen, Franceschini et al., 1997).

Nous avons parlé d'états plurilingues, c'est-à-dire de plurilinguisme territorial, et de personnes plurilingues, c'est-à-dire de plurilinguisme individuel. Pour expliquer cette distinction, prenons l'exemple de la Suisse: la Suisse est quadrilingue, mais cela n'est évidemment pas vrai de tous les Suisses. Même les administrations cantonales et communales ne sont de loin pas toujours bilingues (en réalité, seuls le sont les cantons et communes situés sur les frontières linguistiques) bien que ce soit précisément souvent ce plurilinguisme institutionnel qui préserve la possibilité, voire le droit de l'individu et de la communauté régionale à l'unilinguisme. Nous trouvons des exemples de plurilinguisme institutionnel en Suisse et ailleurs:

> Des villes comme Bruxelles, Fribourg, Bienne, des cantons comme Berne, Fribourg, Valais, des états comme le Canada, la Belgique, l'Irlande, la Finlande, la Suisse; des organisations internationales telles que l'Union Européenne, le Conseil de l'Europe, l'ONU, etc.

De plus, l'expression «plurilinguisme territorial» a de nombreuses significations. Elle peut en particulier désigner:

a) une situation de contact dans laquelle chaque langue est parlée dans une région bien délimitée, comme par exemple le français et le néerlandais dans certaines régions de Belgique, le français et l'allemand dans certaines parties de la Suisse;

b) une situation de contact dans laquelle deux ou plusieurs langues sont parlées dans une seule et même région par des groupes de locuteurs qui peuvent partiellement se chevaucher. C'est par exemple le cas de la ville de Genève où 29% des habitants déclaraient, en 1990, une autre langue principale que le français.

La différence entre a) et b) peut revêtir une importance décisive comme le montre de nouveau l'exemple de la Suisse. En effet, lorsqu'un territoire à population composite connaît un plurilinguisme institutionnel, l'individu peut très bien et en toute légalité n'utiliser que l'une ou l'autre langue dans ses contacts avec les institutions (école, administrations, hôpitaux, presse, etc.); c'est par exemple le cas de Bienne où l'on peut parler le français ou l'allemand. Chaque citoyen peut donc rester unilingue sans pour autant subir de préjudice. Il en est autrement à Zurich ou à Lausanne. En raison de la législation linguistique, l'administration doit imposer aux habitants l'unique langue officielle (l'allemand pour Zurich, le français pour Lausanne) dans tous leurs contacts avec les autorités et tout particulièrement avec les écoles. Cet état de choses est basé sur deux points de droit coutumier:

a) *la liberté de langue*, définie comme le «droit de l'individu face à l'état d'utiliser librement n'importe quelle langue, oralement et par écrit» (Schäppi, 1971, p. 51);

b) *le principe territorial*, qui stipule «que les quatre langues nationales doivent être garanties non seulement dans leur utilisation publique, mais encore dans leur existence, leur domaine géographique et leur homogénéité» (Schäppi, p. 59).

Si ces deux points de droit coutumier se trouvent en conflit, par exemple si, à Lausanne, des parents de langue allemande veulent envoyer leurs enfants dans une école de langue allemande, le principe de la liberté de langue sera en général évincé par le principe territorial. Ceci porte naturellement à conséquence pour les migrants. Bien sûr, les migrants adultes peuvent rester unilingues en tant que consommateurs, rentiers ou même travailleurs. Le cas de Friedrich Dürrenmatt, écrivain de langue allemande ayant passé une grande partie de sa vie à Neuchâtel, l'illustre parfaitement. Et si cela entraîne des désavantages, ces derniers sont supportables. Mais leurs enfants seront obligatoirement – même contre la volonté des parents – scolarisés dans la langue officielle de leur domicile.

Nous ne pourrons pas nous pencher ici sur les raisons historiques du plurilinguisme. Disons seulement qu'elles sont aussi nombreuses que variées: relations économiques, brassages de populations dus à des migrations, changements politiques, guerres, mariages interculturels, politique d'éducation, etc. Elles peuvent remonter très loin dans l'histoire (unification de l'Espagne au XVe siècle) ou être au contraire très récentes (migration du bassin méditerranéen et mouvements de réfugiés d'ex-Yougoslavie vers l'Europe centrale dans la seconde moitié du XXe siècle), ressortir de l'histoire collective ou individuelle. On notera pourtant – et ceci est tout aussi pertinent pour le plurilinguisme familial que pour le plurilinguisme territorial – qu'il est souvent indispensable d'étudier le devenir du bilinguisme pour en expliquer le fonctionnement actuel.

Formes de contacts linguistiques	
Plurilinguisme territorial	deux ou plusieurs langues sont parlées sur un seul et même territoire, caractérisé par une certaine unité politico-géographique (a) subdivisée en régions unilingues (b) à parler composite
Plurilinguisme individuel	un seul et même individu (ou une famille entière, un groupe) maîtrise deux ou plusieurs langues
Plurilinguisme institutionnel	l'administration d'une ville, d'un département, d'un pays, d'une organisation internationale, etc. offre ses services dans deux ou plusieurs langues

L'INDIVIDU PLURILINGUE

Le plurilinguisme peut être abordé sous des angles très différents: linguistique, éducatif, juridique, politique, socio-économique, psychologique, historique, etc. En fait, tous ces points de vue se subordonnent à une dichotomie plus fondamentale entre la perspective de l'individu et celle de la communauté. Nous choisissons d'emblée comme point de départ l'individu bilingue. Pour justifier ce choix, il suffit de rappeler l'observation d'Uriel Weinreich[1] que *l'endroit où les langues entrent en contact n'est pas un lieu géographique mais bien l'individu bilingue.*

Le *contact de langues* suppose l'existence de locuteurs bilingues et met en jeu des relations diversifiées au sein des domaines cognitivo-émotionnel et socio-politique de l'individu. Il peut cependant conduire aussi à des conflits linguistiques relatifs à son identité personnelle et sociale (Oksaar, 1980, p. 43. Traduction des auteurs).

Bien entendu, les modalités du bilinguisme individuel sont en partie déterminées par le milieu social dont il sera question plus loin.

Quand un individu peut-il être qualifié de bilingue? Faut-il être né bilingue pour mériter cette appellation? Cette dernière présuppose-t-elle une connaissance *parfaite* des deux langues? Si l'on s'en tient aux idées reçues, le plurilinguisme serait extrêmement rare comme le prouve l'anecdote suivante:

> Un des co-auteurs de ce livre, de langue maternelle française, mais ayant vécu pendant toute sa période de formation en milieu germanophone, donne une conférence publique en français à Zurich. Il lui arrive de faire quelques fautes de grammaire. Réaction de plusieurs personnes de sa connaissance: «Et moi qui croyais que tu étais bilingue...»

En fait, nous ne voulons pas décrire ici un plurilinguisme «idéal». Les chapitres suivants mentionneront au contraire quelques exemples de plurilinguisme «fonctionnel». Quels sont les paramètres permettant de classer les nombreuses formes de ce phénomène? Avant de nous risquer à une définition, examinons quelques critères typologiques importants qui ne supposent pas des *dichotomies* (existence ou non-existence d'un facteur) mais des *variations continues*[2], des axes qui s'assemblent en un

---

1 Grâce à sa dissertation de 1951 sur les langues en contact, qui porte largement sur la Suisse, Uriel Weinreich a apporté une contribution décisive au renouveau de la recherche sur les contacts linguistiques. Deux ans plus tard, il a rédigé un manuel fondamental (Weinreich, 1953) dont il n'existe malheureusement pas de traduction française intégrale (mais voir Weinreich, 1968).
2 La linguistique structurale accorde une grande importance aux dichotomies qu'elle considère comme des oppositions de catégories discrètes. Le recours à ce principe se retrouve en logique où l'on fait la différence entre X et non-X, *tertium non datur*. Toutefois, on recourt de plus en plus souvent à la notion centrale de gradation continue. Un élément n'est alors plus simplement

système de coordonnées pluridimensionnel où chaque individu bilingue peut être situé:

a) Nature des langues en contact

Les langues en contact peuvent être articulées diversement, selon la distance typologique qui les sépare, le prestige et la portée communicative de chacune d'entre elles. On peut imaginer notamment les combinaisons suivantes:

- langues de culture de prestige international, par exemple *français* et *anglais*;
- langue à portée communicative nationale ou internationale et langue à portée communicative régionale: *français* et *basque* (ici, on pourra encore différencier selon le degré de parenté des deux langues, et distinguer du cas cité de deux langues non apparentées le bilinguisme entre *italien* et *romanche*);
- langue et dialecte non apparenté, par exemple *français* et *alsacien*;
- langue et dialecte apparenté, par exemple *italien* et *lombard*.

Remarquons que le statut des langues dépend du milieu où elles entrent en contact. Alors que l'espagnol joue le rôle de langue de culture à portée internationale dans le cas du bilinguisme *espagnol* et *guarani* au Paraguay, il ne présente dans celui des Chicanos[3] bilingues du sud des Etats-Unis que le statut de langue à portée communicative régionale peu

---

membre ou non-membre d'une catégorie ou d'une classe, mais l'est à un certain degré (entre 1 et 0). Selon cette perspective, nous considérons nos facteurs classificatoires comme autant d'axes entre 1 et 0 qui s'assemblent en un espace pluridimensionnel et sur lesquels chaque type de bilinguisme possède une valeur déterminée. Pour l'application du principe de gradation en linguistique, voir Lakoff, 1972; Kleiber & Riegel, 1978.

3 On appelle *chicanos* les américains d'origine mexicaine qui vivent en très grand nombre dans le sud-ouest des Etats-Unis, et dont le poids numérique est suffisamment important pour qu'ils conservent leur langue d'origine espagnole, cela même si les Anglo-Américains, socialement et économiquement dominants, la déconsidèrent fortement. Aux Etats-Unis, le statut des langues fait actuellement l'objet de controverses entre les défenseurs du plurilinguisme et de la multiculturalité d'une part et les champions du «English only» de l'autre. Un tel débat idéologique et politique peut modifier, à son tour, la perception des langues en contact par les minorités aussi bien que par la majorité.

prestigieuse. De même, le bilingue français/alsacien évaluera différemment la nature de ses deux langues à Paris, Strasbourg ou Bâle. Doit-on parler de bilinguisme, là où les codes en présence ne sont pas des «langues» au sens propre, mais des registres d'une seule et même langue? Les linguistes ne sont pas d'accord entre eux à ce sujet. Pour bien des raisons on peut considérer la compétence plurilingue comme un cas particulier de compétence polylectale (*cf.* chapitres suivants). Cela reviendrait évidemment à dire que pratiquement tous les locuteurs d'une langue naturelle maîtrisant plusieurs dialectes, sociolectes et registres sont plurilingues. Selon une formule heureuse, l'auteur suisse alémanique Hugo Loetscher se disait «bilingue dans sa propre langue» (Loetscher, 1986).

b) Degré de maîtrise

Il semble possible d'évaluer la maîtrise de chacune des langues en contact sur un ensemble d'axes (compréhension orale, compréhension écrite, compétence conversationnelle, expression orale ou écrite, etc.). Ensemble, ceux-ci forment un système de coordonnées complexe dans lequel chaque individu bilingue occupe une position intermédiaire sur un continuum allant d'une connaissance limitée et épisodique d'une deuxième langue jusqu'à la maîtrise également complète de deux ou plusieurs langues. Au lieu de vouloir mesurer la compétence dans chacune des langues à l'étalon douteux d'une «compétence idéale»[4] unilingue, on cherchera plutôt à déterminer le degré d'équilibre entre les maîtrises différentes des langues en contact[5], ainsi que le degré d'autonomie mutuelle des systèmes en contact. En plus de cela, il faudra tenir compte de la compétence spécifique du «parler bilingue» (passages fréquents d'un lecte à l'autre).

---

4   Sans vouloir entrer dans les détails, il est important d'insister sur le fait que la notion de locuteur/auditeur idéal – ou celle de *langue* – est aussi inappropriée pour servir à l'appréciation des connaissances linguistiques d'un bilingue, qu'à l'évaluation des connaissances intermédiaires d'un apprenant ou qu'à l'estimation de la compétence langagière d'une personne socialement défavorisée, etc.
5   Baker (1996, pp. 145 ss.) distingue ainsi entre bilinguisme équilibré, asymétrique et restreint selon que la personne est capable d'accomplir dans les deux, l'une ou aucune de ses langues des tâches communicatives décontextualisées et à exigences cognitives élevées.

c) Mode d'apprentissage

Pour ce paramètre, la biographie linguistique de l'individu joue un rôle décisif. En combinant les axes apprentissage scolaire et acquisition en milieu naturel[6] (Perdue, 1982) avec l'âge auquel la deuxième (troisième, etc.) langue est intégrée dans le répertoire, on obtient le système suivant:

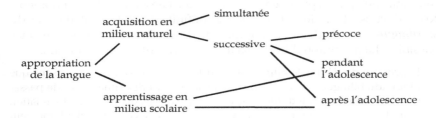

d) Pratiques langagières, besoins personnels et sociaux

Moins faciles à systématiser, ces critères temporels, spatiaux, fonctionnels, situationnels, etc. sont pourtant primordiaux pour une typologie des bilinguismes. On distinguera ainsi par exemple:

- deux (plusieurs) langues d'usage, parlées quotidiennement dans de nombreuses situations en famille, au travail ou pendant les loisirs, «unilingues» (L1 ou L2) ou «plurilingues» (L1 et L2), avec ou sans hiérarchie de prestige;
- une «langue de week-end», parlée lors du retour hebdomadaire au sein de la famille, et une «langue de semaine» faisant face aux besoins de tous les jours;
- une langue parlée et une langue écrite (Kolde, 1981, parle de bilinguisme voire de diglossie «médiale»);
- une seule langue d'usage associée à de très bonnes connaissances d'une autre langue utilisée sporadiquement au contact d'alloglottes (contacts professionnels occasionnels, vacances, etc.).

Il est évident que le bilinguisme de l'individu est, dans ce domaine, étroitement lié à la configuration des langues dans le contexte social où il vit.

---

6 Nous sommes conscients de la controverse qui existe à propos de cette distinction et ne lui donnons ici qu'un caractère heuristique.

Ce survol de quelques critères de typologie nous donne une idée de ce qu'est le «bilingue» de nos préjugés: il correspond à une sorte de prototype idéal, *une* combinaison *possible* de compétences (deux langues de culture, acquises simultanément comme langues premières, utilisées avec une maîtrise équilibrée, c'est-à-dire également parfaite, quotidiennement et dans des situations de communication nombreuses et variées), combinaison qui n'épuise en aucune façon l'ensemble du phénomène. Nous devons et voulons trouver une définition hautement flexible du *plurilinguisme* afin de tenir compte de la multiplicité de ses formes passibles. La définition d'Els Oksaar semble remplir cette condition:

> Je propose de définir le bilinguisme en termes fonctionnels, en ce sens que l'individu bilingue est en mesure – dans la plupart des situations – de passer sans difficulté majeure d'une langue à l'autre en cas de nécessité. La relation entre les langues impliquées peut varier de manière considérable; l'une peut comporter – selon la structure de l'acte communicatif, notamment les situations et les thèmes – un code moins éloquent l'autre un code plus éloquent (Oksaar, 1980, p. 43. Traduction des auteurs).

Cette définition ne permet pas de décider avec certitude de cas limites entre bilinguisme et «unilinguisme avec bonnes connaissances d'une autre langue» ce qui, même théoriquement, n'aurait d'ailleurs guère de sens si l'on admet que le plurilinguisme n'est pas un faisceau de marques distinctives discrètes, mais bien plutôt un ensemble variable de positions intermédiaires sur plusieurs continuums.

L'objet de la recherche qui constitue pour ainsi dire la toile de fond de cet ouvrage est le bilinguisme d'un ensemble de migrants. Sans empiéter sur le prochain chapitre, il faut préciser ici que nos informateurs appartiennent à des types de plurilinguisme très variés. Il est impensable de placer le manœuvre italien et l'ingénieur suisse-allemand, la ménagère turque et l'étudiant issu d'une famille d'immigrants espagnols sur le même plan. Sur un point pourtant, leurs situations se ressemblent: ils sont tous le lieu d'un contact plus ou moins conflictuel entre la ou les langues officielles de la région d'accueil et la ou les langues de la région d'origine, qui, elles, n'ont aucun statut officiel dans la région d'accueil, même s'il s'agit d'une des langues nationales (allemand, français, italien ou romanche). Voilà donc reposée la question de savoir quels rôles deux ou plusieurs langues jouent sur un plan qui dépasse largement celui de l'individu: celui de la famille, du groupe, de la communauté linguistique, du territoire.

Fréquence – Définition – Intérêt

LE BILINGUISME SOCIAL ET LA NOTION DE DIGLOSSIE

Pour beaucoup de migrants, il est aussi logique et naturel de parler la langue d'accueil (ici le français) au travail que de parler leur langue d'origine chez eux, au sein de leur famille. Même s'ils sont capables de changer de langue dans les deux situations, cela ne leur semblerait pas approprié, pas naturel. Etre bilingue ne signifie donc nullement employer indistinctement deux langues. Très souvent, au contraire, chacune des langues se voit conférer des fonctions communicatives soigneusement distinctes. On peut facilement observer que cette répartition des fonctions n'est nullement arbitraire, mais en général gouvernée par certaines règles sociales. Ceci donne des oppositions telles que (pour plus de détails *cf.* chap. 6):

langue professionnelle	*vs*	langue privée
langue scolaire	*vs*	langue familiale
langue publique	*vs*	langue de l'intimité
langue des situations formelles	*vs*	langue vernaculaire
langue écrite	*vs*	langue de l'interaction orale spontanée

Se basant sur de telles observations, Ferguson introduisit le terme de diglossie pour les sociétés bilingues dans lesquelles toutes les activités de prestige relèvent d'une langue et toutes les activités communes de l'autre:

> *Diglossie₁*: «La *Diglossie* est une situation linguistique relativement stable, dans laquelle il existe, en plus des dialectes primaires (qui peuvent comprendre un standard ou des standards régionaux), une variété superposée fortement divergente, rigoureusement codifiée (et souvent grammaticalement plus complexe), qui sert de support à de nombreux et prestigieux textes littéraires provenant d'une période antérieure ou d'une communauté linguistique étrangère; cette variété est principalement apprise par le biais de l'éducation formelle, et elle est utilisée dans la plupart des événements communicatifs écrits et formels; mais elle n'est jamais employée, par aucun secteur de la communauté, pour la conversation ordinaire» (Ferguson, 1959).

Il considérait les exemples suivants de combinaisons de variétés «hautes» et «basses» comme cas typiques de diglossie:

	variété haute («high»)	variété basse («low»)
Monde arabe	arabe classique	arabe dialectal (égyptien, marocain, etc.)
Suisse alémanique	allemand standard	dialectes suisses alémaniques (schwyzertütsch)
Haïti	français	créole haïtien
Grèce	grec moderne 'pur'(katharévousa)	grec populaire (dhimotikí)

La répartition des fonctions suivait de très près les représentations traditionnelles de celles attribuées aux langues standard et aux dialectes/patois respectivement (voir Löffler, 1980; Sieber & Sitta, 1984, pp. 14 ss.):

	L	H
domaines d'emploi	domaine familier, intime, local, place de travail, oralité	domaine public, supralocal, oral + écrit, littérature, art, sciences, discours public, cérémonies, culte, école
appartenance des locuteurs à des couches sociales distinctes	classe inférieure (scolarité minimale)	classes moyenne et supérieure (bonne/très bonne scolarisation)
répartition dans l'espace	local, régional, lié à un espace restreint	suprarégional, qui n'est pas restreint à un espace particulier
portée communicative (autre perspective de la dimension spatiale)	portée communicative limitée, minimale	portée communicative illimitée, maximale

La stabilité de la situation serait due, selon Ferguson, à ce que la population respecterait scrupuleusement la séparation fonctionnelle (ce qui n'exclut évidemment pas une évolution historique), les deux variétés étant acceptées comme culturellement légitimes et complémentaires.

La notion de diglossie est utile pour désigner la juxtaposition fonctionnelle de deux langues dans une population. Elle nous permettra d'utiliser l'expression «plurilinguisme» dans un sens plus restreint, pour caractériser la compétence d'un individu. Dans la définition ci-dessus, la notion de diglossie est pourtant peu flexible, son domaine d'utilisation peu étendu. Sans élargissement décisif, elle ne peut être appliquée qu'à un nombre assez réduit de situations de contact. Quatre remarques s'imposent en effet:

a) Pourquoi restreindre le concept de diglossie à la relation entre variété standard et dialecte, et ne pas l'étendre à toutes les paires de langues, quels que soient leur distance typologique et leur prestige respectif, pour autant qu'elles soient «utilisées parallèlement avec des rôles respectifs clairement définis» (Ferguson, 1959)? Il pourrait naturellement s'agir de plus de deux langues, et nous parlerions alors de triglossie, quadriglossie, etc., voire de polyglossie (voir Lüdi, 1989, pour un exemple de pentaglossie à Fribourg au XVe siècle).

b) Il est rare que la répartition fonctionnelle entre les variétés en contact n'engendre pas de déséquilibre. Les termes mêmes *High* et *Low* suggèrent un rapport de pouvoir. Ferguson les a choisis sciemment. Employer la variété H signifie occuper une position de force; choisir L connote un manque de prestige, une position socialement inférieure. Par conséquent, la relation entre H et L est souvent liée à des conflits sociaux éventuels. Les réactions des locuteurs peuvent être de natures diverses. Certains peuvent être tentés d'abandonner complètement L par crainte que son emploi ne les stigmatise (*cf.* chap. 4); c'est certainement l'une des raisons du déclin des dialectes en France et en Allemagne. D'autres multiplieront au contraire ses emplois et fonctions dans un élan de loyauté de groupe, et par souci de marquer leur identité. Voilà sans doute une raison décisive de la sauvegarde, voire de la renaissance des dialectes alémaniques en Suisse et du catalan en Espagne. L'équilibre entre H et L est, dans tous les cas, extrêmement labile; il est menacé par une série de facteurs qu'il incombe à l'«écologie linguistique» d'étudier (Haugen, 1972; Mackey, 1980). Nous ne mentionnerons que l'un de ces facteurs: l'intervention de l'Etat. Il est évident qu'une politique centraliste d'unification linguistique telle qu'elle a caractérisé – et caractérise encore partiellement – des pays comme la France et l'Espagne, modifiera profondément le rapport de forces en faveur de la variété H; une politique fédéraliste, soulignant l'autonomie régionale, permettra au contraire l'épanouissement des langues non-officielles défavorisées.

Prenons pour exemple le destin changeant du catalan depuis l'an 1500. Alors établi au rang de langue nationale et d'expression spécifique d'une culture, il est déchu au statut de dialecte local sous l'influence de l'état central espagnol. La puissante bourgeoisie catalane lui redonne vie au XIXe siècle comme langue écrite et littéraire à portée régionale. Interdit et stigmatisé après la guerre civile, il a aujourd'hui pris un nouvel essor sous l'impulsion de l'actuelle politique de régionalisation menée par le gouvernement espagnol.

c) Mais le rapport entre les deux langues doit-il être toujours de nature hiérarchique? Ainsi, la répartition fonctionnelle de l'allemand et du suisse-allemand en Suisse est de nature différente (voir par exemple. Kolde, 1981). Les deux «idiomes» sont complémentaires et se choisissent en premier lieu en fonction du canal de communication. L'allemand est la variété écrite, le suisse-allemand la variété orale sans, pour autant, que le statut du dialecte soit ressenti comme inférieur. Kolde cite comme preuve les interférences dans les deux directions[7]. Ce qui le fait parler de diglossie médiale. Nous avancerons, par conséquent, que la «diglossie conflictuelle», décrite en particulier par la sociolinguistique catalane et occitane (Boyer, 1996, 1997) représente seulement un cas de figure possible, que les déséquilibres sont intéressants, certes, mais non définitoires de la diglossie.

d) Quel est le type de communauté présupposé par la diglossie? Voilà une dernière question qui n'est pas claire. Choisit-on un point de départ géographique (ville, région diglossique) ou social (communauté diglossique)? Quel est le degré de cohésion requis (unité politique, administrative, sociale, ethnique)? Nous opterons pour un emploi élargi du terme. Il pourra y avoir diglossie au sein de tout groupe social caractérisé par l'existence d'un réseau communicatif dans lequel deux langues assument des fonctions et des rôles sociaux distincts. Cela nous permettra de parler, dans le cadre de la population de

---

7   Kolde compare en particulier les conditions en Suisse avec celles décrites par Denison pour Sauris, qui se caractérisent «durch eine bewusste Vermeidung von Interferenzen aus der L- in die H-Variante, aber zahlreiche Interferenzen aus der H- in die L-Variante, also durch unidirektionale Interferenzen (auf der Ebene der *Parole*) und Transferenzen (auf der Ebene des *Langue*) als Ausdruck einer unterschiedlichen Einschätzung der Varianten» (Kolde, 1981, 68 N61).

  Pour en savoir plus, le lecteur se reportera à ce qui est dit de l'interférence et du parler bilingue dans les chapitres 5 et 6.

migrants, de diglossie intrafamiliale. A la limite, même un individu peut être diglossique.

Après ce qui vient d'être dit, on pourrait vouloir abandonner la notion de diglossie ou la limiter à de rares cas extrêmes. Pourtant, il nous semble plus judicieux d'en donner une définition plus ouverte:

> *Diglossie₂*: situation d'un groupe social (famille, ethnie, ville, région, etc.) qui utilise deux ou plusieurs variétés (langues, idiomes, dialectes, etc.) à des fins de communication, fonctionnellement différenciées, pour quelque raison que ce soit.

On pourra ensuite classer les différentes formes de diglossie selon la distance linguistique, le type de communauté, les déséquilibres fonctionnels et sociaux, etc. (voir Lüdi, 1990, pour des détails).

Naturellement, être bilingue et vivre dans une communauté diglossique ne vont pas nécessairement de pair. Pour représenter les relations entre bilinguisme et diglossie, le sociolinguiste Joshua Fishman a proposé le tableau suivant (Fishman, 1971, p. 89):

		Diglossie	
		+	-
Bilinguisme	+	1. Diglossie et bilinguisme	2. Bilinguisme sans diglossie
	-	3. Diglossie sans bilinguisme	4. Ni diglossie ni bilinguisme

Ce tableau ne va pas sans poser de problèmes. C'est la case «diglossie et bilinguisme» qui soulève le moins de questions.

Au Paraguay, plus de la moitié de la population parle aussi bien l'espagnol que le guarani.

L'hébreux et le yiddish étaient parlés entre hommes dans les communautés juives d'Europe orientale avant la 1ère guerre mondiale.

Les classes moyennes et supérieures des pays arabes maîtrisent, en plus de leur langue indigène (égyptien, syrien, marocain,...) l'arabe coranique et le plus souvent une langue européenne (anglais ou français).

Beaucoup de communautés linguistiques modernes considérées normalement comme unilingues, sont en fait caractérisées à la fois par la diglossie et le bilinguisme, si on considère leurs registres distincts comme des variétés séparées (Fishman, 1971, p. 93).

Pour Fishman, il y a «bilinguisme sans diglossie» partout où, à la suite de changements sociaux rapides ou de migrations, un brassage de langues et de variétés a eu lieu sans que ces dernières se soient spécialisées dans des fonctions distinctes, parfaitement délimitées et reconnues.

Il cite comme exemple les millions de migrants aux Etats-Unis. A nos yeux, il n'y a pourtant absence de diglossie que dans les cas de migration individuelle (sauf si on se place dans la perspective de la pertinence des langues en contact pour la société d'accueil).

Peut-il y avoir «diglossie sans bilinguisme»?

On cite souvent l'exemple de l'ancienne Russie où la langue d'usage de l'aristocratie était le français, alors que la grande majorité de la population ne parlait que le russe (ou quelque autre variété locale). Mais une minorité bilingue était bien sûr nécessaire pour maintenir la communication entre les classes sociales, ne serait-ce qu'à l'intérieur des propriétés de la noblesse.

Dans d'autres cas, ce sont des groupes monoglossiques qui ont accompli une symbiose géographique, politique et économique. Ici également, on ne peut imaginer une absence totale de bilinguisme individuel (comment la communication entre les deux groupes serait-elle possible sinon?).

On se trouve donc plutôt en présence de cas limites où les bilingues constituent une proportion infime de la population.

La case «ni diglossie ni bilinguisme» pourrait en définitive s'avérer vide au vu de notre définition large des deux notions.

Fishman a démontré que les phénomènes de maintien et d'abandon d'une langue présentent des aspects très divers selon le type de contact. Dans cette perspective, son tableau est sans aucun doute judicieux et permet des généralisations utiles. Par contre, pour l'analyse de cas individuels, ces dernières sont moins utiles. Nous verrons que la situation des migrants ne peut justement pas être décrite comme un bilinguisme sans diglossie. On ne pourra donc utiliser avantageusement la dichotomie diglossie *vs* bilinguisme que si l'on considère le *bilinguisme sans diglossie* et la *diglossie sans bilinguisme* comme des valeurs limites dans un continuum comprenant surtout de nombreux degrés intermédiaires de *bilinguisme et diglossie,* variables selon le pourcentage des bilingues dans une population, le degré de leur bilinguisme, l'importance relative des deux langues dans l'ensemble de la population, etc.

LE BILINGUISME DES MIGRANTS

Le bilinguisme des migrants est d'une manière générale une affaire transitoire: l'assimilation peut prendre deux ou trois générations, mais il est plutôt rare que des descendants de migrants immergés dans la société d'accueil maintiennent leur langue à long terme, sauf dans des circonstances particulières. Une ségrégation ou ghettoïsation peut être due à des raisons religieuses[8]. Des «îlots alloglottes» peuvent aussi être dus au grand nombre des immigrés (on citera le cas des hispanophones aux Etats Unis) et/ou à une politique linguistique de la non-assimilation (tel était le cas des immigrés russophones dans les pays baltes jusqu'à l'indépendance de l'Estonie, la Lettonie et la Lituanie). A moins que l'assimilation ne se fasse en direction de la langue d'origine reprise par la population d'accueil (le latin dans les pays romanisés, l'espagnol en Amérique latine). D'autre part la migration peut aussi constituer une période limitée dans la vie des personnes. Un stage professionnel à l'étranger est aussi un phénomène de migration entraînant des pratiques verbales bilingues. La langue de la région d'accueil peut être d'abord apprise et régulièrement pratiquée, ensuite délaissée suite à un retour dans la région d'origine. Mais même si l'on admet que pour les migrants le bilinguisme est une phase transitoire entre deux unilinguismes (Fishman, 1971, p. 101), il est clair qu'il ne s'agit pas d'une sorte de crise passagère, mais d'une situation dans laquelle ils auront à vivre des moments importants de leur existence. Pour peu que la migration concerne un groupe (par exemple la communauté alémanique de Neuchâtel), ses membres devront l'assumer non comme un événement individuel, mais comme un phénomène social. Il est alors indispensable d'analyser en détail les relations entre les dimensions individuelles et sociales de leur bilinguisme, mais aussi de distinguer entre les différentes formes de bilinguisme individuel. On notera également que la langue (ou les langues) que les migrants ont apportée(s) de leur région

---

8 On peut citer comme exemple de ghettoïsation voulue les minorités religieuses d'origine allemande de Pennsylvanie aux Etats-Unis qui ont conservé leur langue d'origine depuis des siècles (*Cf.* Raith, 1981).

d'origine et la langue (ou les langues) parlée(s) dans la région d'accueil assument des fonctions distinctes au sein de la communauté, voire de la famille migrante. Par ailleurs, les situations de contact sont très diverses. Dans une première approche on trouvera théoriquement trois types de contact:

a) travailleurs migrants marginalisés, regroupés parfois en réseaux plus ou moins fermés, n'ayant aucun contact suivi avec la population d'accueil, que ce soit au travail, dans l'habitat ou dans les loisirs, et ne fréquentant que leurs pairs; certains membres de familles immigrées se trouvent dans cette situation (femmes au foyer, par exemple); demandeurs d'asile: les contacts avec la langue d'accueil se limitent à quelques échanges transactionnels élémentaires;

b) personnes immigrées à titre individuel, stagiaires, étudiants, réfugiés; les occasions que ces personnes ont de pratiquer leur langue d'origine sont très variables et dépendent en particulier de la présence éventuelle d'autres personnes de même origine linguistique dans leur nouvel environnement; l'apprentissage de la langue d'accueil fait partie des objectifs de la migration, ou répond à un besoin social évident et urgent;

c) individus ou familles rattachés à des groupes de migrants assez importants, dans lesquels la langue d'origine est abondamment parlée, mais qui parallèlement ont des relations sociales ou professionnelles relativement intenses avec la population d'accueil dans la langue de cette dernière.

Nous donnons donc une acception très large au terme de migrant, qui en vient à désigner toute personne plongée dans un milieu géographique, culturel et linguistique nouveau, quelles que soient les raisons, les circonstances sociales et la durée de ce changement. En fait, il serait plus simple de caractériser un bilingue non-migrant! Il s'agirait soit d'un ancien migrant qui est retourné définitivement dans sa région d'origine, soit d'un migrant assimilé au point d'être devenu en fait un natif. Soit encore d'une personne qui est devenue bilingue par l'étude, par un usage fréquent d'une deuxième langue (pour des raisons professionnelles, familiales, personnelles) ou par une pratique intensive d'activités touristiques. Il convient de remarquer quand même que nous procédons ainsi à une catégorisation assez autoritaire des bilingues, et que nombre d'entre eux refuseraient probablement cette étiquette, trop associée selon eux à un exil plus ou moins imposé par les circonstances, ainsi qu'à un statut social peu enviable. A nos yeux, cependant, cette définition très large présente l'avantage de rassembler des personnes dont le dénominateur commun est une confrontation à une nouvelle langue dans un nouvel environnement socioculturel, confrontation entraînant des restructurations ayant trait non seulement au répertoire verbal du sujet, mais encore à son identité sociale.

Nous verrons plus loin que la migration entraîne le plus souvent la nécessité de reconstruire non seulement un répertoire verbal devenu insuffisant ou inapproprié, mais aussi le sens des expériences déconcertantes, parfois douloureuses, qui marquent l'insertion du migrant dans un nouvel environnement socioculturel (Schütz, 1987). En d'autres termes, le migrant est appelé à restructurer sa culture. Or le langage, comme discours, joue un rôle décisif dans cette reconstruction du sens et des processus d'interprétation des signes de la vie quotidienne, par exemple par une reconsidération des anciens stéréotypes. Cette activité discursive est un aspect important des relations qui s'établissent entre langage et migration. Dès lors, une étude du bilinguisme des migrants doit s'y intéresser.

Ajoutons que dans cet ouvrage nous utilisons souvent le terme de *communauté*, notamment dans l'expression *communauté migrante*. La signification de ce terme possède une géométrie variable, qui se déploie à partir d'un noyau que nous définirons comme «unité de gestion de ressources linguistiques» (Baggioni, Moreau & de Robillard, 1997). Notons que les ressources linguistiques d'une personne comportent non seulement un répertoire mono- ou plurilingue (donc des unités et des règles permettant de les combiner), mais aussi des normes pratiquées ou évoquées comme références et labels de légitimité sociale. Mais ces ressources varient inévitablement d'un individu à l'autre. La question est donc de savoir à partir de quelle quantité ou qualité de variation il devient impossible de parler d'unité de gestion commune, donc de communauté linguistique. Il n'y a évidemment pas une réponse unique à cette question. D'un certain point de vue, tous les immigrés d'origine espagnole installés à Neuchâtel ont les mêmes ressources linguistiques. Dans une approche plus fine cependant, le chercheur observera de nombreuses différences entre les individus, et il sera tenté de renoncer à les regrouper dans une même catégorie communautaire. Les différences les plus évidentes ont trait à la génération, à la durée du séjour en région d'accueil, à la variété de langue d'origine et à l'existence éventuelle d'une diglossie originelle, à la biographie, à la formation scolaire et professionnelle, etc. Ainsi, de distinctions en distinctions, la notion de communauté paraît se diluer dans le foisonnement des particularités individuelles. Toutefois, nous avons besoin de la catégorie de communauté. Et nous l'utiliserons de manière relative, en espérant que le contexte permettra chaque fois au lecteur de redéfinir le sens du terme[9].

Résumons-nous. Il n'est pas besoin de souligner que l'étude du bilinguisme des migrants est importante du point de vue social, éducationnel et culturel. Nous avons aussi vu que les contacts linguistiques résultant d'une migration peuvent prendre toutes sortes de formes, qui comportent un large spectre de tous les phénomènes reliés au bilinguisme, à la diglossie et au biculturalisme. Il est permis d'en conclure que la migration constitue un véritable «laboratoire pour l'étude du bilinguisme» et que les résultats de son étude transcendent largement les limites du cas particulier.

---

9 Pour une discussion de cette notion, nous renvoyons les lectrices et lecteurs à des articles encyclopédiques tels que celui de Raith (1986).

Chapitre 2

Analyse de cas particuliers et présentation des concepts de base

Dans le chapitre 1, nous avons montré que le bilinguisme non seulement prend des formes très variables, mais encore s'insère dans des contextes sociaux multiples. Nous allons dans ce chapitre 2 partir de quelques exemples particuliers qui nous permettront d'enraciner dans l'expérience de quelques personnes les concepts de base dont nous aurons besoin dans la suite de ce livre. Ces personnes sont des migrants externes et internes, ainsi que des étudiants étrangers accomplissant des stages linguistiques. Notre propos sera de donner l'image la plus fidèle possible de leur bilinguisme, en insistant sur les aspects les plus pertinents pour le linguiste. Nous verrons en particulier à quel point le bilinguisme est lié à un contexte culturel. Toute étude linguistique du bilinguisme doit se situer au sein d'une approche plus large, dans laquelle les facteurs culturels, sociaux et psychologiques jouent un rôle décisif. C'est d'ailleurs une des raisons qui nous ont incités à présenter des personnes dont les profils socioculturels sont bien différenciés. Il s'agit d'un groupe d'Espagnols et d'un groupe de Suisses alémaniques immigrés à Neuchâtel, en Suisse romande, d'une part, d'un groupe de Romands vivant à Bâle de l'autre. Nous verrons notamment que les Suisses et les Espagnols diffèrent non seulement par leur langue d'origine, mais aussi et surtout par leur situation sociale et culturelle. Nous tenterons aussi une comparaison entre le bilinguisme «forcé» de personnes contraintes à la migration par de fortes pressions économiques ou sociales et le bilinguisme «volontaire» d'étudiants effectuant des stages linguistiques. Après une immersion préliminaire dans la vie d'une famile espagnole, nous allons mener notre description de manière concentrique: nous partirons d'une perspective large, assez large pour que les données statistiques disponibles aient un sens. Ensuite, nous resserrerons progressivement notre approche afin d'aboutir à une vision plus précise du bilinguisme dans l'optique de nos sujets.

UNE FAMILLE ESPAGNOLE A NEUCHATEL

Jusqu'ici, nous avons présenté un ensemble de concepts, de réflexions et d'exemples qui permettront au lecteur de situer les divers cas de bilinguisme qu'il pourrait rencontrer. L'étude plus détaillée d'un premier cas concret illustrera nos observations. Elle est basée sur une conversation que nous avons eue au milieu des années quatre-vingts avec une famille[1] de travailleurs immigrés espagnols. Cette famille est composée de 4 personnes: les parents (âgés d'un peu plus de 40 ans), la fille (19 ans), le fils (15 ans). Elle habite une maison simple mais agréable à la périphérie de Neuchâtel. Le père est mécanicien, la mère est chef d'atelier. Tous deux travaillent dans la même entreprise où ils ont été engagés seize ans plus tôt, à leur arrivée à Neuchâtel. Ils viennent tous deux de Madrid, où ils ont suivi l'école primaire, puis une formation de mécanicien pour le père et de couturière pour la mère. Pour celle-ci, la migration a donc été liée à un recyclage professionnel. Avant de s'établir à Neuchâtel, ils ont travaillé pendant 6 ans en Allemagne. Le fils termine sa scolarité obligatoire et va probablement commencer un apprentissage, la fille va passer incessamment le diplôme de l'Ecole supérieure de commerce. Elle a mieux passé les barrages successifs de la sélection scolaire que son frère. Alors que les parents appartiennent à la première génération de migrants, les enfants représentent la deuxième, puisqu'ils ont grandi à Neuchâtel et y ont été scolarisés aux côtés d'enfants autochtones.

Les parents ont vécu leurs premières expériences bilingues en Allemagne. Le père a acquis une certaine compétence en allemand, au point que dans les premiers mois de son séjour à Neuchâtel il communiquait dans cette langue avec ses collègues d'origine alémanique. Toutefois, même les activités langagières les plus simples (par exemple acheter

---

[1] Pour le bilinguisme au sein des familles migrantes, *cf.* par exemple Deprez (1994) et Moretti & Antonini (2000).

Cas particuliers et concepts de base 23

un billet de train) n'ont cessé de lui causer des difficultés. En revanche, la mère n'a jamais réussi à apprendre l'allemand. Au début de leur séjour à Neuchâtel, l'italien a joué un rôle prépondérant de sorte que tant l'un que l'autre ont utilisé cette langue avant le français (seule langue officielle du canton).

L'apprentissage de l'italien par les migrants hispanophones de Neuchâtel est un phénomène courant à l'époque où cette conversation a eu lieu, et il s'explique aisément:

a) Les Italiens constituent environ la moitié de la population migrante à Neuchâtel contre 14,5% d'Espagnols.

b) Italiens et Espagnols se concentrent dans un nombre réduit de secteurs économiques, où ils occupent surtout des postes subalternes. Ils sont ainsi majoritaires dans de nombreux ateliers et chantiers, où le français devient alors une langue minoritaire.

c) En tant que travailleurs migrants, Italiens et Espagnols constituent une supra-communauté assez homogène, et entretiennent en conséquence des liens privilégiés.

d) En tant que ressortissants de pays latins méditerranéens, Italiens et Espagnols ont des cultures d'origine qui se rapprochent sur de nombreux points.

e) D'un point de vue strictement linguistique, les langues italienne et espagnole sont plus proches l'une de l'autre que ne le sont chacune d'elle du français. Il est vraisemblablement plus facile, pour un hispanophone, d'apprendre l'italien que le français[2].

f) La répartition dialectale de l'Italie permet à un Espagnol d'utiliser une interlangue approximative, sans choquer l'auditeur italien habitué à de nombreuses variétés; ceci facilite, pour un Espagnol, l'acquisition et l'emploi de l'italien.

---

2   Il est délicat de fonder scientifiquement de telles affirmations, comme en témoignent les innombrables difficultés qu'ont rencontré les études contrastives. Notre remarque relève plutôt d'intuitions et d'expériences personnelles avec des hispanophones vivant à Neuchâtel. On sait cependant que l'apprentissage de langues typlogiquement proches soulève des problèmes spécifiques (Dabène, 1984, 1992). Dans le cas des langues romanes, on a mis sur pied des expériences et des programmes didactiques visant à exploiter les relations de proximité qui existent centre elles (Caporale, 1989).

La mère raconte qu'une collègue italienne l'avait prise pour une Italienne et lui avait demandé quel dialecte elle parlait.

L'apprentissage du français par les parents a été sinon déclenché du moins favorisé par leur statut professionnel (la mère est très fière de sa qualité de chef d'atelier et s'oblige à parler français dans ses activités professionnelles) et par la pression des enfants qui se sentent plus à l'aise en français qu'en espagnol, même avec leurs parents. L'italien continue à servir de langue de contact au sein de l'entreprise, surtout pour le père. L'apprentissage et l'utilisation du français sont donc parsemés d'obstacles. Outre les problèmes strictement linguistiques, la conscience d'enfreindre la norme, d'avoir un accent, agit comme un frein plus ou moins efficace. La mère est partagée entre le désir de marquer son intégration par l'utilisation du français et la crainte de «faire des fautes». Le père a un comportement inverse: moins soucieux de s'intégrer, donc de parler français, il n'a pas peur des «fautes»: celles-ci sont, à ses yeux, un emblème de son appartenance à la communauté migrante, appartenance dont il ne ressent aucune honte. Pour lui, seule importe la communication, qu'il estime ne pas dépendre de la correction grammaticale.

Les enfants ont appris le français à l'école. Le cas de cette famille est quelque peu particulier dans la mesure où la soeur de la mère vit également à Neuchâtel avec sa propre famille, ce qui permet aux cousins de jouer ensemble et de parler espagnol et a donc pu limiter leurs contacts avec les enfants autochtones. L'apprentissage du français n'a posé aucun problème grâce à l'attitude compréhensive des instituteurs – aux dires des parents. Aujourd'hui, les enfants n'utilisent l'espagnol que dans un nombre limité de situations: pendant les vacances et quelquefois avec leurs parents et leurs cousins. Par ailleurs, ils ont suivi tous deux les cours de langue et de culture organisés par l'Ecole consulaire. Il est frappant de constater que la corrélation entre choix de la langue et attitude est moins nette pour G 2 que pour G 1. Le fils se sent beaucoup plus proche de la Suisse que de l'Espagne (où la seule chose qui l'attire sont les vacances au bord de la mer), alors que la fille exprime sa nostalgie de l'Espagne, qui représente pour elle un mode de vie plus riche et plus satisfaisant. Du point de vie de leurs pratiques langagières, les deux enfants ne se distinguent guère. Il est vrai que la fille semble plus soucieuse de parler un espagnol correct, mais cette différence n'apparaît guère dans les productions verbales des deux enfants. Ces constatations nous conduiront à un problème que nous aborderons plus loin, à savoir l'articulation des comportements langagiers avec les discours que les sujets tiennent sur ceux-ci (chap. 4).

Nous avons fait allusion plus haut à l'importance des médias, en particulier de la lecture, pour le maintien de la langue. Or, cette famille en fait un usage assez limité. Elle regarde les chaînes de télévision francophones et parfois italophones. Les parents lisent sporadiquement quelques revues espagnoles (surtout le père) mais jamais de livres. Les enfants ne lisent et n'écrivent jamais l'espagnol.

LA MIGRATION EXTERNE EN SUISSE: QUELQUES CHIFFRES

Avant de continuer, il s'agit de mettre ce cas particulier en contexte. Nous le ferons sur la base du recensement fédéral de la population de 1990.

Neuchâtel est une petite ville de Suisse romande (34'000 habitants), située entre la frontière française (30 à 50 kilomètres au nord et à l'ouest) et la frontière linguistique qui sépare le français du domaine alémanique. Cette frontière est assez bien délimitée, en ce sens que Neuchâtel est la capitale d'un *canton unilingue francophone* (164'000 habitants). La netteté de la frontière tient, sans doute, au principe de la *territorialité des langues*. La vie quotidienne à Neuchâtel se déroule d'ailleurs essentiellement en français, dans tous les domaines: commerce, entreprises, associations de tout genre, presse locale, spectacles (à l'époque de l'entretien, il était peu fréquent par exemple qu'un film soit projeté en version allemande ou italienne). Les personnes qui ne s'expriment pas en français, aussi nombreuses soient-elles, sont naturellement considérées comme «étrangères», et on attend de leur part qu'elles fassent l'effort d'apprendre le français. Une partie importante de la population neuchâteloise est d'ailleurs composée de descendants d'anciens migrants. Pour s'en convaincre, il suffit de consulter un annuaire téléphonique: on ne compte plus les noms à consonance germanique[3] et, dans une moindre mesure, italienne. La plupart de ces personnes ont perdu tout contact avec la région d'origine de leurs ancêtres germanophones ou italophones, et se considèrent comme de véritables Neuchâtelois.

---

3 Pour l'histoire récente de la présence germanophone dans la région, *cf.* Chiffelle (2000).

Lors des recensements fédéraux de la population, les langues principales et (depuis 1990) les langues d'usage (en famille et au travail) ont été relevées. Voyons d'abord les langues principales indiquées par les habitants du canton de Neuchâtel:

Langues principales des habitants du canton de Neuchâtel, 1990

Total	163,985	100.0%
Français	131,516	80.2%
Allemand	8,568	5.2%
Italien	7,839	4.8%
Romanche	110	0.1%
Espagnol	3,271	2.0%
Portugais	7,460	4.5%
Anglais	1,235	0.8%
Autres	3,986	2.4%

L'hétérogénéité de la population neuchâteloise n'est pas une exception en Suisse. Même si le quadrilinguisme et la promotion de la compréhension entre les groupes linguistiques constituent les fondements de la politique des langues du pays, la Suisse n'est, en réalité, plus quadrilingue, mais multilingue. Lors du recensement fédéral de la population de 1990, 8,9% de la population déclaraient une langue non nationale comme langue principale.

De ces 613'550 alloglottes, 116'818 déclaraient l'«espagnol»[4] comme leur langue principale. Ils représentaient les 1,7% de la population, soit le groupe linguistique le plus important après les trois langues grandes langue nationales allemand (63,6%), français (19,2%) et italien (7,6%), dépassant non seulement les langues slaves méridionales (1,6%), le portugais (1,4%), le turc (0,9%) et l'anglais (0,9%), mais aussi le rhétoro-

---

4 Les indications concernant les langues principales autres que les langues nationales et l'anglais pouvaient être choisies librement par les informateurs; elles ont été regroupées par des collaborateurs de l'Office fédéral de statistique (OFS). Ainsi, des indications comme 'castellano', 'gallego', 'catalán', 'español', 'argentino' ou 'andaluz' forment le groupe <langues espagnoles> ou <espagnol>, 'serbe', 'croate', 'serbo-croate', 'macédonien', 'bulgare', 'yougoslave', 'bosniaque', etc. le groupe <langues slaves méridionales>, etc.

manche, la quatrième langue nationale (0,6%)[5]. Par rapport aux recensements antérieurs, l'espagnol a toutefois perdu du terrain (en 1970, les hispanophones étaient 123'708 [2,0%], en 1980 118'169 [1,9%]). Il ne fournit, surtout, plus que 19,0% de tous les locuteurs de langues non nationales contre 47,8% en 1970. Ajoutons que 11,3% des hispanophones sont de nationalité suisse (entre 1960 et 1990, 7792 hispanophones furent naturalisés) et 88,2% de nationalité espagnole. Parmi ces derniers, 81,4% détiennent un permis de résidence permanent (contre 66,1% seulement des étrangers en général).

La répartition des locuteurs de langues étrangères est inégale, mais pas suffisamment pour créer des îlots alloglottes. Ainsi, la concentration des hispanophones est-elle particulièrement importante dans l'arc lémanique et dans le Jura. comme l'indique la carte suivante:

---

5   Les données de ce sous-chapitre résultent d'un projet de recherche commun de l'Institut des langues et littératures romanes de l'Université de Bâle, de l'Institut de linguistique générale de l'Université de Berne et de l'Osservatorio Linguistico della Svizzera Italiana, Locarno mandaté par l'OFS. Voir Lüdi, Werlen, Franceschini *et al.* (1997) pour des résultats complets. C'est Rita Franceschini qui a, en particulier, analysé les langues non nationales. On consultera son chapitre 5 de l'ouvrage cité (Franceschini, 1997) pour plus de détails.

28 *Etre bilingue*

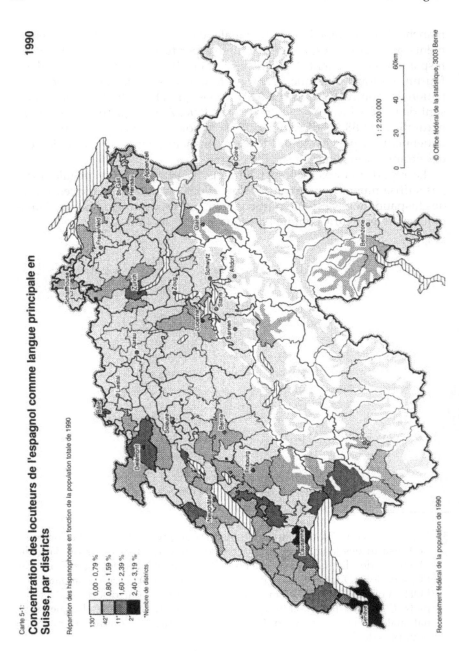

Carte 5-1:
Concentration des locuteurs de l'espagnol comme langue principale en Suisse, par districts

1990

Répartition des hispanophones en fonction de la population totale de 1990

130*	0,00 - 0,79 %
42*	0,80 - 1,59 %
11*	1,60 - 2,39 %
2*	2,40 - 3,19 %

*Nombre de districts

Recensement fédéral de la population de 1990

© Office fédéral de la statistique, 3003 Berne

1 : 2 200 000

Cas particuliers et concepts de base

Le pourcentage d'hispanophones atteint 3,3% pour l'ensemble de la Suisse française; il est moins élevé à Neuchâtel (2,0%) que dans les cantons de Genève (5,4%), Vaud (3,4%) et Jura (2,2%), mais dépasse toujours nettement la moyenne Suisse. En général, l'espagnol est plus présent dans les zones urbaines que dans les zones rurales.

Les réponses des hispanophones à la question de savoir quelle(s) langue(s) ils parlent régulièrement en famille et au travail nous renseignent en partie[6] sur leurs habitudes linguistiques, voire sur leur bilinguisme, c'est-à-dire sur l'emploi de la langue d'accueil, en famille et au travail, et sur la question de savoir si elle est employée exclusivement ou à côté d'autres langues.

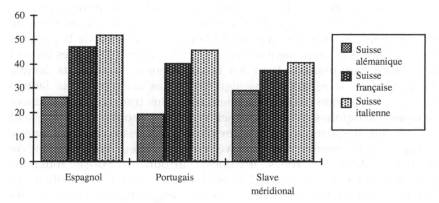

© OFS, recensement fédéral de la population 1990
Intégration de la langue d'accueil dans le répertoire des langues familiales des personnes ayant indiqué l'espagnol, le portugais et les langues slaves méridionales comme langue principale en 1990, par région d'accueil.

---

6   En partie seulement, parce que l'on devait indiquer les langues parlées en famille et au travail/à l'école, mais malheureusement sans pouvoir spécifier ces langues, sauf pour les langues nationales et pour l'anglais. Nous savons, ainsi, combien d'hispanophones parlent allemand, français, etc. à la maison et au travail et combien parlent d'«autres langues». Même si l'on peut légitimement supposer qu'il s'agit, dans ces cas, de leur langue principale, nous ne pouvons pas savoir si ce n'est pas, au contraire, le russe ou le chinois.

Le graphique montre que l'italien est plus intégré que le français et ce dernier nettement plus que l'allemand. Comme les autres migrants, les hispanophones parlent plus souvent la langue d'accueil «en public» que dans leur vie familiale. Il existe une relation significative entre le taux d'intégration de la langue d'accueil chez les hispanophones et leur niveau socioprofessionnel, qui est nettement supérieur en Suisse française qu'en Suisse allemande.

En total, 82,2% des hispanophones intègrent la langue d'accueil dans leur repertoire au travail et/ou en famille contre 79,4% et 79,3% des slavophones et des lusophones respectivement. Ce sont aussi eux qui indiquent le plus souvent parler italien (famille ou travail) en dehors du territoire de langue italienne (27,3%), surtout en Suisse allemande.

Cela ne signifie toutefois nullement que les hispanophones sont en train de perdre leur langue. Franceschini (1997) argumente, en effet, de manière convaincante que la perte de la langue d'origine de la part des hispanophones est nettement inférieure à celle des portugais, des turcs et des slaves méridionaux. Pour les hispanophones, intégrer la langue d'accueil dans le répertoire ne signifierait pas un rejet de la langue d'origine tandis que ces choix seraient bien plus tranchés chez d'autres groupes d'alloglottes. Selon Franceschini, les hispanophones manifestent une loyauté linguistique particulièrement élevée vis-à-vis de la langue d'origine. Leur nombre absolu élevé, mais aussi leur tendance à vivre regroupés dans les zones urbaines, surtout en Suisse romande, favoriseraient le maintien de la langue d'origine, surtout du castillan, qui bénéficie d'un statut élevé sur le «marché linguistique» suisse en tant que langue véhiculaire internationale et langue étrangère enseignée à l'école[7]. On en conclura que la grande majorité des hispanophones en Suisse est *bilingue*, surtout dans les régions latines, où ils réussissent à intégrer la langue d'accueil tout en maintenant la langue d'origine[8].

---

7 Voir Veltman (1983) et Clyne (1991) pour le maintien du castillan dans d'autres régions du monde.
8 Des calculs semblables ont été faits pour la Hollande (Extra & Verhoeven, 1993) et pour l'Australie (Clyne, 1982, 1992). Pour une analyse plus détaillée, voir Franceschini (1997).

INCIDENCES QUALITATIVES

Le rapport numérique entre une communauté migrante et la population autochtone a des incidences importantes. S'il n'y avait à Neuchâtel qu'un seul hispanophone, un apprentissage intensif du français serait pour lui une question de survie; cet apprentissage irait de pair avec un abandon plus ou moins total de l'espagnol. Si, en revanche, les Espagnols constituaient la moitié de la population totale, l'apprentissage du français serait beaucoup moins urgent, pour ne pas dire superflu; et, du même coup, ils (les adultes, surtout) continueraient à utiliser leur langue d'origine. En fait, les hispanophones à Neuchâtel se trouvent dans une situation intermédiaire. Leur nombre est assez petit pour que la connaissance du français leur soit sinon indispensable, du moins utile; d'autre part, ils sont suffisamment nombreux pour que des *réseaux* fonctionnent à l'intérieur de leur communauté respective (centres de rencontre, paroisses, assemblées de parents, clubs, etc.), d'une densité et d'une variété suffisantes pour que la langue d'origine reste un instrument de communication fondamental. L'étendue assez réduite de la région d'accueil facilite d'ailleurs les contacts non institutionnels intralinguistiques. Ceci est particulièrement vrai pour les travailleurs migrants, qui sont employés en grande majorité dans les mêmes secteurs économiques: industrie et construction. Une enquête menée quelques années après les importantes immigrations de années soixante dans deux centres de rencontre espagnols avait montré (Ezquerra & Py, 1976) qu'une partie non négligeable des informateurs considérait l'apprentissage du français comme peu utile, dans la mesure où la quasi-totalité de leurs besoins langagiers se manifestait à l'intérieur de la communauté espagnole; les relations avec l'extérieur ne requéraient pas la connaissance du français soit parce qu'il s'agissait de relations non verbales (travail manuel à l'usine ou achats dans des magasins à libre service) soit parce que des interprètes étaient à disposition (circulaires rédigées en espagnol par l'entreprise ou les autorités administratives, aide de compatriotes ou des enfants). Les personnes qui exprimaient leur désir de parler français se justifiaient par le besoin de ne pas se cantonner à l'intérieur de leur communauté, donc par des raisons plus culturelles que matérielles. Toutefois, l'intégration de la langue d'accueil dans les répertoires selon le recensement fédéral 1990, que nous avons analysée plus haut, indique une forte pression sociale en faveur de l'emploi de cette langue au travail.

L'attitude des autochtones face aux étrangers joue un rôle primordial pour le bilinguisme de ces derniers. Le migrant qui échoue systématiquement dans ses efforts de communication se décourage vite. Succès et échecs dépendent fortement de la coopération des interlocuteurs natifs[9]; par ailleurs cette coopération est déterminée par l'opinion de l'autochtone sur la langue et la région d'origine du locuteur étranger. Ce n'est pas pour rien que de nombreux migrants insistent sur l'importance de la bonne volonté de leur interlocuteur. Nous ne pouvons ici qu'effleurer ce problème auquel nous reviendrons par la suite (chapitre 4).

Deux histoires de vie de «migrants» francophones a Bale

Bernard Roulet[10] est né en 1962. Il a fait ses écoles primaires et secondaires et son gymnase à Neuchâtel. A l'âge de 5 ans il a vécu un an en Angleterre avec ses parents. Pendant sa deuxième année de gymnase il a passé deux mois dans un gymnase de Schaffhouse, dans le cadre d'échanges «intra-suisses»; les élèves de Schaffhouse lui parlaient en bon allemand. Il quitte Neuchâtel en 1981 pour étudier la biologie, puis la biochimie, à l'Ecole polytechnique de Zurich. Il était content de quitter Neuchâtel, il avait envie de voir autre chose, et Zurich l'attirait parce que le Poly est une bonne école, mais aussi parce qu'en 1981 Zurich était la

---

9   Rappelons que dans les premiers modèles de la communication utilisés en linguistique (par exemple Miller, 1951; Guiraud, 1969; ou Lyons, 1978), le destinataire est avant un tout un récepteur: le succès de la communication est garanti par le partage d'un code commun et l'existence d'un canal adéquat. Nous verrons comment les travaux plus récents en analyse conversationnelle et en pragmatique attribuent au destinataire un rôle beaucoup plus actif: comprendre un message, c'est le reconstruire à partir des indices que constituent les énoncés du destinateur, compte tenu de ce que le destinataire sait – ou croit savoir – du destinateur, de ses intentions, de ses postulats implicites, de la situation, etc. Autrement dit, le destinataire est en un certain sens le constructeur du message qui lui est destiné. Le succès de la communication dépend ainsi très largement de l'adhésion du destinataire au projet communicatif du destinateur, adhésion qui requiert à son tour une bonne volonté d'autant plus marquée que les énoncés du destinateur comportent moins d'indices univoques.
10 Nom modifié.

Cas particuliers et concepts de base

ville de Suisse où il se passait le plus de choses, du point de vue des mouvements de jeunes. Il n'a pas pris de cours d'allemand à Zurich «c'était pas nécessaire avec douze heures par jour de suisse allemand...».
Le déménagement à Zurich n'a pas été facile:

> avec du recul c'était le stress . genre la chambre et puis bosser bosser . c'était un hiver rude . et puis en fait je connaissais personne à part les quinze Neuchâtelois qui sont venus avec moi à Zurich au Poly.

Selon lui, les étapes les plus importantes de son intégration à Zurich sont (a) lorsqu'il a déménagé dans une Wohngemeinschaft avec des copains suisses allemands, (b) lorsqu'il est entré dans l'association des étudiants, (c) lorsque l'association des étudiants l'a chargé de prendre des contacts avec la radio alternative locale. Après 4 ans il quitte Zurich pour Bâle, non parce qu'il a choisi la ville, mais parce que c'était le seul endroit où il pouvait continuer à travailler dans son domaine et écrire sa thèse.

De par son expérience à Zurich, il pensait que les six premiers mois à Bâle seraient durs, mais il y connaissait déjà quelques personnes à travers l'association d'étudiants de Zurich. Bien que le travail ne le satisfasse pas à Bâle, il y a une vie sociale qui lui convient assez:

> en fait la compensation que j'avais pas vraiment à côté que j'avais pas trouvée à Zurich j'l'ai trouvée à Bâle . bon faut voir Zurich post 81 c'était vachement froid comme ambiance . Bâle 86 c'était de nouveau quelque chose qui commençait.

En arrivant il a passé 3-4 jours chez un copain à éplucher les journaux et «j'ai pris le premier truc qui venait»; maintenant il a déménagé dans un nouvel appartement qui lui plaît mieux, si ce n'est qu'il n'a pas assez de temps pour y vivre.

Quand il habitait Zurich, il retournait souvent en région d'origine (3 week-ends sur 4 à peu près) surtout les deux premières années, puis les visites se sont espacées, à cause de l'intégration à Zurich et du travail qu'il y a toujours à faire. Ses amis ayant aussi, pour la plupart, quitté Neuchâtel, les liens avec la région d'origine se résument désormais principalement aux liens familiaux, «je retourne quasiment plus à Neuchâtel depuis que je suis à Bâle [...] une fois tous les deux mois parce qu'il faut . pour aller dire bonjour».

Quant à la vie en région d'origine, Bernard Roulet a un regard beaucoup plus critique en la comparant à la région d'accueil. Du point de vue politique et social, il trouve que les choses ne bougent pas beaucoup à Neuchâtel:

> ça demande tout un état d'esprit collectif et ça c'est important . une Bereitschaft . une attitude une volonté et une acceptation de passer par certaines formes collectives . c'est-à-dire j'appartiens à ce groupe donc j'en suis donc je fais avec euh . qui est très difficile à établir à Neuchâtel ou en Suisse romande [...] c'est une mentalité . les gens se sentent cons quand ils disent euh je fais partie d'un groupe . parce qu'ils ont l'impression de disparaître ici à la limite les gens ils voient la force que c'est d'être à plusieurs

Par rapport à la vie à Zurich,

> c'est un plus petit monde . donc les gens font plus les uns pour les autres j'pense quand même ici . tout de suite y a un type qui m'a montré . un le club de basket où je pouvais aller si j'en avais envie . deux le bar où il fallait aller si j'avais envie de boire une bière pis trois le cinéma qui était sympa etc. [...] ce qui fait qu'en fait en deux semaines j'étais là quoi [...] je peux parler dire les Zurichois sont froids les Bâlois sont plus ouverts . parce que je suis entré dans un cercle extrêmement ouvert et où j'ai eu beaucoup de plaisir quoi . avec tous ces gens de la Stadtgärtnerei et compagnie.

Linguistiquement, la façon d'aborder les autres lui semble très différente en suisse allemand et en français, dans le sens où ça commence peut-être très superficiellement en suisse allemand, mais ça peut aussi beaucoup plus vite déboucher sur un contact intéresant avec les gens. Bernard comprend et parle le suisse allemand, il utilise aussi l'anglais et l'allemand dans son travail. Il a l'impression que les Romands ne le connaissent pas de la même façon que les Suisses allemands, parce que l'apparence extérieure qu'il donne en parlant suisse allemand n'est pas la même que celle qu'il donne en parlant français; il se sent moins sûr de son apparence en suisse allemand.

Du point de vue de l'intégration, il dit «je suis bien intégré dans une minorité». A la question de savoir s'il se sent plus proche de la région d'accueil que de la région d'origine, il répond:

> c'est quelque chose qu'on acquiert je pense . parce que d'accepter au départ cet aspect grégaire du Suisse allemand . il est très rebutant . on se dit vraiment c'est un espèce de troupeau qui beugle dans le sens du vent [...] en tant que Suisse romand tu dois apprendre à utiliser cet outil ((la force du groupe)) [...] mais cette distance je l'ai pas perdue . j'suis devenu d'une certaine façon un adepte d'une forme de collectivisme qui paraît un peu ridicule vu de la Suisse romande . mais je conserve une distance mais y a des

avantages que les Suisses romands peuvent pas comprendre tant qu'ils se sont pas engagés quelque part.

D'un point de vue linguistique, «j'dirais que je suis un francophone qui a appris le suisse allemand . c'est trivial . mais ça peut dire beaucoup de choses». Il se sent déraciné, mais pas pour des raisons linguistiques «pour des raisons sociales . pour des raisons que je fais un boulot qui est ... pff controversé pour ne pas dire dépourvu de racines . qui ignore ses racines . et ça c'est un gros problème». Il ajoute que c'est quasiment un problème philosophique, qu'il rencontrerait aussi en région d'origine.

Identitairement, il se sent enrichi par l'emploi de plusieurs langues, mais «les langues ça reste au niveau de l'outil privilégié [...] l'identité elle a beaucoup plus à souffrir du travail . ou comme ça j'entends de la pression du stress etc. . elle a pas à souffrir d'un polyglottisme malsain ou quoi que ce soit».

Pour l'avenir, il prévoit de passer quelque temps en Angleterre après sa thèse, puis peut-être revenir en Suisse, «s'il fallait choisir un endroit où être en Suisse . j'préférerais vivre ce double langage . continuer . et puis Bâle plutôt que Zurich»; il trouverait terne de retourner en Suisse romande.

Jean Matthey est né en 1966. Il est d'origine de la Chaux-de-Fonds où il a accompli sa scolarité obligatoire (primaire et secondaire) ainsi que l'école de commerce. Il est resté un an sans travail avant de venir à Bâle en 1988. «ça s'est fait vite . . j'en avais marre . . au début c'était pour moi des vacances . . et puis après je me suis dit je reste parce que ça me plaisait». A Bâle, il s'est d'abord installé pour trois mois chez sa grand-mère, ensuite il a pris une chambre. Il travaille comme projectionniste dans deux cinémas bâlois.

Jean Matthey était déjà venu à Bâle plusieurs fois pour passer des vacances chez sa grand-mère. A part ces visites plus ou moins régulières il n'a jamais fait un séjour prolongé dans une région ou un pays non-francophone.

A part sa famille (grand-mère à Bâle-Ville, une tante et une cousine à Bâle-Campagne) Jean connaissait une seule personne au moment de son arrivée à Bâle: le président du club d'échecs de Bâle. Jean faisait déjà partie de ce club avant de venir en région d'accueil. Mais une fois à Bâle, il n'avait pas beaucoup de contacts avec les membres du club.

Jean Matthey a fait la plupart de ses connaissances dans des bistros où des cafés. D'entrer en contact avec des gens n'a jamais été difficile pour lui: «moi je me gêne pas de m'asseoir à côté des gens et puis . . de parler». Aujourd'hui il se sent bien intégré et il est en principe satisfait de sa situation à Bâle. Seulement le salaire «c'est pas terrible» et il «espère avoir un appartement plus grand».

Jean n'a gardé que peu de contacts avec la région d'origine: «avec mes parents je téléphone de temps en temps ou bien eux ils me téléphonent»; «j'ai eu déjà une ou deux visites de copains qui sont venus me voir». Il fait partie du club d'échecs de La Chaux-de-Fonds mais il n'y retourne que pour participer aux matchs.

Quant à la langue, Jean Matthey ne pense pas avoir modifié sa manière de parler français. Le français est resté une langue importante pour lui: «je pourrais pas ne plus parler français pendant longtemps». Aussi dans la vie quotidienne il est souvent en contact avec la langue d'origine (journaux, lecture, parfois au travail). Avec ses copains il parle l'allemand ou le suisse-allemand. Il dit maîtriser l'allemand à 80-90% et comprendre le suisse-allemand à 70%. Même si le suisse-allemand est assez difficile selon lui, il dit: «le suisse-allemand ça me plaît». Il n'a jamais eu de réticences à parler l'allemand ou le suisse-allemand et il voudrait améliorer ses connaissances dans les deux. Il n'a jamais pris de cours de langue à Bâle. Il lui arrive souvent de mélanger les langues (fr. – all./s.-a.): «ça me dérange pas tellement».

Tout en se sentant bien intégré à Bâle, Jean tient à ses origines: «j'aimerais pas qu'on me prenne pour un Suisse allemand [...] j'aimerais pas qu'on me prenne pour ce que je suis pas». Il ne se définirait pas comme migrant et ne se sent pas déraciné: «moi je vis où je m'attache».

En ce qui concerne ses projets pour l'avenir, il remarque: «j'ai plus envie de retourner à La Chaux-de-Fonds»; «je veux rester longtemps à Bâle».

(Propos recueillis par Jean-François de Pietro, Lilli Papaloïzos et Simona Pekarek en 1990)

LES FRANCOPHONES A BALE

Les deux personnages que nous venons de rencontrer font partie de la petite minorité de personnes déterritorialisées qui déclarent le français comme langue principale à Bâle. En 1990, elles étaient 5426 dans le canton de Bâle-Ville (dont 4997 en ville de Bâle); on y ajoutera les 4024 francophones vivant dans le district d'Arlesheim (Bâle-Campagne), qui fait partie de l'agglomération de Bâle.

Démographiquement, ce nombre n'est pas très important. Il est toutefois nettement renforcé par une quinzaine de milliers de frontaliers alsaciens venant travailler tous les jours à Bâle.

Sur l'ensemble de la Suisse, la migration interne est assez généralement en baisse:

Population de nationalité suisse parlant une autre langue nationale que celle du territoire où elle vit, en pourcent, par territoire linguistique

Territoire	Allemand		Français		Italien		Romanche	
Langue	1980	1990	1980	1990	1980	1990	1980	1990
Allemand	-----	------	10.4%	7.4%	12.3%	11.3%	16.7%	20.8%
Français	1.9%	1.6%	------	------	2.1%	2.1%	0.3%	0.2%
Italien	1.1%	0.7%	1.5%	0.9%	-----	------	1.1%	0.9%
Romanche	0.7%	0.4%	0.1%	0.06%	0.3%	0.2%	------	------

Source: OFS, Recensements fédéraux de la population

Parmi les raisons de ce recul on citera: la perte de la langue d'origine auprès de migrants de longue date (surtout en Suisse romande et italienne, exceptionnellement dans la région romanche); une valeur plutôt basse des autres langues nationales sur le «marché linguistique», particulièrement de l'allemand dans les régions «latines»; des hétérostéréotypes négatifs, surtout des Romands sur les Alémaniques; un changement qualitatif: les projets de migration de longue durée font place à des stages de formation plus brefs.

LA LANGUE COMME EMBLEME DE L'IDENTITE SOCIALE

Les relations entre langue et identité sociale[11] reposent sur le fait qu'elle permet de catégoriser un individu comme membre d'un groupe linguistique, social ou ethnique (*cf.* Le Page & Tabouret-Keller, 1985, p. 3).

Les opérations d'identification – d'autocatégorisation, mais aussi et surtout d'hétérocatégorisation – reposent sur des représentations sous-jacentes, mais aussi et surtout sur un ensemble de figures observables et sur une grille d'interprétation assignant des configurations de figures à des catégories. En d'autres termes, nous «identifions» nos interlocuteurs sur la base de traces de leur «identité» dans leur manière d'être et d'agir dans l'interaction sociale.

L'importance emblématique de certaines pratiques langagières et en particulier de l'emploi de marques discursives est bien connue (Giles, Scherer & Taylor, 1979). Elles reflètent et parfois proclament des valeurs identitaires dans la mesure où leur emploi véhicule une signification

---

11 L'expression *identité* que nous utiliserons souvent par la suite est définie, ici, comme «that part of an individual's self-concept which derives from his or her knowledge of his or her membership in a social group (or groups) together with the values and emotional significance attached to that membership» (Tajfel, 1978, p. 63). Cette notion est empruntée à la psychologie sociale et à l'ethnologie: «... la formation de l'identité signifie ou bien le processus par lequel un individu s'adapte à son environnement socio-culturel; ou bien celui par lequel l'individu se crée une image de soi-même et essaie de la réaliser. Or ces deux processus sont complémentaires, car pour se façonner une image de soi-même, l'individu nécessairement choisit un modèle dans son environnement qu'il intériorise et auquel il s'oppose» (Bassand, 1981, p. 4). Les groupes (ici les migrants) ont aussi une identité propre, ce qui signifie qu'ils se font une image d'eux-mêmes liée à des normes, des idéaux, des représentations, des valeurs, etc. J. Rémy écrit à ce propos: «[l'identité collective d'un groupe est] une image de soi-même qui, du même coup, le situe par rapport aux autres et aux divers aspects de la vie sociale. L'intériorisation de cette image de soi n'est pas le résultat d'une décision consciente mais s'explique par l'histoire de l'insertion sociale réappropriée au plan d'un investissement affectif. Cette image de soi n'a de sens que si elle permet à chacun de se situer par rapport à une communication sociale – ce qui suppose une lecture d'autrui, des attentes à son propos, bref un modèle de société auquel on s'identifie ou duquel on se dissocie» (Rémy, 1978, p. 20).

sociale particulière. Ainsi, si on parle Bärntütsch et non pas allemand à Berne, c'est pour marquer son identité suisse en opposition à une identité allemande, voire germanophone.

Or, dans des sociétés plurielles caractérisées par une grande mobilité sociale et un important brassage de la population, les groupes sociaux (et donc les identités sociales) ne peuvent pas être identifiés de l'extérieur, selon des critères objectifs, mais uniquement de l'intérieur, à partir de critères subjectifs. Font par exemple partie des *Loclois* non pas tous les individus qui partagent une même propriété extérieure (par exemple être né au Locle, être bourgeois du Locle), mais ceux qui se perçoivent et sont perçus comme Loclois. Comme disent Le Page et Tabouret-Keller:

> les groupes ou communautés ainsi que leurs attributs linguistiques n'existent pas réellement en dehors de l'esprit des individus: les groupes et communautés se constituent en fonction du comportement mutuel de leurs membres (1985, pp. 4 ss., traduction des auteurs)[12].

Il faut aussi admettre que l'individu participe souvent activement au choix de son identité sociale. En d'autres termes, le comportement linguistique d'un individu à travers lequel il crée et manifeste son identité n'est pas la simple résultante mécanique d'un certain nombre de facteurs; il constitue plutôt la réponse active d'un acteur à cet ensemble de facteurs, réponse par laquelle il contribue à la définition de la situation. Dans le cadre d'une conception activiste, constructiviste de l'identité et, par conséquent, des groupes et de leur cultures, Melucci (1982, p. 89) argumente ainsi que l'identité ne peut plus être considérée comme simplement «donnée» et ne représente pas non plus un simple contenu traditionnel auquel l'individu doit s'identifier, mais que les individus et groupes participent, par leur comportement, à la formation de leur identité, qui résulte de décisions et de projets plutôt que de conditionnements et d'entraves.

Selon Le Page et Tabouret-Keller, le comportement langagier peut en effet être conçu comme une série d'actes d'identité à travers lesquels les interlocuteurs révèlent «et leur identité personnelle et leur aspiration à des rôles sociaux» [both their personal identity and their search for social roles] (1985, p. 14). L'identité linguistique – et, par là même, la frontière

---

12 «groups or communities and the linguistic attributes of such groups have no existential locus other than in the minds of individuals, and that groups or communities inhere only in the way individuals behave towards each other».

entre groupes linguistiques – se construit, confirme et restructure en d'autres termes à travers les emplois successifs de figures identitaires, ces emplois étant à interpréter comme autant d'actes d'identité.

Ainsi, une des raisons pour lesquelles tous les francophones ne désirent pas s'intégrer dans la société d'accueil – en apprenant l'allemand ou même le suisse-alémanique – réside-t-elle dans la conviction selon laquelle apprendre et parler le dialecte constituent des actes identitaires de manque de «loyauté» envers la langue d'origine. De nombreuses réactions, parfois violentes, en témoignent:

> euh... ici... heureusement qu'on a notre colonie française et que/ anglaise par la même occasion, parce que... pour nous, la langue c'est le français et l'anglais, l'allemand on en a pas besoin . le suisse allemand on en a pas besoin.

Par peur de perdre leur identité, certains vont encore plus loin:

> Ces conditions, ce double barrage linguistique créent sans doute un handicap pour le Romand travaillant [en Suisse alémanique], qu'il soit fonctionnaire ou conseiller fédéral. Il faudrait, pour s'intégrer pleinement, posséder à la fois l'allemand et le dialecte, mais au risque, bientôt, trop bien intégré, de perdre son identité romande, de devenir un être amphibie, parlant le français fédéral, ni tout à fait romand, ni tout à fait alémanique.

Or, la lecture des principaux marqueurs identitaires – dont l'acquisition et l'emploi du dialecte, les attitudes plus ou moins normatives en langue d'origine, le répertoire employé dans la vie quotidienne, la fréquentation d'associations en langue d'origine et/ou d'accueil, la langue de scolarisation des enfants, etc. – a révélé l'existence d'options identitaires concurrentielles qui peuvent être reliées à des pratiques langagières divergentes dans des réseaux de communication différents au sein de la migration interne. On peut ainsi montrer que les francophones à Bâle et à Berne ne forment pas une «communauté» dans le sens classique du terme, mais qu'il émerge des prototypes de migrants avec des comportements identitaires différents, qui représentent autant de solutions au défi de la migration, élaborées, testées et ajustées dans la communication quotidienne (voir Lüdi, Py et al. (1995) pour des résultats complets).

MIGRATION INTERNE ET MIGRATION EXTERNE; INFLUENCES SUR LE BILINGUISME

Jusqu'ici, nous avons insisté plutôt sur les ressemblances que sur les différences de divers groupes de migrants. Une comparaison plus attentive entre les hispanophones et les germanophones à Neuchâtel nous montre que leur situation diffère à bien des égards.

a) Aspects socio-économiques

La communauté espagnole à Neuchâtel est constituée pour l'essentiel de travailleurs migrants et de leurs familles[13]. C'est dire qu'en général ils occupent des positions plutôt subalternes dans l'entreprise où ils travaillent, qu'ils ont des salaires situés vers le bas de l'échelle, que leur formation scolaire et professionnelle est en général limitée. Ils sont soumis à une législation qui, juridiquement, les distingue clairement des autochtones. Une telle situation les rend particulièrement vulnérables à toutes sortes de contraintes qui pèsent sur eux: la méconnaissance de la langue, de la culture, des lois écrites ou non, des coutumes locales, les empêche non seulement de se défendre, mais même de se situer par rapport à la société d'accueil. Des comportements qui, aux yeux des autochtones, passeraient pour complètement normaux et anodins, peuvent être interprétés par le travailleur migrant comme énigmatiques, incompréhensibles, répréhensibles et même blessants. Inversement, il vivra dans la crainte que ses comportements à lui soient mal interprétés par la population d'accueil. Il en arrivera vite à la conclusion que, pour lui, une vie sociale harmonieuse n'est possible que parmi ses compatriotes. En outre, sa migration ne résulte pas d'un choix, mais d'une contrainte économique (chômage, salaires inférieurs au minimum vital). Tous ces facteurs (et d'autres que nous rencontrerons plus loin) contribuent à fortifier l'homogénéité de la communauté migrante hispano-

---

13 Depuis les années quatre-vingt (époque à laquelle nous avons effectué nos enquêtes) la communauté espagnole a été marquée par un processus d'intégration sociale, par l'arrivée à l'âge adulte de la deuxième génération, par l'émergence d'une troisième génération, par l'amélioration des transports entre la Suisse et l'Espagne (autoroutes, billets d'avion à prix accessible), et par une diminution de ses effectifs suite à de nombreux retours au pays. Cependant, d'autres groupes immigrés plus récents vivent aujourd'hui la précarité que nous attribuons ici aux ressortissants espagnols.

phone et le sentiment qu'éprouve l'individu d'y être rattaché[14]. En revanche, la communauté suisse-alémanique est beaucoup plus hétérogène. Ses membres sont distribués dans toutes les couches sociales de la population, de l'ouvrier au dirigeant d'entreprise en passant par l'artisan et l'ingénieur. Certains possèdent une formation universitaire, d'autres n'ont pas dépassé l'école primaire. Leur nationalité suisse leur garantit le même statut juridique qu'aux autochtones. Les différences linguistiques ne sont pas renforcées dans la même mesure par des différences de culture et de comportement. Celles-ci existent bien, mais l'appartenance à un même pays, une longue tradition historique de coexistence pacifique et de collaboration politique les ont sensiblement atténuées. Quant aux raisons de la migration, elles sont très diverses; le chômage ou l'insuffisance du salaire constituent l'exception plus que la règle. On peut donc s'attendre à une plus grande variété dans la manière dont les individus vivent leur bilinguisme.

b) Aspects géographiques

Les deux communautés diffèrent aussi par la nature des liens qui les rattachent à leur région d'origine. Il y a d'abord une différence géographique: le premier village germanophone se trouve à 12 km de Neuchâtel; Berne est à 45 km. Zurich et Bâle sont à moins de deux heures en train ou en voiture. Par contre, le point le plus proche de la frontière espagnole se trouve à 800 km. Barcelone est à une journée de voiture, Madrid à deux. L'Andalousie, l'Estrémadure et la Galice, patries de nombreux migrants, se trouvent à 1'800 et même 2'000 km. En conséquence, le Suisse alémanique peut, s'il le désire, profiter de n'importe quel jour férié pour faire un saut dans sa région d'origine. L'Espagnol, lui, ne peut guère rentrer chez lui qu'une ou deux fois par

---

14 Les lecteurs de Bernstein reconnaîtront ici un bon nombre des caractères fondamentaux qui, selon le sociolinguiste anglais, définissent une communauté où la communication fonctionne selon les règles du «code restreint». Lorsque l'expression implicite domine l'expression explicite, lorsque l'argumentation discursive apparaît fortement réduite, lorsque l'on a souvent recours à des valeurs et à des postulats largement partagés par tous les membres de la communauté, autrement dit, lorsque le discours des migrants présente de nombreuses caractéristiques du code restreint, cela n'a rien à voir avec leur bilinguisme, mais beaucoup avec leur situation socio-économique (Bernstein, 1971-1973).

an, surtout s'il a des enfants. Autres conséquences de la situation géographique: de Neuchâtel, on capte parfaitement les émissions de la radio et de la télévision alémaniques. Quant aux émissions espagnoles, seule la radio est accessible[15]. La lecture des livres et périodiques peut contribuer fortement au maintien des contacts entre le migrant et sa région d'origine. Mais, pour le travailleur espagnol dont la formation scolaire est limitée et pour qui le texte écrit ne joue pas un grand rôle, l'importance de la lecture est restreinte, ce qui n'est pas le cas pour beaucoup de Suisses alémaniques.

c) Aspects linguistiques

Jusqu'ici, nous avons utilisé la notion de *langue d'origine* sans trop nous interroger sur sa signification. En fait, celle-ci peut varier considérablement d'une situation à l'autre. Nous avons parlé (chapitre 1) de «diglossie médiale» en Suisse alémanique. Le migrant alémanique est en quelque sorte déjà bilingue lorsqu'il quitte sa région d'origine. Il sait ce que signifie vivre avec deux langues. De plus, la plupart des Suisses alémaniques ont appris le français comme première langue étrangère à l'école. Cette expérience préalable peut favoriser l'implantation dans un nouveau milieu linguistique. D'autre part, le suisse-allemand, langue orale par excellence, n'est pas codifié officiellement par des institutions telles que l'école, la presse, etc. Il y a donc une sorte de flou normatif, caractéristique, qui affaiblit sans doute la résistance – chez le migrant – du suisse-alémanique à l'influence du français. Enfin, on peut supposer (Lüdi, 1982b, et ici chapitre 6) que c'est parce que les éléments lexicaux de l'allemand peuvent être simplement adaptés morpho-phonologiquement au suisse alémanique que la diglossie médiale fonctionne si bien et que les besoins de communication orale les plus variés peuvent être satisfaits par le dialecte. Or, si les liens entre celui-ci et l'allemand – langue de culture – sont institutionnalisés en Suisse alémanique, ce n'est plus le cas en Suisse romande. Le migrant alémanique est en quelque sorte abandonné à son dialecte. Le cordon ombilical qui le relie à l'allemand menace de casser et seul un effort personnel constant, par la pratique de la lecture et de l'expression écrite, peut maintenir la diglossie médiale – et indirectement la portée communicative du dialecte suisse alémanique. En Espagne, la situation est complexe. On y trouve

---

15 Actuellement le cable permet la réception d'une chaîne de télévision espagnole.

des régions monoglossiques et diglossiques et, parmi ces dernières, plusieurs types de diglossie (Ninyoles, 1977; Lüdi, 1988). Les Galiciens vivent une situation totalement différente de celle des Catalans ou des Basques. Pour des raisons pratiques, nous ne parlerons ici que des Espagnols originaires de régions monoglossiques, notamment de Castille. A leur arrivée à Neuchâtel, ils n'ont en principe aucune expérience du bilinguisme. Contrairement à ce qui se passe en Suisse alémanique, en Espagne il y a une certaine convergence entre les pratiques langagières quotidiennes des individus et les prescriptions et usages institutionnels: le paysan castillan a le sentiment de parler la même langue que l'académicien, même s'il pense ne pas bien la parler. Les différences entre variétés ne dépassent pas un seuil normal dans toute région linguistique unifiée et centralisée. Les échantillons d'espagnol que le migrant reçoit de son pays d'origine grâce aux médias, aux vacances, aux visites dans sa famille, aux écoles consulaires[16] renforcent sa compétence linguistique plus clairement et directement que ce n'est le cas des migrants alémaniques.

Plaidoyer pour l'abandon de la notion de «langue maternelle» dans la recherche sur le bilinguisme

Dans les pages précédentes, nous avons fait plusieurs fois allusion à la difficulté qu'il y a à déterminer avec précision ce que recouvrent, dans le cas des migrants bilingues, les notions de *langue maternelle*, *langue d'origine*, *langue d'accueil*, *langue seconde* et *langue étrangère*. Outre ces quelques termes, on rencontre souvent dans les discussions scientifiques les expressions *langue première*, *langue source*, *langue cible*, etc. En dehors des problèmes sociolinguistiques mentionnés plus haut, ces notions soulèvent des difficultés psycholinguistiques. Mais tout d'abord, un mot sur la notion de *langue maternelle*. Elle est chargée d'un nombre important de connotations. De plus, on en a beaucoup abusé dans le cadre de ce que nous appelons «idéologie monolingue». Enfin, elle porte souvent à confusion. En effet, comment par exemple un enfant d'origine espagnole mais né et éduqué en Suisse pourrait-il prétendre que sa

---

16 Il s'agit de cours de langue et de culture donnés par des enseignants venus des pays d'origine en collaboration avec les autorités scolaires de la région d'accueil.

Cas particuliers et concepts de base

langue maternelle est l'espagnol, ou le français? Il est évident que les deux langues *ensemble* ont joué pour lui le rôle de langue maternelle. Nous parlerons donc dans la suite de notre étude, quand cela est possible et nécesaire, de *langue première* au lieu de *langue maternelle*. Mais alors, quelle est la langue première des (enfants de) migrants? Que signifient pour eux les notions de *langue seconde* et de *langue étrangère*?

Imaginons par contraste un étudiant francophone en séjour à Madrid. Son apprentissage de l'espagnol aura débuté à l'école secondaire ou même à l'université, à une époque où sa connaissance du français sera solidement établie. L'apprentissage de l'espagnol n'est pas une nécessité communicative en ce sens qu'il vit habituellement dans un milieu où le français remplit la totalité de ses besoins langagiers quotidiens. Son séjour en Espagne ne modifiera pas fondamentalement cette relation. Cette situation nous amène à utiliser les termes de *langue première* pour le français et *langue étrangère* pour l'espagnol. De la même façon, les migrants de Neuchâtel peuvent par exemple apprendre l'anglais comme langue étrangère.

Les enfants suisses alémaniques vivent les premières années de leur existence en dialecte suisse allemand. Il apprennent l'allemand avec la radio et la télévision d'abord[17], la lecture et l'écriture, à l'école ensuite. Il ne peut être question ici de «langue étrangère». Max Frisch avait proposé la notion de *langue semi-étrangère* (Kolde, 1981, p. 74). Loetscher parle, comme nous avons vu, de bilinguisme au sein même d'une langue, d'une forme de «bilinguisme interne». Comme nous l'avons vu, l'allemand remplit, dans la communauté linguistique, des fonctions complémentaires à celles du dialecte; nous préférons donc parler de *langue seconde*, alors que le dialecte reste la langue première. La notion de *langue seconde* est donc rattachée à celle de bilinguisme avec diglossie. Pour les migrants adultes de Neuchâtel, le français joue le rôle d'une langue seconde dans la mesure où il sert de véhicule à un ensemble déterminé (même réduit) d'actes de communication.

Dans les cas que nous venons de citer, la langue première sert de base à l'acquisition de la langue étrangère ou seconde. On parlera respective-

---

17 Il faut mentionner ici le rôle des masses média et en particulier de la télévision comme source d'acquisition préscolaire de la langue écrite. Dans la plus grande partie de la Suisse alémanique, les chaînes allemandes et autrichiennes se captent sans problèmes. Les émissions destinées aux enfants sont souvent regardées.

ment de *langue source* et de *langue cible*. Cette terminologie est courante dans les études qui portent sur les processus d'apprentissage envisagés indépendamment des contextes sociaux où ils agissent. Le cas des enfants de migrants est plus complexe. Même si au début, pour certains d'entre eux, la langue d'origine joue le rôle de la langue première et la langue d'accueil celui de la langue seconde, leur biographie linguistique modifie si profondément ce schéma initial que nous devons chercher une autre solution terminologique. Dans la région de Neuchâtel, on constate en effet que le français, acquis simultanément ou par la suite, prend une position dominante et entame l'ensemble des fonctions qui, pour l'unilingue, relèvent de la langue dite maternelle (interactions avec le père, la mère, les frères et soeurs; premiers stades de la socialisation; monologue intérieur; rêve; langue dans laquelle on est à l'aise; langue des émotions fortes, etc.). Or, chez les enfants migrants, ces fonctions ne sont plus entièrement dévolues à la compétence en langue d'origine: ils parlent français avec leurs camarades de même origine, avec leurs frères et soeurs, et même dans une certaine mesure avec leurs parents s'ils se savent compris. Ceci peut provoquer des difficultés dans la langue d'origine des parents de sorte que les enfants migrants se sentent souvent plus à l'aise en français. Autrement dit, les langues de ces enfants entretiennent entre elles des relations spécifiques que l'on ne peut réduire à des dichotomies langue première/langue seconde ou langue première/langue étrangère. Il faudrait plutôt parler d'une sorte de langue première double... Nous nous tiendrons aux dénominations simples et neutres de *langue d'origine* et *langue d'accueil*[18].

On ne peut ignorer que les modalités de contact entre langue d'origine et langue d'accueil peuvent être très variables. Jusqu'ici, nous avons distingué entre migrants adultes et enfants. Nous avons vu que leurs situations respectives étaient à la fois différentes et complémentaires. Or, les termes de *parents* et *enfants* que nous avons utilisés pour les désigner sont ambigus. En effet, la différence essentielle est que les uns ont grandi en région d'origine et ont émigré par la suite, alors que les autres ont passé tout ou partie de leur enfance dans la région d'accueil.

---

18 En choisissant cette terminologie qui classe les langues selon des critères purement extérieurs, on ne préjuge rien quant à la compétence et aux modalités de contact psycholinguistiques. Par la même occasion, nous évitons les connotations liées aux notions de langue maternelle ou de langue première, comme à celles de langue étrangère ou de langue seconde.

On trouvera donc, parmi les «enfants», des adultes qui peuvent parfaitement être plus âgés que les individus du premier groupe. C'est la raison pour laquelle nous préférons parler de migrants d'une manière globale en spécifiant s'ils sont de *la première génération* (G 1) ou de la *seconde génération* (G 2).

LA FAMILLE NUCLEAIRE, LIEU D'UNE DOUBLE MEDIATION

Etre membre d'une communauté peut signifier beaucoup et en particulier participer à des réseaux de relations très diversifiés. Un Neuchâtelois, un Madrilène, un citoyen de Niedererlinsbach est tout d'abord membre d'une famille, collaborateur d'une entreprise, client de certains magasins; il fait partie d'un cercle d'amis et de connaissances. Dans chacun de ces réseaux il remplit des fonctions définies. Le linguiste constatera que des pratiques langagières sont liées à ces réseaux et à ces fonctions. C'est ainsi qu'un poste de travail dans un atelier peut comporter des activités verbales bien déterminées: donner ou recevoir des consignes, indiquer des temps ou des quantités, lire des modes d'emploi, remplir des formulaires, etc. On ne peut accéder à une vision concrète de ce que signifie le bilinguisme sans se situer dans un de ces réseaux. Pour notre part, nous nous intéresserons à la *famille nucléaire*. Nous l'observerons grâce à une série d'entretiens collectifs enregistrés et transcrits. Ce choix n'exclut d'ailleurs pas d'autres réseaux, dans la mesure où ils apparaissent comme thèmes dans les discours des informateurs. (Mais ce n'est naturellement pas la même chose de dialoguer avec un vendeur et de raconter en famille – et de plus en présence d'un enquêteur – ce qui s'est passé dans le magasin...).

Ce choix de la famille n'est pas arbitraire, surtout pas dans la perspective du bilinguisme. La famille occupe une position centrale dans le réseau social du migrant adulte ou enfant. On constate en effet (Ezquerra & Py, 1976; Lüdi, 1981) que les enfants jouent un rôle décisif dans les attitudes des parents face à la langue d'accueil. Nous avons vu qu'un migrant peut vivre à Neuchâtel sans apprendre le français, et certains adultes n'ont qu'une connaissance très limitée de cette langue. Mais avoir des enfants qui, après quelques années d'école, préfèrent parler le français à l'espagnol ou au suisse allemand, incite généralement les parents à ouvrir leur attitude face au français et à l'apprendre.

On a souvent observé que la plupart des enfants prennent l'habitude – du moins pendant une certaine période de leur enfance – de parler la langue d'accueil à leurs parents, même si ceux-ci n'utilisent en principe que leur langue d'origine.

Plus généralement, les enfants servent de médiateurs entre leurs parents et la société d'accueil. Inversement, ce sont les parents qui maintiennent un contact minimum entre leurs enfants et la région d'origine, sa langue et sa culture. En dehors des vacances (passées le plus souvent au pays d'origine), les parents sont les principaux et souvent les seuls interlocuteurs de leurs enfants en langue d'origine. C'est pour cette raison que la famille de migrants peut être considérée comme *lieu d'une double médiation*: les enfants médiatisent les relations des parents avec la région et la langue d'accueil et les parents médiatisent les relations des enfants avec la région et la langue d'origine. La famille est ainsi l'unité sociale la plus petite et la mieux structurée qui sert de contexte immédiat à la rencontre des langues chez l'individu. C'est la raison pour laquelle nous nous y référerons très souvent dans la suite de cet ouvrage.

UN EXEMPLE DE BILINGUISME VOLONTAIRE: LE STAGE LINGUISTIQUE

Imaginons un étudiant non francophone qui fait un séjour dans une université romande. Logé dans une résidence universitaire, il suivra en principe des cours de langue, éventuellement aussi de civilisation, à l'Université. Il aura des contacts variés avec le français. On peut les énumérer de la manière suivante:

a) Le français sera simultanément instrument de communication et objet d'étude. L'étudiant se trouvera en situation homoglotte[19] en ce sens qu'il rencontrera la nouvelle langue à la fois dans la salle de cours et dans son environnement social quotidien. Des professeurs, des manuels, lui expliqueront son fonctionnement et corrigeront ses erreurs. Très rapidement, il en saura plus, sur les mécanismes grammaticaux, que l'immense majorité des interlocuteurs francophones à qui il aura affaire dans la vie quotidienne. Par ailleurs, si son programme com-

---

19 Dabène (1994) oppose les contextes d'apprentissage homoglottes et hétéroglottes. Cette distinction est commentée notamment par Gajo (2000).

porte aussi des études de littérature française, il se familiarisera avec un nombre élevé de variétés stylistiques réservées à une petite minorité de lecteurs spécialisés.

b) Le français sera une des manifestations les plus évidentes et omniprésentes du monde dans lequel notre étudiant sera quotidiennement plongé. A peine sorti de sa résidence universitaire, il entrera dans un monde où se déploiront les «écrits dans la ville»[20]. Des affiches murales et des graffitis lui présenteront des slogans publicitaires ou politiques. Dans le bus, il assistera peut-être à quelque discussion animée entre un groupe de voyageurs inconnus et il s'efforcera de comprendre. Lorsqu'il sera sorti du bus, ses pas le conduiront vers des magasins. Il aura de la peine à faire comprendre avec précision au vendeur quelle marchandise il désire acquérir, et devra s'y reprendre à plusieurs fois. Aussi bien dans ces tentatives que dans le déchiffrement des affiches ou de la discussion du métro, il rencontrera des *obstacles*. Il en vaincra certains grâce aux cours qu'il a suivis à l'Université, mais d'autres résisteront avec obstination: il découvrira que la langue qu'il étudie en Faculté ne coïncide pas tout à fait avec celle qu'il entend dans la rue ou dans les magasins. Toutefois, grâce à un effort de réflexion et d'attention, grâce aussi à l'intérêt qu il éprouve pour la langue et la vie quotidienne dans son nouvel environnement, il réussira bientôt à faire le pont entre les diverses manifestations langagières qui façonneront son environnement.

c) Cependant, ce monde qu'il découvre pas à pas ne se circonscrit que grâce à de constantes références à son *identité* linguistique et culturelle, c'est-à-dire sa langue et sa région d'origine. Une des motivations principales de son étude du français est d'ailleurs justement un certain désir de dépasser le cadre où il a toujours vécu, d'entrer en contact avec une nouvelle façon de vivre et de s'exprimer, non pas d'abandonner son identité, mais plutôt de la fortifier et de l'élargir. Il se met spontanément à réfléchir sur son pays et sa langue, à comparer. Il constate que le langage joue un rôle différent à certains égards, et que ces différences se concrétisent par exemple dans la

---

20 Nous empruntons cette expression et les réalités qu'elle désigne à Lucci *et al.* (1998).

manière de prendre la parole, d'accepter ou non le silence au milieu d'une conversation, de plaisanter, ou encore de sous-entendre.

Ces expériences sont parfois douloureuses. Les difficultés proprement linguistiques se conjuguent avec les malentendus culturels, comme le montre l'exemple suivant[21]:

> 45Q oui .. vous pourriez peut-être raconter euh des anecdotes . des . des malentendus qui que vous avez connus
> 46I oui par exemple . quand un . je me sou . je me souviens . la première fois euh il y avait . c'était . la première semaine . j'étais à Fribourg et j'avais entendu au bout de (?) . et . ce . ce n'était pas le mot [evni] c'était . bon j'avais mal compris la l'horaire . alors je suis arrivée en retard . et la dame était très fâchée et il j'avais un rendez-vous avec avec elle c'était une famille . et oui la dame . était très fâchée contre moi . parce que j'avais mal compris l'horaire . d'après moi j'étais en avance mais . ce n'était pas . j'avais mal compris l'ho . j'avais . je me rappelle si . au lieu de comprendre trente . j'ai confondu le . ah oui . c'est parce qu'ici . on dit quatorze heures et nous disons . au lieu de quatorze . quatorze heures nous disons deux heures par exemple ou comme ça
> 47Q mhm oui mhm
> 48I mais bon je me suis . je voulais m'excuser mais . mais je ne pouvais pas . et . parce que d'abord la personne ne me . ne me laissait pas donner mes explications mais . elle était très énervée et . bon je pense que c'était . c'était à cause de .. ce jour-là je j'avais c'était un malentendu parce que je ne comprenais pas l'horaire que l'heure qu'elle m'avait dit . aussi par exemple quand un . quand je suis en train d'expliquer je dis . au lieu de dire la rue je dis la rue (allusion probable à la confusion {y} *vs* {u}) la la . mon interlocuteur comprend mal ce que je suis en train de dire

De telles expériences entraîneront un réajustement progressif des liens de l'étudiant avec la région d'accueil, la région d'origine et en définitive avec lui-même. Ce réajustement apparaîtra aussi dans les contacts réguliers qu'il entretient avec d'autres étudiants étrangers qu'il côtoie à l'Université ou à la résidence, même s'il évite ces contacts, désireux qu'il est de profiter au maximum de son séjour dans le pays d'accueil.

Ces quelques observations n'épuisent pas l'expérience vécue par notre étudiant; elles ne représentent qu'une possibilité parmi beaucoup

---

21 Extrait de Py (2000, p. 76).

d'autres[22]. Elles nous permettent cependant de tirer quelques conclusions qui nous serviront de point de comparaison pour la suite, dans nos travaux avec des travailleurs immigrés:

a) Le bilinguisme de notre étudiant est le résultat d'un *choix*. La connaissance de la langue, de la littérature et de la culture françaises le mènera peut-être à un diplôme universitaire qui lui conférera une position sociale et professionnelle relativement avantageuse. Autrement dit, il vivra son bilinguisme non pas comme une contrainte, mais comme une chance ou même un privilège.

b) Son bilinguisme est marqué par une dichotomie fondamentale. D'une part, il *étudie* méthodiquement le français, apprend le vocabulaire ou les règles de grammaire. D'autre part, dans la vie quotidienne, il *s'approprie* le français comme instrument de communication d'une communauté linguistique; il le vit comme sujet et objet d'une activité langagière (slogans publicitaire; interpellation dans la rue pour obtenir le témoignage d'un passant lors d'un accident; achat dans un magasin, etc.). Confronté à ces deux aspects, l'étudiant sera constamment mis au défi de les ajuster l'un à l'autre.

c) Les langues d'origine et d'accueil entrent dans une relation de *complémentarité* réciproque à plusieurs niveaux. D'abord, la langue d'origine est réservée à une communauté réduite et précise (les autres étudiants francophones), ainsi qu'à un inventaire plutôt limité de thèmes (les expériences communes). Ensuite et surtout, la pratique de la langue d'accueil éclaire indirectement le fonctionnement de la langue d'origine. Parallèlement, la langue d'origine sert de point d'appui à l'apprentissage du français. Loin de se porter préjudice, les deux langues vivent en symbiose. Il est vrai pourtant que ce voisinage pose quelques problèmes: notre étudiant parlera français avec un certain *accent* et il aura tendance à reproduire parfois en français des tournures inspirées de sa langue d'origine. Nous aurons l'occasion de revenir sur ces problèmes (chap. 4).

d) Les langues ne sont pas simplement des codes, des ensembles de signes et de règles capables, à eux seuls, d'assurer la communication.

---

[22] On trouvera un grand nombre de documents et d'analyses dans Gauthier & Jeanneret (2000).

Le français se manifestera plutôt comme composante du comportement des individus, dont la façon de vivre, de sentir et de penser diffère à bien des égards de celles de la communauté d'origine. En français, par exemple, on vousoie et on tutoie selon d'autres principes que dans d'autres langues. L'étudiant devra donc non seulement apprendre à distinguer formellement les marques linguistiques de la déférence et de la familiarité, mais aussi connaître la manière dont les Suisses romands ressentent et catégorisent les relations interpersonnelles; comment, par exemple, une différence de statut social peut interdire, autoriser ou même imposer le choix de la forme familière.

e) Remarquons enfin que l'étudiant étranger a un certain statut social: il est catégorisé à la fois comme étudiant, touriste, client, ressortissant d'un pays familier ou non, etc. Ces catégories sont liées à un ensemble de représentations dans la population d'accueil, qui diffèrent non seulement d'un pays à l'autre, mais aussi d'un groupe social à l'autre, d'un individu à l'autre. Ces représentations vont moduler le comportement des interlocuteurs autochtones: on ne parle pas de la même façon et des mêmes thèmes à un étranger et à un compatriote, à un étudiant et à un serveur de bar, à un ressortissant d'un pays voisin et à celui d'un pays éloigné. Ces paramètres détermineront en partie le choix des sujets de discussion, des registres et niveaux de langue, des implicites auxquels on se référera, ainsi que la nature des relations qui s'établiront entre les interlocuteurs. L'étudiant sera à son tour conduit par ses interlocuteurs à assumer les rôles qu'on attend de lui. Même si, au début, il constate un fossé plus ou moins profond entre l'image qu'il se fait de lui-même et celle que les autres se font de lui, il n'aura en principe ni la force culturelle ni les moyens langagiers d'imposer sa propre image. Cette impuissance sera relativement supportable dans la mesure où l'image que se fait autrui sera plutôt favorable. Nous verrons plus loin ce qui arrive lorsque cette image est défavorable.

Chapitre 3

Deux langues, deux cultures, deux schématisations de la réalité

Dans le chapitre 2, nous avons constaté que l'apprentissage d'une seconde langue peut avoir une influence sur la représentation que l'on a de soi-même, des autres, du monde en général. Mais qu'en est-il exactement de cette influence? Est-ce la langue qui est à l'origine de notre vision du monde, ou est-elle l'instrument qui reflète et développe des structures culturelles plus profondes? Pour nous, ces questions sont importantes dans la mesure où une idéologie déterministe largement répandue a longtemps prétendu que la relation entre la langue «maternelle» et la pensée était si profonde et si unilatérale que le bilinguisme apparaissait comme une sorte de maladie, une désagrégation de la pensée[1]. Notre réponse provisoire est que la compétence linguistique est enchâssée dans une compétence d'interaction élargie et dans une schématisation de la réalité dont tous les éléments sont interdépendants. Partant de là, nous nous interrogerons sur les éléments constitutifs du biculturalisme et nous montrerons à l'aide d'exemples la variété et la multiplicité des facettes que présente la compétence d'interaction biculturelle. Il est vrai que cette dernière (qui inclut le bilinguisme) ne constitue qu'une des réponses possibles des migrants au défi de la distance culturelle; et qu'elle dépend en grande partie des attitudes de la

---

1 Un des objectifs de cet ouvrage est justement de démentir ce stéréotype: le bilinguisme ne porte pas atteinte aux facultés intellectuelles du bilingue. Nos arguments apparaîtront progressivement.

société d'accueil. Il faut comprendre qu'il ne suffit pas d'additionner deux langues autonomes ou deux schématisations de la réalité pour caractériser la compétence bilingue-biculturelle. Au contact l'une de l'autre, elles se modifient à tel point qu'il en résulte quelque chose d'original, de nouveau. Dans cet ordre d'idée, on ne peut éviter de comparer la variation entre deux et plusieurs langues à la variation intralinguistique et de considérer la compétence bilingue comme un cas limite de «polylectalité». Ceci nous amène à ne plus considérer le plurilinguisme et le pluriculturalisme uniquement dans la perspective des langues et des cultures en question, mais à élaborer une vision autonome «bilinguale».

LANGUE, PENSEE, CULTURE

Dans sa thèse sur la germanisation de Bonaduz (localité anciennement de langue romanche dans le canton des Grisons, Suisse), Cavigelli (1969) attribue des conséquences extraordinairement négatives au bilinguisme et à la perte de la langue «maternelle». Il estime en particulier que ces phénomènes

- ont des effets nuisibles sur l'ensemble de la vie psychique;
- bloquent le développement harmonieux de la personnalité;
- rendent l'intégration dans la société plus difficile;
- entravent l'épanouissement des activités culturelles

(*cf.* Cathomas, 1977, p. 15). De telles attaques contre le bilinguisme sont fréquentes. Et elles n'épargnent pas le phénomène de la migration, bien au contraire. Les échecs scolaires fréquents, les difficultés dans la formation professionnelle, voire la délinquance juvénile sont tour à tour expliqués par le bilinguisme des migrants. L'hypothèse sous-jacente est celle d'un appauvrissement général des ressources cognitives, affectives et culturelles causé par le bilinguisme. Nous sommes profondément persuadés que si les migrants sont défavorisés, le bilinguisme n'en est pas la cause, mais tout au plus un indice. D'ailleurs, il y a une infinité de cas de bilinguisme réussi. Mais le fait que l'on observe fréquemment chez les travailleurs migrants et leurs enfants certaines difficultés socioculturelles ou scolaires, nous amène à réfléchir un instant aux reproches mentionnés et aux théories qui les appuient.

Deux langues, deux cultures, deux schématisations

Nous avons fait allusion déjà à la conception «déterministe» du langage de Weisgerber, qui soulignait ce qu'il appelait la «Prägekraft der Muttersprache». C'est probablement lui l'inspirateur de Cavigelli et de beaucoup d'autres qui ont utilisé et continuent à utiliser ces idées comme arme – émoussée, il est vrai – dans leur lutte pour la sauvegarde de langues minoritaires. D'autres linguistes ont soutenu des thèses semblables. On citera ici la «théorie de la relativité linguistique» de Benjamin Lee Whorf qui postule que la langue maternelle d'un individu détermine foncièrement sa manière de voir le monde, que sa pensée est modelée par la grammaire de la langue qui lui sert d'expression.

> Nous découpons la nature suivant les voies tracées par notre langue maternelle. Les catégories et les types que nous isolons du monde des phénomènes ne s'y trouvent pas tels quels, s'offrant d'emblée à la perception de l'observateur. Au contraire, le monde se présente à nous comme un flux kaléidoscopique d'impressions que notre esprit doit d'abord organiser, et cela en grande partie grâce au système linguistique que nous avons assimilé. [...] les utilisateurs de grammaires notablement différentes sont amenés à des évaluations et à des types d'observations différents de faits extérieurement similaires [...] (Whorf, 1969, pp. 129-130 et 143).

De son côté, Emile Benveniste a montré que la logique aristotélicienne n'était en aucun cas indépendante de la langue et antérieure à elle, pour ainsi dire inhérente de l'esprit, mais qu'elle s'inspirait bien au contraire de certaines structures linguistiques spécifiques du grec (Benveniste, 1966, p. 73). C'est sur ce fond-là qu'il faut entendre la crainte de ceux qui parlent du «danger d'apatridie linguistique et spirituelle, de la division de la conscience, de la schizophrénie que l'on croit observer parfois dans les sociétés où se côtoient plusieurs langues» (Wandruszka, 1975, p. 343. Traduction des auteurs). Si l'on tente maintenant de déterminer le danger que le bilingue court du fait de son seul bilinguisme, il faudra tenir compte au moins des quatre arguments suivants:

1) Il est indéniable que toute langue exerce une fonction catégorisante, qu'elle reflète et détermine la manière spécifique d'une communauté d'appréhender et d'organiser le monde dans lequel elle vit. Même des langues culturellement et étymologiquement voisines comme l'espagnol et le français n'échappent pas à des différences de structures de ce genre (voir les exemples *arbre – bois – forêt* ci-après). Chaque langue possède des structures qui nous mènent à nommer (et

donc à favoriser sur le plan de la perception) certaines caractéristiques de la réalité:

Les langues qui, à part le singulier et le pluriel, possèdent un duel imposent à leur locuteur une autre vision du nombre, et l'obligent, pour toute indication d'une quantité supérieure à 1, à indiquer s'il s'agit de 2 ou de plus de 2.

Benveniste montre que l'existence et les possibilités d'emploi du verbe «être» en grec ont permis de faire de l'être une notion objectivable qui se prêtait à la réflexion philosophique (1966, p. 71).

Whorf avait donc raison jusqu'à un certain point. Pourtant (et ceci est décisif pour nous), aucune langue ne nous interdit de faire et de verbaliser de nouvelles expériences[2]. Et la connaissance de notre langue première ne nous empêche pas de relativiser ses catégories à travers l'apprentissage d'une autre. Nous ne sommes donc pas les prisonniers de notre langue (maternelle), et l'apprentissage d'une langue seconde ne fera pas s'écrouler notre monde.

2) En fait, une grande partie des langues en contact dans le contexte neuchâtelois ne sont pas seulement étymologiquement apparentées, mais elles partagent, grâce à des siècles de coexistence, un passé européen commun. Elles appartiennent toutes au groupe de langues que Whorf désignait par le terme de *standard average european* et entre lesquelles il ne voyait pas de différences fondamentales. Il est vrai que la diversification des origines linguistiques des migrants, depuis les années quatre-vingt-dix, tend à estomper quelque peu ce standard moyen.

---

2   Coseriu (1972, p. 40) propose d'établir une distinction entre les contenus de pensée qui sont respectivement dépendants et indépendants du façonnement par la langue de l'expérience extralinguistique, tout en estimant qu'il s'agit là d'un des problèmes les plus difficiles de la linguistique. Mais le discours avec une langue quelconque sur le «monde déjà construit linguistiquement» (*loc. cit.*) se situe sur un tout autre niveau. Car au fond – et si l'on tient compte de la compétence néologique de chaque locuteur – tout ce qui peut être dit dans une langue peut aussi l'être dans n'importe quelle autre, même si les expressions exactes manquent (encore). Et les langues se différencient plus par ce que le locuteur *doit* exprimer que par ce qu'il peut exprimer (Searle, 1971, pp. 34 ss.; Martinet, 1975, p. 13; Jäger, 1973, p. 55). On peut comparer cela aux paradigmes scientifiques qui influencent la pensée de toute une époque sans empêcher de nouvelles découvertes fondamentales.

3) D'ailleurs, la question de la priorité de la langue ou de la pensée rappelle un peu celle de savoir si c'est l'oeuf qui a précédé la poule, ou inversement. Elle n'a manifestement aucun sens. D'autant plus qu'elle relève d'une conception périmée de la langue (la langue comme pure forme de certains structuralistes, prise en elle-même et pour elle-même, soigneusement isolée de son contexte social et pragmatique) et d'une conception tout aussi périmée de la pensée (une pensée logicoconceptuelle qui exclut la présence de représentations constituées empiriquement et d'une pensée pratique). En réalité – et nous y reviendrons – la langue n'est précisément pas indépendante du cadre social dans lequel elle est utilisée et qui engendre notamment les inégalités, les malentendus et le discrédit dont souffrent parfois les migrants. De même, la pensée est tout aussi inséparable des expériences pratiques, sociales et linguistiques de la réalité. Parler ici de dépendance unilatérale n'a donc aucun sens.

4) Une langue ne se réduit pas à un système d'unités et à des règles permettant leur combinaison. Elle est aussi un répertoire de formules préconstruites et précodées. Nous verrons plus loin comment ces formules stéréotypées représentent pour les membres d'une communauté linguistique et culturelle une réserve d'évidences plus ou moins partagées, de microthéories disponibles lorsqu'ils sont amenés à interpréter un comportement ou un événement pour lui donner un sens, ou à catégoriser une personne. La générosité des Méditerranéens, l'honnêteté ou la ponctualité des Suisses, le sérieux des Allemands, l'insouciance des Africains, le machisme des Sud-Américains sont en quelque sorte portés par des expressions linguistiques qui en assurent la diffusion sociale et la disponibilité culturelle. Ces formules dépendent peu de la structure grammaticale de la langue dans laquelle elles s'expriment; elles pèsent en revanche très lourd dans les représentations que nous évoquons lorsque nous parlons. On observera d'ailleurs que les locuteurs sont soumis au précodage de manière très variable: ce que l'on appelle la «langue de bois» est pétrie de formules stéréotypées. Un véritable écrivain en revanche les tient à distance. Nous pensons que le poids de ces formules pèse au moins aussi lourd que les contraintes imposées par le système de la langue tel que le définissent les structuralistes. Et elles ne dépendent pas de ce système, même si ce dernier leur fournit le support dont elles ont besoin.

Ces observations montrent que les rapports entre langues et représentations sont d'une très grande complexité, et qu'ils ne se résument pas en tout cas à des relations de dépendance. Un individu peut-il tomber dans la schizophrénie parce qu'il parle deux langues? Soulignons encore notre réponse: cette question, du point de vue linguistique, n'a aucun sens. Les connaissances linguistiques de chaque individu sont intégrées à un schéma général de catégorisation des données sensorielles, et entretiennent avec lui des relations de détermination réciproque. Ce schéma doit être compris comme une sorte d'hypothèse de travail qui – confrontée aux circonstances particulières de sa mise en œuvre – subira d'incessantes remises en cause suivies de modifications. Ce sera notamment le cas lorsque le schéma s'achoppera à des faits inattendus ou à d'autres schémas de catégorisation. De quelle sorte d'intégration s'agit-il? Jusqu'à quel point ses modalités sont-elles propres à la langue? Pour répondre à cette question, imaginons un apprenant francophone d'espagnol. Ses maîtres lui avaient enseigné des différences de structure du type suivant[3]:

allemand	français	espagnol	
Baum	*arbre*	*árbol*	(arbre)
Holz	*bois*	*madera*	(bois de charpente)
		leña	(bois à brûler)
Gehölz		*arboleda*	(espace peuplé d'arbres)
Wald	*forêt*	*bosque*	(vaste espace peuplé d'arbres)
Urwald	*forêt vierge*	*selva*	(vaste espace peuplé d'arbres à l'état sauvage)

Son apprentissage l'ayant fait réfléchir à sa langue maternelle, il aura peut-être pris conscience qu'indépendamment du découpage lexical, les mots véhiculent une foule de représentations culturelles diverses. *Bois*, mais aussi *leña* ne signifie pas la même chose pour un paysan et pour le propriétaire d'une maison dotée d'une cheminée, pour un bûcheron et pour un écologiste. Or, autant ou plus que de la langue, ces représenta-

---

3 Initialement, cet exemple a été présenté en français par Hjelmslev en 1957, au VIIIe Congrès international des linguistes à Oslo avant que ses écrits danois ne soient traduits. Depuis, il a paru dans des manuels sous différentes variantes.

tions dépendent du contexte économique et culturel. L'apprenant aura aussi compris que, pour communiquer avec succès, il faut peut-être connaître des mots et des règles linguistiques, mais que cela n'est de loin pas suffisant. Un échec est possible, sinon probable, quand on ignore les normes de comportement et en particulier les règles d'interaction propres à la communauté d'accueil. *Or ces normes ne sont pas formellement codifiées dans la langue.*

> A Madrid, on se sert de l'exclamation ¡*oiga!* (Ecoutez) pour attirer l'attention de quelqu'un, par exemple d'un garçon de café. Assis à la terrasse d'un bar, claquer des mains peut avoir la même fonction. Les deux comportements ne sont pourtant pas interchangeables dans toutes les situations, ils ne sont pas «synonymes». Les employer avec succès requiert donc la connaissance de toute une série de règles distributionnelles.

Ce même apprenant aura peut-être rencontré une expression telle que *Menudo gitano es ése,* qui laisse entendre que la personne dont il est question entretient de sombres desseins, par exemple qu'elle est prête à tromper son meilleur ami. Il est cependant mieux placé, en principe, qu'un hispanophone unilingue pour comprendre le caractère arbitraire et raciste de cette association entre l'appartenance ethnique du gitan et un prétendu manque de loyauté. L'association n'est pas pour lui une évidence acquise avec le langage et la découverte du monde, elle n'est pas non plus inscrite dans le système de la langue qu'il est en train d'apprendre, mais elle résulte d'une rencontre aléatoire entre un signifiant et un trait moral, rencontre provoquée par un stéréotype qui peut à tout moment être remis en question. Toutefois la langue pourra exercer sur lui une certaine pression, puisque l'espagnol a lexicalisé l'association en créant des mots tels que *gitanear, gitaneo* ou encore *gitanería.* La formule stéréotypée est passée au système et du même coup à la grille d'interprétation du monde que la langue espagnole impose à ses usagers. Il serait bien entendu absurde de prétendre qu'il y a des langues racistes, et que l'espagnol ferait partie de ce groupe! Mais l'essentiel est justement de prendre conscience de la complexité des rapports entre représentations et langues. Or nous verrons que le bilinguisme favorise de telles prises de conscience à travers la *fonction interprétative.*

Lorsque, par la suite, nous parlerons de la compétence des bilingues, nous le ferons en principe dans le sens que nous venons d'esquisser. On peut représenter géométriquement l'interdépendance des diverses formes de connaissances utilisées par chacun des partenaires dans une situation de communication en relation avec leurs manifestations observables[4]:

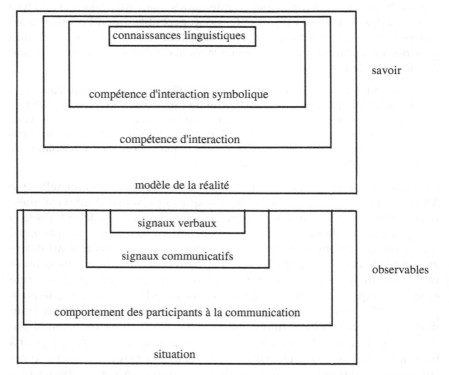

L'idée de base de ce schéma est que, dans chaque acte communicatif (mais aussi à chaque occasion où des situations doivent être interprétées), chaque individu investit potentiellement l'ensemble de son modèle de la réalité[5] (c'est-à-dire de ses catégorisations cognitives, de ses

---

4   Ce schéma est fortement inspiré de celui que Kallmeyer *et al.* (1980, p. 35) ont proposé. Nous l'avons simplifié en omettant les chevauchements entre les modèles de la réalité des deux interlocuteurs. Par contre, nous avons procédé à une nouvelle subdivision du *code de communication* de Kallmeyer *et al.* en *connaissances linguistiques* et *compétence d'interaction symbolique*.
5   Il ne s'agit naturellement pas d'un *modèle* au sens strictement scientifique. D'après la terminologie de Jean-Blaise Grize et de ses collaborateurs du

schémas d'action, de son savoir encyclopédique, de ses connaissances linguistiques, etc.). Dès lors, l'interprétation verbale de l'énoncé se combine à celle des signaux non-verbaux qui l'accompagnent (mimiques, gestes) et à celle du comportement de l'interlocuteur; le savoir encyclopédique est du même coup impliqué dans la communication. Quelques exemples illustrant la portée communicative de certaines de ces composantes seront commentés plus loin. Pour le moment, quatre remarques aideront à préciser la signification de cette représentation schématique:

a) Dans le rectangle supérieur, plus nous allons vers l'extérieur, plus les différences entre ce qui est mis en oeuvre par chaque interlocuteur deviennent importantes. Mais des divergences existent évidemment déjà sur le plan de la langue (*cf.* chap. 5).

b) Il est impossible de séparer avec certitude ce qui relève du savoir linguistique, de l'ordre social et du savoir encyclopédique. Mais si les frontières sont assez floues, leur existence même n'est pas contestable pour autant[6]. La mise en oeuvre des différentes formes de savoir a toujours lieu simultanément et le poids respectif des composantes peut varier d'une situation à l'autre.

Clive Perdue cite le cas de travailleurs migrants turcs qui – en dépit d'une compétence extrêmement limitée en langue d'accueil (allemand) – se révélaient capables de donner à un acteur des instructions pour la mise en scène d'un jeu de rôle, grâce à des stratégies communicatives générales (indépendantes de l'allemand et du turc) (Perdue, 1982).

c) Ainsi nous postulons, en lieu et place d'une opposition entre deux entités indépendantes (langue et pensée), un emboîtement complexe de la langue et de la réalité à travers plusieurs relais. Dès lors, la question de savoir dans quel sens va la dépendance ne se pose plus. Il convient de remplacer l'idée d'un déterminisme univoque par celle

---

Centre de Recherches Sémiologiques de Neuchâtel, on devrait plutôt parler de *schématisation de la réalité* (*cf.* Grize, 1982, 1990).

6 Dans une série de publications, le psycholinguiste allemand Stachowiak a attiré l'attention sur la possibilité de séparer expérimentalement le savoir linguistique du savoir cognitif: «So lässt sich klar nachweisen, dass aphasische Patienten in bestimmten Aufgabestellungen, die sowohl verbal als auch non-verbal durchgeführt werden können, nur in der verbalen versagen» (Stachowiak, 1981, p. 31).

d'une sorte de causalité circulaire, de construction simultanée d'une compétence linguistique et d'un modèle de la réalité dans une succession de mouvements dialectiques, une sorte d'entrelacement de dépendances mutuelles. Nous nous situons donc dans le cadre d'une linguistique qui recherche des explications non pas seulement dans le jeu des formes (tel qu'il est étudié par la grammaire), mais aussi en deçà, c'est-à-dire dans des représentations ou des opérations mentales dont les formes du discours sont des traces, traces dont le rôle est de déclencher chez le destinataire des inférences pragmatiques ou sémantiques. Ce qui ne signifie pas cependant que le discours et la langue ne font que refléter autre chose: ils possèdent une spécificité et une dynamique propres qui doivent être prises en compte dans la production ou l'interprétation des formes.

d) On comprend maintenant pourquoi nous partons de l'idée que ce n'est pas le bilinguisme comme tel, c'est-à-dire la rencontre de deux *langues*, qui fait la grande difficulté de la migration; c'est le choc de deux modèles de la réalité liés aux langues d'origine et d'accueil et à des contextes socioculturels différents, ou, si l'on préfère une vision plus dynamique, le choc entre deux manières de construire et d'interpréter la réalité par le langage et la communication. La langue est bien un indicateur et un véhicule important de tensions éventuelles, mais elle n'en est qu'un constituant parmi d'autres.

BICULTURALISME ET DISTANCE CULTURELLE

Nous avons parlé jusqu'ici de modèle de réalité. En y ajoutant une dimension sociale, on pourra aussi parler de culture dans le sens que Hymes et son école donnent à ce terme:

> *Culture*: Forme d'organisation d'un environnement, constituée par un ensemble de styles et de schémas d'interprétation du comportement quotidien qui se déterminent et se complètent réciproquement, en interférant partiellement. Cette forme caractérise une communauté socioculturelle donnée et définit l'appartenance de ses membres. (Coulmas, 1979, p. 24. Traduction des auteurs).

Le bilingue, et tout particulièrement le migrant, est donc un lieu de rencontre entre *deux cultures*, c'est-à-dire, de façon simplifiée, de deux schémas de catégorisation. Nous utiliserons le terme de *biculturalisme*[7].

> ...une langue suppose une culture dont elle est l'expression [...] on change de culture quand on change de langue. En d'autres termes, le bilinguisme est l'aspect immédiatement apparent d'une dualité dont le biculturalisme est la réalité sous-jacente (Vinay, 1969, p. 376).

Emigrer, quitter sa région d'origine pour un lieu où l'on parle une autre langue, c'est se trouver en présence non seulement d'un système linguistique différent, mais d'une nouvelle manière de communiquer, de se définir soi-même par rapport aux autres et au monde. Bien des «problèmes du bilinguisme» en découlent. L'individu vit cette confrontation en réalité comme un problème, ou plutôt comme un ensemble de difficultés et d'étonnements. Pourtant, c'est peut-être la langue qui constitue l'obstacle le moins surprenant. L'idée que les langues diffèrent les unes des autres est presque un lieu commun: un hispanophone ne sera guère choqué par le fait que les Neuchâtelois utilisent d'autres mots et d'autres sons que lui. En revanche, les différences qui concernent les règles de la communication – et plus généralement les normes d'après lesquelles les individus d'un groupe social se comportent les uns vis-à-vis des autres – paraissent beaucoup moins évidentes et saisissables. En outre, il est beaucoup plus traumatisant de perdre la face devant un interlocuteur que de l'entendre utiliser des oppositions phonologiques inconnues! Enfin, nous avons naturellement tendance à attribuer une valeur éthique absolue à certaines règles de comportement qui, pourtant, sont fortement soumises à des variations culturelles. Il est vrai que nous n'avons souvent pas conscience de ce genre de phénomènes bien qu'ils nous permettent de repérer un membre d'une autre communauté socioculturelle sans qu'il ouvre la bouche, simplement à sa manière de s'habiller, de manger, de se mouvoir, etc.

Voici quelques exemples:

---

7 Selon Kolde (1981, p. 17), la notion de *biculturalisme* a été créée par Sofietti pour décrire des groupes possédant deux «distinct patterns of cultural habits in all of their anthropological meaning» (Sofietti, 1955, p. 233). Voir aussi Grosjean, 1985.

a) Plan gestuel

Pour indiquer une modalité épistémique («J'ai *vraiment* vu cette fille»), un locuteur turc accompagne généralement son énoncé d'un geste caractéristique (les deux mains baissées horizontalement, paumes tournées vers le bas). Un tel geste n'existant pas en allemand, une enfant turque parlant allemand fait usage de sa faculté créatrice pour résoudre un besoin communicatif. Par malchance, elle «invente» un type gestuel déjà investi, en allemand, d'une autre signification (menace de l'index tendu). Ses interlocuteurs interprètent évidemment ce geste comme un signe d'agressivité et adaptent leur comportement en conséquence (Rehbein, 1981, pp. 125 ss.).

b) Exemple de comportement complexe

Deux jeunes gens de sexe opposé, qui entretiennent une relation potentiellement sexuelle et égalitaire, se promènent à Neuchâtel en se tenant par la main. Il s'agit là d'un *idiome rituel*, d'un ensemble de dispositifs comportementaux qui est un signe indiciel de leur relation. Pratiquement symétrique, ce signe connote une égalité des sexes. Un jeune immigré du sud de l'Italie, éduqué dans une société où les relations entre les sexes se présentent de manière assez différente, et où une jeune fille «bien élevée» ne donnerait jamais la main de la sorte à un jeune homme, risque fort de mal comprendre ce comportement (*cf.* aussi Goffman, 1973, pp. 214 ss.).

Dans une petite ville comme Neuchâtel, on ne peut sortir sans rencontrer des amis ou des connaissances. S'arrêter pour discuter ou entrer dans un café à chaque rencontre devient ainsi impossible dans une société où les gens organisent leur vie quotidienne en fonction de leur montre. Il est donc tout à fait normal de saluer une personne avec qui on a passé la soirée précédente sans *s'arrêter*. Un tel comportement risque de choquer un migrant venant de Madrid – où rencontrer un ami par hasard est un événement plutôt rare, donc à célébrer – ou simplement d'une société qui ne mesure pas de la même manière le temps.

c) Plan des valeurs

Des différences comportementales dans les pratiques sociales courantes (l'«ordre social» de Goffman) peuvent avoir des racines qui plongent profondément dans des échelles de valeurs différentes. Ainsi par exemple, le système de la famille semble fonctionner différemment chez les migrants d'origine méditerranéenne et surtout turque que dans la société d'accueil: les rôles du père et de la mère y sont nettement plus différenciés, la liberté de mouvement des filles est restreinte, ce sont les parents qui leur cherchent un mari, les frères (même cadets) les chaperonnent, etc. Confronté à une représentation suisse de la famille – par exemple, dans les livres scolaires – l'enfant doit alors non seulement surmonter les difficultés de la langue d'accueil, mais encore assimiler une conception sensiblement différente de la famille.

d) Plan du savoir culturel

L'environnement de la région d'accueil (comme d'ailleurs celui des villes de la région d'origine) est fortement marqué par la présence de la publicité. Quotidiennement, le migrant perçoit des centaines de messages publicitaires qu'il essaiera de déchiffrer. Or, une des caractéristiques saillantes de l'univers de la publicité est la dominance de la dimension intertextuelle. On se réfère à d'autres messages publicitaires, à des locutions de tous genres, mais aussi à des titres de romans et d'oeuvres d'art, etc.: *Air Inter: Le temps retrouvé; Les très riches heures de Vacheron-Constantin; (Rack Toshiba) Symphonie en éléments majeurs; Le tour du monde en 120 volumes (Guides Bleus Hachette),* etc. Même si la compétence proprement linguistique du migrant suffit pour comprendre le sens littéral de ces slogans, il n'en saisira toutes les connotations.

Le travailleur migrant espagnol vit, disions-nous, une situation de migration très différente de celle du migrant interne suisse alémanique. On comprend mieux maintenant cette différence. Il est vrai que la parenté des langues semblerait rapprocher davantage le francophone de l'hispanophone que du germanophone[8]. Mais la différence entre les modèles de réalité d'un Espagnol et d'un Romand est beaucoup plus grande qu'entre ceux d'un Romand et d'un Suisse alémanique. D'aucuns ont appelé *distance culturelle* cet écart entre la culture d'origine et la culture d'accueil (Rey-von Allmen, 1977). Dans le passage suivant (extrait de Py, 2000b), une étudiante mexicaine à Neuchâtel fait part de sa perception de la distance culturelle que doivent affronter respectivement les Suisses alémaniques et les Sud-Américains:

> aussi l'autre désav/ l'autre inconvénient pour moi c'est que . quand le professeur est en train de parler . il euh il nomme des . des villes . ou bien . les noms des écrivains . que . qui sont très . un peu . parfois un peu inconnus pour nous ou bien je me par exemple dans les cours de littérature . les les personnes les . la plupart de mes copains . ils son<u>t</u> . suisses allemands . et . ils connait . je pense qu'ils ont les bases [...] ses . leurs bases . concernant euh

---

8 L'observation selon laquelle, de l'avis général, les migrants espagnols apprennent plus facilement le français que l'allemand va bien dans ce sens. Par contre, en ce qui concerne le français comme langue d'accueil, l'idée que les germanophones ont plus de difficultés à apprendre cette langue ne se confirme pas.

l'histoire de la littérature française . et . et XXX par exemple les noms surtout . des écrivains . mais . par exemple il y a le cours de grammaire . et . dans ce cas-là . et . nous avons le même type de questions . les mêmes fautes et . je pense que . euh . il n'y a pas beaucoup des . des différences entre . les suisses allemands par exemple j'ai l'impression que les suisses allemands . pour eux c'est plus facile d'apprendre le français parce que quand même ils ont . ils ont été entourés par . quelques mots quand il était petits

Dans cette perspective, il faudrait reconsidérer la classification du bilinguisme selon la nature des langues en contact. En réalité, ces considérations typologiques ne s'appliquaient qu'à une partie – importante, certes, mais nullement autonome – de la compétence bilingue: à la composante proprement linguistique. Or, nous voyons maintenant qu'il faut reposer la question sur un plan beaucoup plus général, en termes de *types de cultures* en contact. La définition du plurilinguisme par Oksaar ne répond d'ailleurs plus non plus aux exigences. Nous dirons en première approximation (et nous verrons plus tard que le modèle «par addition» n'est justement pas satisfaisant) que le migrant doit mettre en relation deux mondes, deux cultures, articulés autour de la langue d'origine et de la langue d'accueil. Tâche délicate s'il en est! Pour réussir son bilinguisme, il devra donc être capable non seulement de changer de langue, mais aussi de faire un usage approprié de ce savoir complexe. C'est ce que nous avons évoqué implicitement jusqu'ici par l'expression de *compétence d'interaction biculturelle*. Mais avant de nous risquer à une définition, nous ferons quelques remarques complémentaires.

En parlant ici de culture, nous avons effectué une simplification considérable de la réalité. Il n'y a pas *une* culture espagnole qui s'opposerait à *une* culture suisse romande. Il y a certes des convergences dans les comportements et les manières de sentir des Espagnols d'un côté, des Suisses romands de l'autre. Mais ces convergences, outre le fait qu'elles ne se vérifient pas toujours, suffisent-elles à légitimer le postulat implicite qu'il y a *une* culture espagnole, etc.? Si l'on regarde les choses de près, on constate aussitôt que dans tout pays il y a des cultures régionales, des cultures sociales, des cultures professionnelles, des cultures familiales différentes, et que les individus eux-mêmes donnent souvent l'impression de vivre dans des mondes différents... Et pourtant lorsque nous nous établissons dans un autre pays nous ne pouvons guère renoncer à expliquer certaines de nos expériences de communication en évoquant l'existence *d'une* culture différente de la nôtre! Comment expliquer ce paradoxe?

L'ethnométhodologie nous suggère une voie, celle de *l'idéalisation pratique*. Lorsque nous avons affaire à un inconnu, nous sommes immédiatement amenés à lui attribuer un certain nombre de traits qui vont nous permettre de construire une représentation pratiquement acceptable. Nous trouvons certains de ces traits dans l'image que nous avons de sa prétendue culture. S'il nous donne des indices qui nous font penser qu'il est Espagnol (par exemple l'accent), nous lui attribuerons des traits que nous croyons être caractéristiques de la culture espagnole. Et ceci aussi longtemps que rien ne vient infirmer notre croyance. Pratiquement ce premier moment du contact ne dure guère, et nous sommes amenés à réviser notre représentation. Aussi brève soit-elle, cette étape est pourtant indispensable. Son caractère incontournable, exploratoire et éphémère est reconnu, et cette reconnaissance met leur responsable à l'abri des représailles qui pourraient le menacer. En conclusion, l'hypothèse du partage d'une culture par les membres d'un groupe reconnu comme tel (par exemple les immigrés espagnols vivant à Neuchâtel) est une simplification provisoire aussi dangereuse qu'inévitable. De ce point de vue, une personne disposant d'une compétence à la communication interculturelle est une personne qui est prête à mettre très vite en question les représentations qu'elle se fait d'autrui, et qui est d'autre part disposée à reconnaître un droit à l'erreur à ses partenaires lorsqu'ils mettent leurs représentations à l'épreuve.

Il y a encore une deuxième voie. Elle consiste à distinguer dans la culture, d'une part des schémas collectifs de référence (auxquels nous reconnaissons une certaine diffusion sociale et une certaine légitimité, sans pour autant y adhérer nécessairement), d'autre part des schémas individuels d'usage effectif, qui sont en effet à l'œuvre dans les activités quotidiennes d'une personne définie. En ce sens, ce que l'on appelle *culture espagnole*, ou *culture suisse romande* est constitué de schémas de référence. Ces schémas définissent des attentes et des vraisemblances. Par exemple, si je suis invité à dîner, j'attribue normalement à mes hôtes l'attente d'un présent sous la forme d'un bouquet de fleurs ou d'une bouteille de vin. Mais le fait d'arriver éventuellement les mains vides pourra être considéré comme une manifestation de familiarité bienvenue, en application d'un schéma d'interprétation individuel effectif dont je ne suis pourtant pas censé connaître l'existence chez mes hôtes! C'est ainsi que si je connais mal ceux-ci je choisirai la solution du présent afin d'éviter tout malentendu.

Ce que le migrant a donc à découvrir en premier lieu, ce sont moins les schémas individuels d'usage effectif que les schémas collectifs de référence. Toutefois, la découverte des uns et des autres relève d'une même démarche: les attentes apparaissent en filigrane derrière les comportements effectifs, et les comportements effectifs des individus ne sont interprétables qu'en relation avec les schémas de référence des collectivités.

Cette manière d'envisager la culture peut contribuer à résoudre un problème soulevé notamment par Grosjean (1993): si l'existence du bilinguisme est une évidence, en va-t-il de même pour le biculturalisme? Ne doit-on pas admettre que toute personne possède une grille d'interprétation assez stable de la réalité? Le postulat de cette stabilité paraît nécessaire dans la mesure en particulier où toute culture comporte des critères d'évaluation moraux ou esthétiques qui impliquent par leur nature même une adhésion univoque et absolue: on ne peut pas être alternativement pour ou contre l'égalité des sexes, partisan ou adversaire de la peine de mort, aimer ou dédaigner l'architecture romane. En revanche, il est possible de rester fidèle à une conviction tout en l'étayant, suivant les circonstances, avec des arguments qui renvoient à des mondes culturels différents. Le féminisme ne se défend pas de la même façon à Paris ou à Téhéran, à Berlin ou à Tokyo. Une personne biculturelle n'est pas quelqu'un qui change de position suivant l'identité de ses interlocuteurs, c'est une personne qui est en mesure de maintenir ses convictions dans des environnements culturels différents. Ce qui se dit dans notre langage: les schémas d'usage effectif peuvent rester constants même lorsque les schémas collectifs de référence varient. Nous pensons que c'est dans un cadre de ce genre que la question de biculturalisme doit être traitée.

La distinction entre schémas de référence et schémas d'usage permet aussi de repenser la dynamique de l'acculturation. Personne ne demande à un Espagnol de devenir Neuchâtelois. Une telle demande aurait d'ailleurs une dimension de violence manifeste car elle prétendrait imposer au sujet un changement d'identité. Ce qui peut en revanche apparaître comme un objectif raisonnable, c'est de devenir *un Espagnol de Neuchâtel*, ou *un Neuchâtelois d'origine espagnole*. Qu'est-ce que cela signifie pratiquement? Le migrant a le droit moral et culturel de se faire reconnaître comme tel, et de revendiquer une place sociale appropriée. Par exemple, le droit de parler français en utilisant des variantes de contact, c'est-à-dire des formes non standard qui vont afficher publiquement son altérité linguistique et, partant, culturelle (on parle abusivement d'accent). Mais aussi le droit de préférer le turrón aux läckerlis, de «tenir» pour le Real plutôt que pour Xamax, de coucher leurs enfants plus tard que leurs camarades suisses, et bien sûr de parler espagnol en public. Dans ce domaine, une compétence biculturelle consistera à construire cette place dans l'interaction et à l'adapter aux circonstances. Concrètement, le migrant sera donc amené à faire accepter sa manière de vivre et de communiquer, à repérer et à résoudre les malentendus que ses comportements pourraient susciter auprès des autochtones. On peut d'ailleurs sur ce plan établir un constat plutôt positif, encore que fort subjectif: à Neuchâtel, les Italiens, Espagnols ou Portugais immigrés à partir des années soixante ou soixante-dix se sont socialement, culturellement et linguistiquement installés. Leurs différences paraissent plutôt bien acceptées. Cette installation semble avoir laissé des traces chez les autochtones dans des modifications des habitudes alimentaires ou vestimentaires, dans l'attitude face aux pays d'origine, le choix des lieux de vacances, les relations de couples et de familles, les interventions dans les débats politiques, etc.

Nous pouvons maintenant essayer de résumer notre position dans une définition, aussi générale et abstraite soit-elle:

> *Compétence d'interaction biculturelle*: capacité d'interaction verbale ou non-verbale en plusieurs langues permettant au sujet d'affirmer son identité (ou ses identités)[9] de manière appropriée et évolutive dans les divers contextes socioculturels qui constituent son environnement.

MARGINALISATION, ASSIMILATION, INTEGRATION

C'est donc sur le plan culturel bien plus que sur le plan proprement linguistique que le migrant définira le profil de sa compétence bilingue et de son identité socioculturelle. La question fondamentale qui se pose à lui est de savoir comment réagir au défi de la distance culturelle et aux attentes de la société d'accueil. En principe, plusieurs solutions s'offrent à lui.

---

9   Dans un autre contexte de migration, nous avons parlé, à ce propos, d'*identité plurielle* (Lüdi, Py *et al.*, 1995).

a) Il peut d'abord refuser les différences en essayant de vivre comme s'il n'avait pas quitté sa région d'origine. Cette solution n'est pas aussi irréaliste qu'elle en a l'air. En effet, la vie quotidienne à Neuchâtel (comme dans la plupart des villes européennes) est matériellement possible avec des connaissances élémentaires de la langue d'accueil et avec un minimum de contacts avec les autochtones.

b) Il peut aussi nier les différences en abandonnant sa culture d'origine, en s'identifiant totalement à la population d'accueil. Il essaiera d'apprendre le plus vite possible la langue d'accueil et l'utilisera chaque fois que la situation le permet, même lorsqu'il s'adresse à d'autres migrants de la même région d'origine. Il craindra que l'utilisation en public de sa langue d'origine n'amène les autochtones à le catégoriser comme étranger, contre sa volonté. Ses efforts ne se limiteront bien sûr pas à la langue; ils viseront également l'adoption de nouvelles normes de comportement.

c) Il peut enfin accepter les différences, les assumer et entreprendre la construction d'une identité bilingue et biculturelle, dans le sens que nous avons évoqué ci-dessus. Il se donnera les moyens d'occuper une place originale dans l'espace culturel et langagier qui est désormais le sien. Sans renoncer à sa langue ni à sa culture d'origine, il se fixera des objectifs d'acquisition de la langue d'accueil lui permettant d'établir des contacts qui dépassent le simple souci de la survie matérielle et sociale. Par exemple, il fera l'effort d'écouter la radio, de regarder la télévision, de lire les journaux, de discuter avec les enseignants de ses enfants et avec ses voisins, de prendre une position engagée au sein d'un syndicat. Toutefois, fidèle à la part d'altérité – certes variable – qui fait de lui un migrant bilingue, il ne cherchera pas à tout prix à accéder à une compétence linguistique qui le confondrait avec ses interlocuteurs autochtones. Bien au contraire, son *accent étranger*, ses usages non standard, ses créations idiolectales, tout cela remplira une *fonction métacommunicative et emblématique* fondamentale: c'est une manière de «montrer la couleur», de signaler à l'interlocuteur qu'on fait partie d'un groupe social différent, possédant ses qualités propres. Cette annonce permettra de rendre visibles des difficultés communicatives qui, sans cela, seraient des pièges sournois! C'est une manière de dire: «Faites attention: ne me prenez pas au mot, interprétez mes paroles compte tenu du décalage particulièrement important qui sépare mes intentions et mes idées de l'expression linguistique que je leur donne, prenez en considération la connaissance que vous avez peut-être de la communauté dont je suis membre» (*cf.* déjà Oksaar, 1983; Ehlich, 1986). La situation se présente d'une façon très semblable dans le domaine culturel et social: être migrant, c'est se créer une existence et une sensibilité qui tiennent compte à la fois de l'acquis et du présent. On ne peut pas être Espagnol de la même manière à Grenade et à Neuchâtel, mais on ne peut pas non plus cesser de l'être parce qu'on vit à Neuchâtel. D'ailleurs, une confrontation quotidienne avec une situation spécifique – celle de la migration – entraîne presque nécessairement des modifications culturelles. Mais dans la mesure où cette situation est très différente de celle que vivent les autochtones, ces modifications ne conduiront pas vers la suppression des écarts. Remarquons – pour en terminer provisoirement avec ce point c) – que le choix d'une identité spécifique, aussi bien culturelle que langagière, n'est pas facile et peut aboutir à des échecs. L'allemand a inventé un terme très parlant pour en désigner les victimes; les «weder-noch», c'est-à-dire les personnes qui ont perdu leur identité originelle, n'ont pas acquis celle du pays d'accueil, et n'ont pas non plus réussi à en créer une nouvelle. Il est sans doute plus facile pour un cadre américain de parler avec l'accent américain que pour un manœuvre turc de parler avec l'accent turc.

Les gouvernants des différents pays d'accueil de l'Europe industrielle ont élaboré des concepts politiques et pédagogiques qui renvoient aux trois solutions types esquissées. Remarquons d'emblée qu'ils s'adressent surtout à la seconde génération, car c'est à l'école que les choix linguistiques sont les plus fondamentaux et entraînent les conséquences les plus marquées. A la solution a) correspond une politique scolaire qu'on a quelquefois désignée du terme de «modèle bavarois», car c'est dans ce «Land» de la République Fédérale qu'elle a été expérimentée le plus systématiquement. Elle consiste essentiellement à créer des classes où la totalité de l'enseignement est dispensée dans la langue d'origine des enfants. Ce modèle prétend d'une part éviter les difficultés que pose la gestion de classes linguistiquement et culturellement hétérogènes, d'autre part assurer la possibilité d'un retour sans problème au pays d'origine. Bien que fortement critiqué, il est parfois repris aujourd'hui dans les programmes politiques de certains partis ou mouvements xénophobes qui militent contre tout ce qui ressemble à du métissage linguistique ou culturel, pour ne pas dire racial. Le «modèle bavarois» prétend maintenir les enfants dans une sorte de ghetto linguistique et culturel, qui empêcherait pratiquement leur accès à des écoles supérieures et même à une formation professionnelle, et en ferait des adultes marginaux s'ils devaient rester dans le pays d'accueil. En fait, il refuse de tirer les conséquences éducatives de la migration.

A la solution b) correspond une *politique d'assimilation*, dont le but est de transformer les migrants de la seconde génération en adultes autochtones. Ceci implique des cours de langue intensifs et l'intégration à la scolarité normale où les étrangers sont mis exactement sur le même pied que les autochtones. Cette politique part de la volonté – louable en soi – d'éviter toute forme de discrimination et de donner aux migrants des chances absolument égales. L'envers de la médaille, c'est d'abord de créer une certaine distance entre l'enfant et sa famille. Or, comme nous l'avons vu, c'est la famille qui sert de médiateur entre l'enfant et son pays d'origine. Une telle politique peut entraîner une rupture plus ou moins profonde entre tout ce que l'enfant a vécu dans sa petite enfance au sein de sa famille et l'apport de la société d'accueil, en particulier l'école. Cette politique d'assimilation s'est manifestée notamment dans une mise à l'écart de la langue et de la culture d'origine, mise à l'écart prônée par certains enseignants et reprise parfois par les parents eux-mêmes, persuadés d'agir dans l'intérêt de l'enfant et de son intégration scolaire et sociale. On n'a cependant pas tardé à renoncer à cette philosophie (du moins officiellement sinon toujours dans les pratiques quotidiennes...) et à postuler l'existence de corrélations entre maîtrise de la langue d'origine et maîtrise de la langue d'accueil (Cathomas, 1977; Rey, 1977; Olmos, 1977; voir plus récemment Baker, 2001). Contrairement à ce qu'on pourrait penser, ce sont les enfants qui ont une bonne connaissance de la première qui obtiennent de meilleurs résultats dans la deuxième. Plus généralement, on a des raisons de penser qu'un développement harmonieux de la culture d'origine – notamment par le biais de la famille – ne peut que favoriser l'intégration des enfants dans la société d'accueil.

D'où l'élaboration d'un troisième modèle, dit d'*intégration*, où l'on cherche à faire une place à l'enfant migrant au sein de la société d'accueil tout en ménageant ses liens avec la société d'origine. Cette politique consiste en particulier à trouver un équilibre entre un parcours scolaire normal (c'est-à-dire conforme aux attentes des institutions de la société d'accueil) et un enseignement complémentaire de la langue et de la civilisation du pays d'origine. Les recommandations des autorités scolaires suisses reconnaissent l'utilité et la légitimité de tels enseignements – que ce soit le pays d'origine ou le système éducatif d'accueil qui fournisse les ressources nécessaires. Elles imposent une collaboration entre les enseignants concernés. Malgré les nombreux problèmes pratiques qu'il pose ici et là, le modèle d'intégration est aujourd'hui très répandu en Europe, même si ses réalisations diffèrent fortement d'une région à l'autre. En ce qui nous concerne, nous avons vu qu'il se rapproche de la solution (c), celle qui nous paraît à la fois la plus réaliste et la plus humaine[10]. Sur un plan didactique, l'attention apportée aux langues d'origine des enfants immigrés permet d'alimenter des activités telles que *l'éveil au langage*: l'expérience de la diversité linguistique fait alors en classe l'objet de démarches d'observation et de réflexion destinées à doter les enfants d'une compétence métalinguistique et heuristique dont les effets ne peuvent que leur bénéficier, aussi bien dans le développement de leurs compétences en langue maternelle que dans leur apprentissage ultérieur d'autres langues (Moore *et al.*, 1995; Caporale, 1989).

UN CONCEPT CLE POUR LE BILINGUISME: LA FONCTION INTERPRETATIVE

Les réflexions précédentes nous permettent de mieux saisir la position du migrant, confronté à plusieurs langues, plusieurs modèles culturels et schématisations de la réalité. Nous avons aussi constaté que cet état de choses ne doit pas être envisagé dans une perspective exagérément déterministe: chaque individu, chaque groupe doit se *situer* dans le cadre donné, choisir une solution ou mieux encore, en inventer une. Bref, quand on parle de la *situation* du bilingue, il faut entendre par là non pas un donné statique, mais une *activité*, avec sa part de création individuelle et collective.

---

10 Il n'existe rien de pareil en Suisse pour la migration interne d'une région linguistique à l'autre, sauf sur initiative privée (par exemple des cours de langue organisés à Zurich par l'Eglise française). Peut-être peut-on supposer que les Suisses ont moins besoin d'un tel dispositif en raison d'une distance culturelle moins importante. Mais la raison principale tient plutôt au principe territorial linguistique, qui, lié à une idéologie unilingue, prétend assurer aux régions linguistiques leur homogénéité, condamnant ainsi les migrants internes à l'assimilation.

Cette activité prend des formes multiples. Nous allons en envisager une de manière assez détaillée, car elle nous paraît jouer un rôle essentiel dans les pratiques langagières des bilingues. Nous l'appellerons *fonction interprétative*. Pour saisir sa signification, il faut remonter à une des fonctions fondamentales du langage. Tous les linguistes s'accordent pour reconnaître à ce dernier la faculté de catégoriser la réalité[11]. Ce pouvoir de catégorisation ne se limite bien sûr pas au système de la langue proprement dit; il concerne également les divers discours publics (diffusés notamment par les médias) ou privés, la culture au sens où nous l'avons définie et, plus particulièrement, toutes les activités langagières quotidiennes. Dans le cas d'un bilingue, on peut raisonnablement soutenir l'hypothèse que, dans une certaine mesure, chacun des modèles de la réalité est vécu à travers le «crible culturel» que représente l'autre; c'est dire que chacune des deux langues est parfois et en partie catégorisée par l'autre[12].

> En espagnol, les verbes *tener* et *haber* n'entretiennent aucun lien direct. Nous voulons dire par là que leurs significations et emplois respectifs sont parfaitement délimités, qu'ils ne connaissent aucune zone frontière où le locuteur pourrait hésiter entre l'un et l'autre. Toutefois, lorsqu'on passe au français, les deux verbes se traduisent en principe par un même signe: *avoir*.

---

11 La fonction interprétative de la langue est fondée sur le fait que la «langue ne peut être qu'un système de valeurs pures» ainsi que l'exprimait de Saussure; dès lors, la valeur d'un signe est donnée par son opposition à tous les autres. La relation entre le signe et l'ensemble des objets qu'il désigne est donc en quelque sorte arbitraire. Ainsi, l'autonomie du système linguistique face au monde est assurée. Ce principe n'est pas seulement valable pour les champs lexicaux, mais aussi notamment pour les paradigmes de dérivation. Ainsi on peut montrer que la relation entre les substantifs espagnols *niebla* et *neblina* fait partie d'un paradigme morphologique bien fourni qui suggère l'existence d'un lien plus étroit que celui entre les substantifs français *brouillard et brume*.
12 Ce phénomène est rendu possible par le fait bien connu des linguistes qu'une langue peut être en même temps objet et instrument de communication, autrement dit qu'elle peut tout aussi bien être *langue-objet* que *métalangue* (Hjemlslev, 1943; Jakobson, 1963; Benveniste, 1966; etc.). Or chez le bilingue, chaque langue est susceptible de jouer le rôle de métalangue pour l'autre langue; il peut ainsi dissocier les deux fonctions qui, chez l'unilingue, se trouvent assemblées dans une seule et même langue. En ce qui concerne les relations interprétatives qui peuvent s'établir entre français et espagnol, on se référera par exemple à Lagarde (1996).

Deux langues, deux cultures, deux schématisations

Tiene tres casas   il a trois maisons
Ha bebido demasiado   il a trop bu

Un bilingue français-espagnol tendra à établir entre *tener* et *haber* une relation privilégiée, inspirée par le français, relation qui constitue une sorte de restructuration du système espagnol.

Cette restructuration sera maximale chez un francophone qui débute dans l'apprentissage de l'espagnol, et donnera lieu à des confusions du genre de

*Ha tres casas
*Tiene bebido demasiado

Ce processus, par lequel une langue est catégorisée par l'autre, nous l'appellerons *interprétation*. Nous dirons que la langue qui catégorise l'autre remplit *une fonction interprétative* par rapport à celle-ci. Remarquons d'emblée que la notion de fonction interprétative permet de décrire des restructurations non seulement à l'intérieur des systèmes linguistiques (c'est le cas des exemples précédents), mais encore à l'extérieur, c'est-à-dire dans la mise en oeuvre du système par un individu concret, situé dans un contexte social, un espace géographique et un temps historique (plan de l'énonciation)[13].

---

13   L'énonciation comprend en fait deux composantes:
    a) l'ancrage de la parole d'un individu, considéré en tant que sujet pur, dans l'espace et le temps;
    b) l'ancrage de la parole dans une situation particulière, définie par des facteurs psychologiques, sociaux et culturels.
    La composante a) représente le fait que la langue n'existe que dans la mesure où un individu l'actualise par une prise de parole, se posant ainsi comme un *je* qui, du même coup, institue son interlocuteur comme un *tu*, tout en embrayant son discours sur un ensemble de référents définis dans leur singularité par des coordonnées spatiales et temporelles dont le point d'origine est justement celui qui prend la parole. En d'autres termes et de manière plus générale, la composante a) est la prise en charge d'un contenu par un sujet au moyen d'une langue. Cette approche est très bien représentée en France depuis les travaux de Benveniste sur le thème de la subjectivité dans le langage (Benveniste, 1966; Berthoud, 1982; Kerbrat-Orecchioni, 1980; etc.). La composante b) représente un fait sur lequel nous avons déjà beaucoup insisté, à savoir l'interdépendance étroite qui existe entre tout acte langagier et son contexte. L'articulation de a) et de b) est un problème théorique qui est loin d'être résolu et que nous n'aborderons pas ici.

Pour mettre en relation, dans un énoncé, une personne qui éprouve un sentiment donné et l'objet qui constitue l'occasion de ce sentiment, le système français et le système espagnol disposent d'un même ensemble de règles qui engendrent soit la structure a), soit la structure b):

a) Paul aime les voyages
 Pablo aprecia los viajes
b) Les voyages plaisent à Paul
 A Pablo le gustan los viajes

a) et b) se distinguent par la manière dont les fonctions sémantiques de *Paul* (ou *Pablo*) et *les voyages* (ou *los viajes*) sont respectivement pris en charge par les fonctions grammaticales de sujet et d'objet. Toutefois, les deux langues divergent en ce que l'espagnol privilégie la structure b), laquelle s'est en quelque sorte spécialisée dans l'expression de ce type de relation sémantique. Cette spécialisation apparaît non seulement dans la fréquence, mais encore dans l'impossibilité, dans certains cas, de «traduire» b) en a); d'où des contrastes comme:

Paul a de la peine à comprendre
A Pablo le cuesta trabajo comprender

Le résultat, c'est que certains types de relation entre la personne qui éprouve le sentiment et l'objet qui en est l'occasion sont associées, chez le locuteur bilingue, soit à un verbe français lié à une structure impossible avec l'équivalent espagnol, soit à un verbe espagnol lié à une structure impossible avec l'équivalent français, soit enfin à deux verbes, un en français et un en espagnol, liés respectivement aux structures possibles dans les deux langues.

Dans le premier cas, on aura par exemple

Paul a de la peine à comprendre
*Pablo tiene pena a comprender

Dans le deuxième cas

A Pablo le gustan los viajes
*A Paul lui plaisent les voyages

Et dans le dernier cas

Paul a de la peine à comprendre
A Pablo le cuesta trabajo comprender

Les deux exemples agrammaticaux ci-dessus illustrent l'action de la fonction interprétative respectivement du français sur l'espagnol et de l'espagnol sur le français non plus au niveau du système proprement dit (dans la mesure où les producteurs de ces énoncés maîtrisent parfaitement les structures a) et b), mais dans sa mise en oeuvre au moment de la prise en charge de certaines relations sémantiques.

On trouvera les traces de la fonction interprétative à des échelons plus élevés de la communication. Prenons un dernier exemple, celui des fonctions communicatives telles que les décrit Jakobson (1963). On peut sans doute montrer que les six fonctions sont présentes simultanément dans toute activité de dialogue[14]. Ce qui varie beaucoup en revanche d'un dialogue à l'autre, c'est la pondération de chaque fonction et la forme de la constellation qu'elles constituent. Dans le cas de l'ordre, il est bien clair que la fonction conative est plus centrale que dans la plainte par exemple. On peut faire l'hypothèse toutefois que ces constellations sont en nombre limité et sont institutionnalisées par des règles culturelles, au même titre que les rites par exemple.

> Tout habitant de l'Europe centrale ayant vécu en Espagne, par exemple, aura été frappé de la violence que peuvent y revêtir certaines interactions verbales, même entre deux personnes très attachées l'une à l'autre. Des insultes qui, ailleurs, auraient peut-être entraîné une rupture définitive sont acceptées et ne laissent aucune trace. Cette différence peut s'expliquer justement par une analyse des valeurs fonctionnelles de l'injure: lorsqu'un Espagnol insulte son interlocuteur, il est socialement admis que la composante expressive l'emporte sur la composante référentielle; autrement dit «insulter», c'est faire comprendre que l'on est irrité plutôt que porter un jugement négatif sur le destinataire.

Il va sans dire que de telles différences peuvent avoir des conséquences importantes sur la communication entre un migrant et un autochtone. Dans l'esprit d'un locuteur espagnol, une insulte aura une signification et une portée différente que dans celui de son interlocuteur étranger. On retrouve au niveau de l'interaction ce que nous avons vu tout à l'heure au niveau de la langue et du discours chez les bilingues: il existe des

---

14 Lorsque je donne un ordre, je n'agis pas seulement sur le destinataire (fonction conative), mais, j'exprime aussi mon autorité (fonction expressive), je pose une relation hiérarchique (fonction phatique), je désigne un type d'action (fonction référentielle) et je choisis parmi les possibilités de mon répertoire verbal celle qui me semble la plus pertinente (fonctions poétique et métalinguistique). Par ailleurs, si l'on compare un ordre à une plainte, on constate la dominance de la fonction conative dans l'ordre et celle de la fonction expressive dans la plainte.

secteurs où un système – linguistique ou interactionnel – peut entraîner des restructurations de l'autre. C'est ainsi qu'on peut prévoir sans grand risque de se tromper que le migrant Espagnol établi à Neuchâtel depuis longtemps (ou même éduqué dans cette ville, s'il fait partie de la seconde génération) organisera les fonctions communicatives d'une manière sensiblement différente à la fois que ses compatriotes restés en région d'origine, et que les autochtones de son entourage. En généralisant encore plus, on dira que les deux modèles de la réalité du migrant bilingue ne sont pas autonomes, que chaque secteur de chacun des deux peut entraîner une restructuration du secteur correspondant de l'autre. Il en résulte cette vision du monde originale, propre aux bilingues et biculturels, que nous postulions plus haut. Ajoutons qu'il y a une différence très importante entre les restructurations de la langue et celles des règles d'interaction: les premières sont en grande partie visibles, sous la forme de «fautes» ou d'«accent étranger». Les redondances propres à la communication verbale permettent souvent à l'interlocuteur de rétablir la forme usuelle. En revanche, dans le cas des règles d'interaction et du savoir encyclopédique, les restructurations sont à la fois moins apparentes et plus difficiles à pallier. Les malentendus se créent justement dans la mesure où les intéressés n'en ont pas conscience.

La notion de fonction interprétative rappelle celle d'interférence, proposée naguère par l'analyse contrastive. Si les deux notions prétendent en effet rendre compte des mêmes observables, elles renvoient respectivement à deux représentations assez différentes des relations qui s'établissent entre les langues de la personne bilingue. Pour l'analyse contrastive, l'interférence apparaissait comme une erreur provoquée par une opération mécanique de transfert de L1 vers L2. Notre approche est *interprétative* en ce sens que, à nos yeux, chacune des deux langues constitue pour le bilingue une ressource qui lui permet d'attribuer un sens à l'autre. Il ne s'agit pas de détermination automatique, mais de construction métalinguistique. En d'autres termes, l'action exercée par une langue sur l'autre est médiatisée par une intervention métalinguistique du sujet, qui n'est dès lors pas seulement le lieu où se produit un phénomène d'interférence qui lui échapperait, mais l'acteur responsable de ce phénomène Nous reviendrons à la notion d'interférence dans le chapitre 5.

Nous pouvons maintenant proposer une définition de la fonction interprétative qui résume notre exposé:

Une forme, une règle ou un comportement exercent une *fonction interprétative* sur une autre forme, une autre règle ou un autre comportement lorsqu'ils l'objectivent et lui imposent une restructuration originale.

PLURILINGUISME ET VARIATION POLYLECTALE

Le bilinguisme est une activité plutôt qu'un état, mais il est aussi un résultat; chaque individu bilingue a une histoire qui conditionne en partie les modalités de son bilinguisme. Dans le cas des migrants qui nous servent ici de population de référence, on a affaire à des cas qui se situent entre deux extrêmes, eux-mêmes abondamment représentés:

a) les migrants de la première génération qui ont eu leur premier contact avec la langue d'accueil à l'âge adulte;

b) les migrants de la seconde génération qui ont été élevés en région d'accueil, à la fois par leurs parents (langue d'origine) et par le milieu d'accueil (langue d'accueil).

Cette différence a souvent été considérée comme éminemment pertinente par les psycholinguistes (Titone, 1972). C'est ainsi qu'elle est censée jouer un rôle décisif dans l'orientation du sujet vers l'un ou l'autre des deux types proposés par Osgood et Ervin, 1954 (*cf.* Grosjean, 1982, pp. 240-244). Dans cette typologie, on distinguait en effet un *bilinguisme coordonné* et un *bilinguisme composé*. Le premier se caractériserait par le fait que chaque langue est liée – dans la compétence du sujet – à une appréhension particulière du réel (c'est-à-dire un modèle de la réalité), dépendante elle-même d'une expérience vitale bien délimitée. Dans le second au contraire, une des deux langues doublerait en quelque sorte la première, et se rapporterait au «réel» à travers elle et non directement. Autrement dit, chez le bilingue coordonné chaque langue se rattacherait à un monde spécifique, alors que chez le bilingue composé il n'y aurait qu'un monde, mais qui laisserait place à deux langues. On dira dans cette perspective que pour un bilingue coordonné français/espagnol, le mot *maison* n'évoquera pas la même réalité que le mot *casa* dans la mesure où, en Espagne, non seulement l'architecture est sensiblement différente, mais aussi et surtout la place que la «casa» occupe dans la vie quotidienne et la sensibilité des gens, tandis que le bilingue composé possèderait deux signifiants pour le même signifié. Le bilingue coordonné se distinguerait donc du bilingue composé en synchronie par une assez grande autonomie des deux compétences linguistiques l'une par rapport à l'autre, et en diachronie par une formation culturelle double. Tout ce que nous avons dit des migrants jusqu'ici montre que cette distinction repose sur des intuitions justes, mais en même temps beaucoup trop vagues. On peut certes postuler derrière certaines différences frappantes entre individus bilingues, des degrés variables d'autonomie réciproque des compétences linguistiques. On peut aussi accepter l'idée d'une formation culturelle double chez certains bilingues (par exemple chez les migrants de la seconde génération). Toutefois, nous avons eu un aperçu de la complexité de ces notions et des faits qu'elles recouvrent, complexité qui ne peut en aucun cas être ramenée à une simple dichotomie. L'idée de la formation culturelle double concerne en fait des histoires personnelles et des situations extrêmement variables. Quant aux relations entre systèmes linguistiques, notre réflexion sur la fonction interprétative met en lumière des aspects très divers qui doivent être pris en considération (*cf.* chapitre 5). Enfin, les liens entre signifiants et signifiés, signification et dénotation, culture et langue sont avec certitude bien plus complexes que ne le postulait le modèle cité.

Nous avons vu au chapitre 1 qu'on peut concevoir encore autrement les relations entre les deux systèmes linguistiques maîtrisés par le bilingue, considérer le bilinguisme comme un cas particulier d'unilinguisme, ou mieux encore, l'unilinguisme comme un cas particulier de bilinguisme, et avancer le postulat que toute compétence linguistique est par essence *polylectale*. On peut définir la polylectalité comme une propriété interne des systèmes linguistiques, c'est-à-dire admettre qu'il y a du «jeu» dans ceux-ci, que très souvent plusieurs variantes («lectes») sont également possibles (Berrendonner, 1883). Le fait que ces différents lectes se voient ensuite attribuer des valeurs sociales ou communicatives distinctes relève d'une problématique différente.

> Une langue est une polyhiérarchie de sous-systèmes, et certains de ces sous-systèmes offrent aux locuteurs des *choix* entre diverses variantes. Chacune de ces variantes sera nommée ici un *lecte*. [...] leur définition n'est nullement corrélationniste. Les lectes que je poserai ne seront assignés ni à un individu, ni à une catégorie sociale, ni à une aire géographique, ni à un genre particulier de communication. Ils seront étudiés «en soi», dans leurs purs rapports oppositifs à l'intérieur du système.

> Une grammaire qui considère que la variation est un trait d'organisation pertinent des systèmes linguistiques, et qui prend pour objet toutes les

variantes que peut comprendre une langue, s'appelle *grammaire polylectale* (Berrendonner, 1983, pp. 20 ss.).

Si l'on admet cette vision, on peut essayer d'y faire rentrer ce qu'on sait du bilingue c'est-à-dire rassembler les deux langues en un seul système, comme chez l'unilingue, mais avec cette différence secondaire que la polylectalité sera plus marquée chez le premier que chez le second. Autrement dit, pour le bilingue, le problème *grammatical* du choix entre un énoncé dans une langue ou dans une autre se poserait alors exactement dans les mêmes termes que celui du choix entre une variante et une autre à l'intérieur de la même langue.

Ceci signifie qu'il n'y a pas de différence fondamentale entre la possibilité de l'individu unilingue de choisir entre

    Paul aime les voyages

et

    Les voyages plaisent à Paul

et de se décider pour

    Paul a de la peine à comprendre

ou pour

    A Pablo le cuesta trabajo comprender

De nombreuses études sur le langage des enfants soutiennent cette thèse. Selon Brédart & Rondal (1982, pp. 21-28), l'enfant maîtrise très tôt la variation langagière. Dès l'âge de quatre ans, il adapte son langage à son interlocuteur et fait intervenir le critère de l'appartenance à la communauté linguistique. Ces variations concernent notamment la netteté de l'articulation, la complexité de la syntaxe, des stratégies conversationnelles telles que la paraphrase. Dans le même ordre d'idées, les enfants bilingues observés par Kielhöfer & Jonekeit (1985) sont capables eux aussi, et de manière encore plus précoce, d'adapter leur langue à leur interlocuteur, et même de développer des stratégies pour les cas où quelqu'un utiliserait «la mauvaise langue».

> Nous avons entendu un enfant de quatre ans monolingue vivant à Bienne (ville bilingue) s'adressant à un autre enfant inconnu dans un café d'Yverdon (ville unilingue) en lui demandant s'il parlait français.

Il y a eu de nombreuses controverses sur la question de savoir dans quelle mesure les enfants bilingues précoces distinguaient ou mélangeaient les langues (*cf.* par exemple Meisel, 1994). En tout cas l'enfant ne mélange pas arbitrairement phonèmes, morphèmes et schémas syntaxiques des deux langues: son discours serait incompréhensible. Il est probable que l'enfant n'articule pas globalement deux systèmes, mais plutôt un ensemble de microsystèmes (Gentilhomme, 1980) appartenant à l'une ou à l'autre langue. C'est au niveau de ces microsystèmes que l'on peut poser la question de la distinction des deux langues. Quels sont les critères qui déterminent le découpage et la structure de ces microsystèmes, comment sont-ils mis en oeuvre, comment se différencient-ils en fonction du caractère bilingue ou unilingue de la communication? Telles sont les questions difficiles, mais passionnantes, posées par une approche polylectale du bilinguisme. Nous aurons l'occasion d'y revenir par la suite.

POUR UNE CONCEPTION «BILINGUALE» DE LA COMPETENCE LINGUISTIQUE DES MIGRANTS

Pour terminer ce chapitre, nous aimerions mettre en lumière une question qui se pose de manière latente depuis les premières pages de cet ouvrage: quelle est la nature des relations qui existent entre la compétence de l'individu unilingue et celle du bilingue? Y répondre de manière circonstanciée et exhaustive serait bien sûr résoudre l'ensemble des problèmes du bilinguisme, et nous n'en avons pas la prétention. Nous nous contenterons de relever deux alternatives fondamentales. En fait, tout linguiste étudiant le plurilinguisme devra à un moment donné choisir entre les deux perspectives suivantes:

a) La compétence bilingue se définit par rapport à la compétence unilingue. Plus précisément, un bilingue parlant L1 et L2 possède deux composantes d'une compétence qui ne saurait être caractérisée qu'à travers une étude de L1 et L2. A quel point ces deux compétences partielles se rapprochent-elles de la compétence (idéale) des unilingues L1 et L2 respectivement? Quels sont les phénomènes d'interférence qui s'établissent entre elles? Ainsi la compétence bilingue reçoit-elle un statut négatif (dans le sens épistémologique, et non éthique ou psychologique du terme), par rapport à la compétence unilingue, qui sert alors d'étalon.

b) La compétence bilingue possède un statut d'autonomie relative par rapport à la compétence unilingue. Plus précisément, le bilingue possède une compétence originale qui *n'est pas* caractérisée par une simple addition de L1 et L2. Cela ne signifie naturellement pas qu'il n'utilise pas L1 et L2. Mais justement, il exploite les possibilités propres à un répertoire double. Ainsi par exemple, face à d'autres bilingues, il peut utiliser des formes mixtes parfaitement régularisées (Oksaar, 1976, 1980; Kolde, 1981, pp. 155 ss.; Grosjean, 1982).

Le choix entre a) et b) entraîne des changements d'éclairage de phénomènes par ailleurs bien connus. Prenons à titre d'exemple le cas des emprunts. Un migrant espagnol établi à Neuchâtel depuis un certain temps crée un néologisme *posta* pour désigner la *poste* au lieu de *correos* lorsqu'il s'adresse à un autre membre de la communauté migrante. Dans la conception a), ce phénomène apparaîtra essentiellement comme un appauvrissement du répertoire lexical en langue d'origine. Dans la conception b), on n'exclura pas cet appauvrissement (même s'il est probable que la même personne continuera à parler de *correos* à Madrid), mais on le considérera comme secondaire par rapport à la création d'une compétence bilingue originale, où le mot *posta* remplira des fonctions spécifiques:

- Désignation d'un édifice et/ou d'une institution officielle de la région d'accueil, qui présente des aspects différents de leurs équivalents en région d'origine;

- évocation de connotations liées à la vie du migrant en région d'accueil (par exemple, difficultés de communication au guichet, ou envoi régulier de mandats destinés au pays d'origine);

- rapprochement ponctuel des répertoires des langues d'origine et d'accueil, destiné peut-être à faciliter le passage d'un système à l'autre, passage essentiel dans les pratiques langagières quotidiennes du bilingue;

- marquage d'une identité linguistique et culturelle spécifique.

L'exemple de *posta* illustre un aspect caractéristique de la compétence et du discours bilingues. Nous y reviendrons aux chapitres 4 et 6 respectivement. Les phénomènes que nous avons identifiés à travers *posta* se situent à des niveaux langagiers différents, mais ils ont un point commun. Ils montrent que la seconde conception du bilinguisme, que nous faisons nôtre, n'est pas une simple construction théorique, mais qu'elle est ancrée dans les pratiques langagières du bilingue. Dans cette perspective, l'hypothèse «polylectale» prend naturellement une signification toute particulière: elle servira peut-être de base linguistique «formalisable» à l'élaboration d'un modèle de compétence interactionnelle biculturelle.

Chapitre 4

Attitudes et représentations sociales

Au premier abord, il peut paraitre étonnant de rencontrer ici, dans un ouvrage rédigé par deux linguistes, un chapitre sur les *attitudes* et les *représentations sociales*, ces notions étant traitées généralement par la psychologie sociale ou la sociologie. Pourtant, on devine aisément le rapport qu'elles entretiennent avec le bilinguisme, par exemple avec le thème du choix de langue et, de manière générale, avec la façon dont le migrant vit les changements qui affectent son rapport aux langues. C'est ainsi que, dans une approche factorielle du choix de langue dans la conversation, on ne peut pas se contenter de considérer des données telles que le lieu (par exemple «transports en commun») comme raison ultime du choix de la langue d'accueil; encore faut-il se demander pourquoi un migrant considérera qu'il convient de parler français dans le bus. Et la réponse à une telle question met en jeu des attitudes et des représentations sociales. Nous commencerons par illustrer cette relation au moyen de quelques exemples, puis nous aborderons la question de ce qu'il faut entendre par *attitudes et représentations sociales* dans notre contexte. Une fois de plus, on constatera que les attitudes et les représentations sociales d'une part, les discours «méta-attitudinaux» et «méta-représentationnels» de l'autre, ne sont pas isomorphes. Enfin, nous verrons divers moyens d'identifier les attitudes et les représentations sociales en nous appuyant sur des exemples relatifs aux contacts linguistiques en Suisse, ce qui fournira parallèlement des informations pertinentes pour notre propos.

QU'EST-CE QUE LES ATTITUDES ET LES REPRESENTATIONS SOCIALES ONT A VOIR AVEC LE BILINGUISME DES MIGRANTS?

Le père d'une famille migrante en provenance des Abruzzes est propriétaire d'un petit commerce à Neuchâtel. Son frère travaille avec lui. Quand ils sont seuls, ils parlent leur dialecte d'origine. Mais en présence d'un francophone, ils se sentent obligés de parler français «car il ne serait pas poli d'utiliser la langue d'origine en sa présence».

Deux immigrées espagnoles parlent avec difficulté le français entre elles en public «pour ne pas être reconnues comme étrangères».

Les deux cas ont été rapportés par les intéressés eux-mêmes. Que leurs récits correspondent de façon exacte à la réalité ou non, ils témoignent d'une conscience aiguë de leur altérité, clairement et ouvertement marquée par leur langue d'origine. Pour un migrant, admettre qu'il n'ose pas utiliser sa langue d'origine en présence de membres de la communauté d'accueil (même si, comme dans les deux exemples cités, ceux-ci ne sont pas directement impliqués dans la communication) revient à faire siennes les attitudes ou les représentations négatives qu'il attribue à ces personnes, et à leur accorder un rôle pertinent dans la création de l'image qu'il se fait de lui-même: en effet, celui qui cherche à cacher son identité ne le fait certainement pas par fierté...

Nos deux exemples montrent déjà que des critères comme le lieu (par exemple transports en commun) ou les circonstances de la communication (par exemple présence d'un autochtone qui ne participe *pas* à l'entretien) ne permettent guère à eux seuls d'expliquer les choix de langue, et que l'analyse factorielle n'est pas un modèle très satisfaisant parce qu'elle recherche des causes extérieures, auxquelles l'individu ne ferait que réagir. Nous voulons, au contraire, placer l'individu au centre de la situation de communication et établir sa liberté de constituer en traits pertinents les aspects qu'il décide de mettre en évidence, créant ainsi lui-même des faisceaux de facteurs qui vont conditionner ses choix de langue. Nous verrons dans le chapitre 6 qu'il ne suffit pas de poser un facteur (par exemple la présence éventuelle d'un autochtone) pour expliquer le choix de langue. Les interlocuteurs devront tout d'abord *percevoir* la présence d'un tiers, puis se *représenter* sa réaction devant le fait que des migrants parlent leur langue d'origine à Neuchâtel (cette réaction pourrait être par exemple indifférente, positive, négative, ou encore réticente). Enfin ils devront *décider si*, en présence de cette constellation, ils veulent rester dans la langue d'origine ou passer à la langue d'accueil. Autrement dit, les partenaires d'une interaction verbale et la situation sont engagés dans une interaction complexe où les attitudes et les représentations des protagonistes jouent un rôle non négligeable. La relation entre acteur et facteur est médiatisée par ses attitudes et ses représentations sociales.

Pour éviter tout malentendu, nous soulignerons ici que ces observations ne se rapportent pas seulement aux bilingues et/ou aux migrants. Par exemple, lorsqu'un groupe de jeunes autochtones affiche dans un bus, en présence d'un voyageur plus âgé, un comportement verbal et non verbal spécifique au groupe, d'une manière éventuellement provocante (mâcher du chewing-gum, interpeller les passants, utiliser une certaine variété de français), nous rencontrons un phénomène analogue. Le choix de langue des migrants se présente ici aussi comme un cas particulier – très net – de choix de registre; le bilingue rencontre les mêmes problèmes que l'unilingue, d'une manière peut-être plus radicale certes.

Les attitudes et les représentations du sujet – et celles des autres – n'influencent naturellement pas que les activités langagières et les choix de langues. En un certain sens, toute l'existence des migrants (mais aussi des membres d'autres groupes sociaux) en dépend: leur statut d'Espagnol-à-Neuchâtel, de Neuchâtelois-à-Bâle ou de Suisse-allemand-à-Neuchâtel se situe constamment dans une zone de tension entre leurs propres attitudes et représentations vis-à-vis d'eux-mêmes et de la population d'accueil, et celles de la population d'accueil face à eux. Et ceci pas seulement pendant les premiers temps de la migration:

> ... c'est vrai on se sent bien ici, on est bien enrac-[...] enraciné, on a maintenant beaucoup d'amis; justement pas des Suisses allemands, mais dans l'âme on reste quand même ce qu'on était n'est-ce pas, parce que: ... qu'est ce qu'on avait comme âge, moi j'avais trente ans ... oui trente et un quand on est a-(..) arrivés ici alors, au fond ... hein c'est déjà une une deuxième nature au fond, une acquisition n'est-ce pas que vous mettez comme un vêtement autour ... donc dans l'âme justement on est: ... profondément .. suisse allemand je crois. (enseignant établi depuis 16 ans à Neuchâtel).

Il faut s'attendre en particulier à ce que les attitudes et représentations de la population d'accueil envers les langues concernées et le bilinguisme ne soient pas sans influencer la *manière dont les migrants vivront leur bilinguisme.*

ATTITUDES

Dans la suite de ce chapitre, nous distinguerons dans la mesure du possible les attitudes d'une part, les représentations sociales de l'autre. Il s'agit de notions certes complémentaires, mais assez différentes. Nous traiterons d'abord des attitudes (mais la question des représentations sociales sera présente à l'arrière-plan), ensuite des représentations sociales. Nous mettrons également en évidence leur complémentarité, et la difficulté qu'il y a (sinon l'impossibilité) de parler des unes sans se référer aux autres.

La notion d'*attitude* nous vient de la psychologie sociale où elle n'a pourtant pas trouvé de définition universellement valable. Askevis-Leherpreux, dans le *Dictionnaire de psychologie* (Doron & Parot, 1991, p. 63), propose la définition suivante:

> disposition interne de l'individu vis-à-vis d'un élément du monde social [...] orientant la conduite qu'il adopte en présence, réelle ou symbolique, de cet élément

Les attitudes se rapportent ainsi toujours à des objets sociaux, qu'elles contribuent d'ailleurs à constituer. Elles se manifestent comme sentiments d'ouverture ou fermeture, d'attrait ou répulsion, de sympathie ou indifférence, d'admiration ou dédain, etc. face à ces objets. Dans notre contexte, quatre types d'objets peuvent être discernés:

a) les langues particulières, dans la mesure où elles se voient attribuer des traits spécifiques (musicalité, clarté, expressivité, difficultés d'apprentissage, utilité, etc.);
b) l'emploi de ces langues dans des situations données par des interlocuteurs précis (l'espagnol ne suscitera pas chez le Neuchâtelois les mêmes sentiments s'il l'entend sur la place du marché de sa ville natale ou près de la Puerta del Sol à Madrid);
c) les communautés qui se distinguent en particulier par l'emploi d'une variété linguistique (langue, dialecte, sociolecte, etc.);
d) les infractions à la norme, les erreurs, ou les formes considérées comme telles.

On trouve des attitudes face aux objets a) et d) avant tout dans des contextes d'apprentissage ou d'enseignement des langues, où elles sont liées à la motivation des apprenants et à l'attention portée aux normes et à leur respect. Dans le cas de nos deux exemples, il semble qu'il y ait combinaison de b), c) ou d). Les stimuli déclenchant de telles attitudes sociales ou ethniques peuvent être de nature visuelle (vêtements, gestes, coutumes alimentaires, caractéristiques physiques, etc.); d'autres sont plutôt de nature olfactive; mais très souvent, ils se rattachent à une langue, une variété, un accent. Ainsi nous signalons notre appartenance régionale, sociale ou ethnique à nos interlocuteurs de façons multiples, mais particulièrement, comme le montre la sociolinguistique en général, à travers l'utilisation d'une variété de langue[1]. Si nous ne le faisons que rarement de manière consciente, nous le faisons forcément: dès que nous prenons la parole, nous occupons ou revendiquons une place dans la stratification sociale et dans l'espace géographique. Pour ce faire, ce sont justement les zones de variation inhérentes à tout système linguistique qui sont mises à profit, et ceci sur tous les plans (prononciation, vocabulaire, syntaxe, intonation, etc.). Ce sont souvent d'infimes différences, situées au-dessous du niveau des traits distinctifs, qui suffisent à faire d'un migrant de première génération – mais aussi naturellement d'un francophone issu d'une autre région! – un étranger aux yeux de la population d'accueil. C'est ce que l'on appelle l'*effet Schibboleth*[2]. La réaction que suscitent un mot, un accent précis (*cf.* chapitre 2), dépend certainement des attitudes. Ainsi, par exemple, un accent espagnol (*c'est oun déssastré qué tou sois vénou*) peut:

---

1 *Cf.* notamment la notion de marqueur chez Labov (1976).
2 Les connaisseurs de la Bible se souviendront que, lors de la guerre de la tribu d'Ephraïm contre Jephté, les hommes de Gilead fermèrent aux Ephraïmites les gués du Jourdain, après la bataille: «Galaad s'empara des gués du Jourdain du côté d'Ephraïm. Et quand l'un des fuyards d'Ephraïm disait: Laissez-moi passer! Les hommes de Galaad lui demandaient: Es-tu Ephraïmite? Il répondait: non. Ils lui disaient alors: eh bien, dis Schibboleth. Et il disait Sibboleth; car il ne pouvait pas bien prononcer. Sur quoi les hommes de Galaad le saisissaient et l'égorgeaient près des gués du Jourdain. Il périt en ce temps-là quarante-deux mille hommes d'Ephraïm.» (Livre des Juges 12, 5-6).

1) exprimer la fierté du locuteur quant à son origine;
2) susciter chez son interlocuteur une attitude positive face à une région d'origine commune;
3) être accompagné de la crainte du locuteur d'enfreindre la norme;
4) déclencher une réaction de rejet quasi-allergique chez un francophone à forte conscience normative (comment peut-on traiter ainsi la langue française!);
5) catégoriser le locuteur comme travailleur immigré et le discriminer socialement par le biais d'une attitude négative face aux étrangers.

Face à un même phénomène, on constate par conséquent des réactions diverses basées sur des attitudes diverses. Cette remarque justifie à elle seule la nécessité d'étudier de manière plus approfondie ces attitudes, qui ne sont pas en corrélation biunivoque avec des marqueurs linguistiques.

ATTITUDES, PREJUGES ET DISCOURS META-ATTITUDINAL

Les attitudes ne sont bien entendu pas directement observables. Elles peuvent cependant être inférées à partir d'observations spécifiques sur le plan du comportement et du discours. Un exemple d'attitude négative illustrera de quelle nature sont ces manifestations:

> Un Alémanique, parlant français avec un fort accent, téléphone à un fonctionnaire neuchâtelois. Son accent éveille chez l'interlocuteur francophone des attitudes ethniques qui peuvent s'extérioriser comme suit: ton hostile ou agacé, refus de faire l'effort d'interprétation nécessaire pour surmonter les obstacles de communication dus à une maitrise partielle du français, mauvaise volonté dans la recherche de l'information demandée, commentaires désabusés sur les Alémaniques adressés aux collègues.

Cet exemple et son interprétation appellent deux remarques plus approfondies.

a) Les attitudes sont liées à la socialisation. Il est certain que les expériences qu'un individu a faites avec l'objet de son attitude jouent un certain rôle. Mais ces expériences peuvent être complétées, voire même remplacées par des évaluations et des catégorisations empruntées à son entourage (parents, collègues, groupe de pairs). Les attitudes, aussi bien face à la langue en général que face à des langues particulières et aux groupes ethniques qui les parlent, ne découlent bien souvent que fort peu d'expériences personnelles, et manifestent une grande constance au sein d'une communauté. On peut ainsi assimiler une attitude à une disposition affective figée qui doit plus à l'appropriation de modèles anonymes qu'à une expérience personnelle. Sur bien des points d'ailleurs l'ordre social repose sur de telles dispositions supra-individuelles. Mais elles sont souvent confrontées à des observations et des expériences qui infirment leur validité. Toutefois elles font preuve de résistance et subsistent souvent malgré les démentis que leur inflige l'expérience: ce cas peut être illustré par l'exemple d'une personne qui afficherait des sentiments xénophobes tout en entretenant des relations d'amitié avec un étranger.

Les attitudes négatives et les préjugés pèsent souvent sur les relations entre une région d'accueil et des groupes de migrants. Ils sont d'autant plus résistants que les expériences personnelles ne suffisent pas à les modifier. Pour un ouvrier neuchâtelois, par exemple, il se peut très bien que «tous les Turcs soient sales», alors que le seul collègue turc qu'il connaisse soigne mieux son hygiène que lui-même (par exemple en se douchant sur place après le travail).

b) Le langage est un véhicule important dans la transmission des attitudes. Les remarques du type: *le dialecte alémanique est laid* sont fréquentes. Kolde (1981, p. 341) a proposé une distinction terminologique sur trois plans:

1) les *attitudes*, comme dispositions psychiques latentes à des comportements et actions précis;
2) les *opinions* verbalisées;
3) les *stéréotypes*[3], c'est-à-dire les phrases toutes faites, qui reviennent fréquemment, du type: *les (tous les) Turcs / Italiens / Espagnols sont bruyants / sales / paresseux...* qui sont suscités par des attitudes négatives qu'elles renforcent en retour.

Ce qui nous parait essentiel, dans cette définition des stéréotypes, c'est le rôle important qui est donné aux *clichés*: non seulement ceux-ci masquent les «véritables» attitudes, mais ils contribuent à les moduler, et même à en créer d'autres. Plus précisément, on peut distinguer au moins cinq phénomènes:

---

3 Pour notre part nous réservons le terme de *stéréotype* à la notion de *représentation*, que nous traitons dans la seconde partie de ce chapitre.

a) Un *système de prédispositions intériorisé et préconscient*, qui oriente notre comportement face à un objet et que l'observateur peut inférer à partir de ce comportement (réactions d'agacement, refus de coopérer, recours à des clichés); il s'agit là des *attitudes* au sens propre.

Par exemple, le fait qu'un migrant éprouve plus de difficulté à trouver un appartement qu'un autochtone indique une attitude négative de la part du propriétaire.

b) La *réflexion* sur ce comportement et ces attitudes, qui amène le sujet à prendre conscience de celles-ci, éventuellement à essayer de les justifier par des arguments ou des anecdotes.

c) Un inventaire de *clichés* et de formules préconstruites qui circulent dans la communauté linguistique et qui servent à exprimer des attitudes ou des opinions (ou à les cacher...).

Exemples: Le dialecte alémanique est une maladie de la gorge.

d) Des traces des attitudes et de la réflexion dont elles sont l'objet apparaissent dans les textes sous forme de *marqueurs métadiscursifs*, notamment pour les attitudes face au langage. C'est ainsi qu'une conscience normative développée se manifeste à travers des auto-corrections, souvent liées à des opérateurs tels que *disons, si vous voulez*, des rires, etc.

Oui, c'est presque une honte, hein (rires) oui, on les enfin.. .. eh, les parents justement ne sont pas à la hauteur (rires) et je sais pas quoi (en riant) n'est-ce pas, oui, oui, c'est sûr.

On assiste à des efforts de distanciation face à des clichés (par exemple à l'aide de formules comme: *comme on dit, comme chacun sait*, etc.). Dans l'exemple suivant, on voit un enseignant se désolidariser prudemment d'un cliché:

S'il y a une petite faute qui se... qui se glisse là-dedans, peu importe, n'est-ce pas, d'ailleurs tout le monde le fait. Mais alors il faut quand même (rires) comme professeur n'est-ce pas que le style soit correct.

e) La verbalisation proprement dite des attitudes sous forme de *discours méta-attitudinal*.

(le locuteur évalue ses connaissances en langue d'accueil): Donc je suis toujours au même endroit en quelque sorte n'est-ce pas; par exemple point de vue .. accent... i-il reste toujours.. j'ai l'impression que je piétine sur place depuis un bon moment, donc hein c'est toujours (..) et .. finalement, n'est-ce pas c'est ça encore ... le: le cercle vicieux à le (..) à la longue on se dit mais .. ça ne fait rien (rires) tu gardes ça n'est-ce pas ... c'est c'est justement ton côté un peu particulier, et puisqu'ils avalent ça peu importe hein.

On aperçoit immédiatement toute une série de points où peuvent apparaitre des incongruences: les opinions peuvent différer des attitudes; les clichés des opinions; le discours méta-attitudinal des opinions, des attitudes et des clichés. La terminologie de Kolde permettrait de distinguer entre préjugés et discours méta-attitudinal. On entrevoit également un processus d'intégration socioculturelle derrière les marqueurs métadiscursifs et la verbalisation des attitudes[4].

Il n'est bien entendu pas certain qu'on puisse établir une distinction claire entre appropriation de clichés préconstruits et verbalisations d'attitudes. Jusqu'à quel point les clichés créent-ils les attitudes qu'ils prétendent exprimer? Les énoncés exempts de clichés sont-ils plus fiables? Quel est le rôle des clichés dans la genèse des attitudes? Dans quelle mesure un individu est-il influencé par les formules d'évaluation qu'il s'approprie sous la pression du conformisme social? Tant que, dans une situation concrète comme la nôtre, on ne pourra étudier cette question plus à fond, on fera bien de donner un sens très large au terme *préjugé* et d'y inclure toutes les formes de verbalisations d'attitudes.

COMMENT IDENTIFIER LES ATTITUDES FACE AUX LANGUES ET A LEURS UTILISATEURS?

Lorsque le linguiste veut décrire la *langue,* qui par nature n'est pas accessible à l'observation directe, il s'appuie d'une part sur l'observation de l'utilisation de la langue, d'autre part sur le discours métalinguistique. Il en va de même pour celui qui veut étudier des attitudes: il peut observer le comportement et il peut analyser les opinions émises et les préjugés recueillis, les deux méthodes étant à considérer comme complémentaires (Kolde, 1981, p. 342). La recherche sur les attitudes dans un contexte de contact linguistique a donné naissance à quelques techniques. Nous en présenterons une seule ici.

---

[4] *Cf.* Oesch-Serra & Py, 1997.

Pour l'étude des attitudes face à des langues, nous disposons d'un instrument d'analyse élaboré par Solmecke & Boosch (1979) selon le procédé du *différentiel sémantique*[5].

On demande à un groupe d'informateurs d'attribuer à un ensemble de langues des adjectifs choisis parmi une liste donnée. Cette liste est établie de manière à refléter les jugements les plus courants en circulation dans la communauté concernée. Nous reproduisons ci-dessous les résultats d'une enquête de ce type effectuée dans le canton de Neuchâtel par une équipe d'étudiants[6]. Le nombre de + est proportionnel à l'usage que les informateurs ont fait de l'adjectif, le nombre de – est inversement proportionnel.

	Anglais	Français	Espagnol	Suisse all.	Italien	Allemand
musical	++		++	– – –	++	
chouette	++	+	+	– –		+
doux				– – –		–
beau	++	++	+	– – –	+	
chaud			++	– – –	++	– –
pratique	+++	++		–		++
important	+++	++	+	– –		++
utile	+++	++	+	– –	+	++
compliqué	–	++	+	++		++
difficile à apprendre	–	+		++		++
facile à comprendre		++		– –	++	–
familier		++	–		+	
désagréable	– – –	– –	– –	+	– – –	– –

On peut conclure de ce tableau, par exemple, que les informateurs (lycéens neuchâtelois) trouvent l'allemand *difficile* mais *utile*, que l'espagnol marque des points dans le domaine de l'esthétique, alors que le suisse allemand est l'objet d'une appréciation très négative sous tous les aspects.

---

5   *Cf.* Osgood, 1952; Osgood, Suci &Tannenbaum, 1957. On trouve un exposé détaillé et une appréciation critique de cette méthode dans Bergler, 1975.
6   *Cf.* Apothéloz & Bysaeth, 1981; Apothéloz, 1982.

N'y a-t-il donc aucun moyen d'accéder aux attitudes préconscientes, spontanées, cachées, inavouées? Et d'ailleurs, est-ce que de telles attitudes existent vraiment? Est-ce que toute attitude n'est pas originellement sociale, c'est-à-dire transmise par les multiples canaux de la communication sociale? Si tel est le cas, quel rôle l'éducation peut-elle jouer? Il serait particulièrement important d'en savoir plus, surtout lorsqu'il s'agit d'attitudes ethniques, qui peuvent déboucher sur des comportements xénophobes ou racistes. D'où la nécessité de trouver des méthodes pour découvrir les attitudes par divers moyens indirects. Pour notre part, nous procédons volontiers par entretiens semi-directifs. On part du principe consistant à ne pas poser de questions directes sur les attitudes et à découvrir celles-ci de manière plutôt indirecte. Les attitudes n'existent en effet pas en soi. Elles émergent à l'occasion d'autres thèmes de conversation. C'est par exemple en discutant de musique qu'un adolescent fera part de son enthousiasme pour la langue anglaise. L'entretien permet ainsi une approche en quelque sorte plus naturelle des attitudes.

Chacune de ces méthodes peut être l'objet de critiques (on en trouvera une discussion exhaustive chez Kolde, 1981), qui n'en mettent pas fondamentalement en question la validité, mais limitent plutôt leur portée. Il s'agit de tirer parti de ces critiques en combinant différentes méthodes et techniques, et en confrontant les résultats obtenus.

On peut évidemment se demander si l'effort consenti pour étudier les attitudes en vaut la peine. La réponse à cette question ne peut pas être simplement oui ou non; dans chaque cas particulier, l'effort doit être confronté aux résultats obtenus. Par exemple, le comportement (langagier ou non) du migrant face à la région d'accueil peut être fortement déterminé par l'attitude prédominante en région d'accueil.

> On peut supposer que l'appréciation extrêmement négative du dialecte alémanique par la communauté d'accueil (voir les résultats du test cité plus haut) encourage fortement la deuxième génération à abandonner son dialecte d'origine, en particulier si l'on admet qu'elle adopte dans bien des cas l'attitude du groupe de pairs et non celle des parents (d'autant plus que les parents eux-mêmes sont souvent enclins à des autostéréotypes négatifs face au dialecte de leur région d'origine...). Ces attitudes sont consolidées par des expériences vécues, telles que la suivante:

> (Une mère de la famille raconte à une autre occasion l'histoire suivante à un professeur d'allemand:)

M. ...Wir haben ein kleines Erlebnis gehabt diesen Sommer. Wir hatten Freunde aus den Staaten, sind mit denen nach Valangin da:: im nächsten Tal gefahren und dann Zvieri gehabt (rires) XXXXXX und dann unsere Kinder es war eine Sackgasse unterhalb des Schlosses haben unsere Kinder da gespielt mit dem Ball und dann kamen zwei Autofahrer also jeder mit einem Auto sind in die Sackgasse reingefahren also wie Verrückte und haben die beinahe umgerannt und dann hat.. da bin ich nicht dafür, das hab' ich auch gesagt hat .. einer meiner Söhne hat .. ein Zeichen auf die Stirn gemacht: der spinnt ja ... dann ist der eine rausgestiegen der der wirklich noch en' Schwenker gemacht hat und ... wollte da streiten und da hab' ich mich ... oder ich hab' gemerkt dass er ... etwas nervös ist des(halb) hab' ich mich sofort erhoben und bin hingegangen und hab' gesagt: eh .. was ist? ... und dann hat er gesagt: ja... das sind ganz freche Goofen und so und da hab' ich gesagt: ja Sie sind auch nicht unbedingt sehr vorsichtig gefahren und da wollte der gleich auf uns los ... ich hab' dann gerochen, dass er also Alkohol gehabt hat und dann kam sein Freund.. und nimmt ihn so an der ... an der ... am Arm und sagt: o lass doch die das sind ja nur Deutschschweizer und dann hat der Kleinste von unseren Kindern de ... der ist jetzt elf der hat also fast geweint und hat gesagt: das ist ein gemeiner Dreckskerl ich bin doch Romand ... oder weil die Kinder haben überhaupt keinen Akzent und fühlen sich auch als Romands
I. ⎸ja ja
M. (rires) aber wir sind ... *doch* nicht akzeptiert oder...

Mais les attitudes face aux normes linguistiques ont également un poids certain.

Les Alémaniques installés à Neuchâtel prêtent généralement un haut degré de conscience normative à la population d'accueil, qui, selon eux, ne se contente pas de parler un bon français, mais l'exige également des alloglottes. Au contraire l'attitude des Alémaniques face à leur dialecte d'origine n'est que fort peu normative. Il en résulte qu'un moindre contrôle s'exerce dans la langue d'origine et que les parents ne font que peu d'efforts pour cultiver ou corriger le dialecte de leurs enfants. Leur comportement diffère ici grandement de celui des Romands en Suisse alémanique, mais aussi de celui de nombreuses familles hispanophones qui attachent de l'importance à ce que leurs enfants parlent un espagnol correct. Les conséquences sur le maintien ou la perte de la langue d'origine en sont prévisibles.

Face à l'importance des attitudes, on ne peut cependant négliger le fait qu'il est très compliqué et coûteux de multiplier les techniques d'élicitation. C'est pourquoi il faut les réévaluer de cas en cas en fonction du but visé dans chaque nouvelle situation de contact. Kolde a illustré l'utilité et l'intérêt d'une évaluation des attitudes dans le cas de villes bilingues. Même si l'on renonce à les étudier de manière exhaustive, on est bien obligé de tenir compte du rôle important qu'elles jouent chez le migrant bilingue. Sa façon de vivre le bilinguisme – et par conséquent son désir que les enfants soient unilingues ou bilingues – est un corollaire fondamental des préjugés concernant le bilinguisme et le biculturalisme.

REPRESENTATIONS SOCIALES

Nous avons vu que les attitudes se présentaient comme des dispositions psychiques d'attirance ou de répulsion face à des objets sociaux, notamment les langues et leurs usagers. Pratiquement toutefois, les attitudes sont étroitement liées à des croyances relatives à la nature de ces mêmes objets. Attitudes et croyances fonctionnent comme justifications mutuelles. On trouve que l'allemand est une langue très expressive (croyance) parce qu'on se sent attiré par l'allemand (attitude). Et une attirance pour l'allemand peut s'expliquer par une croyance dans les vertus expressives de cette langue. La notion de *croyance* est cependant très vague. Nous allons la spécifier en distinguant, dans ce vaste domaine, un secteur que la recherche a baptisé *représentations sociales*. Dans le *Dictionnaire de psychologie* (Doron & Parot, éd., 1991, p. 598), Bronckart définit les représentations sociales de la manière suivante:

> modalités de pensée pratique, orientées vers la communication, la compréhension et la maitrise de l'environnement, modalités qui relèvent à la fois de processus cognitifs généraux et de processus fonctionnels socialement marqués

Cette définition appelle quelques commentaires. Nous sommes à tout moment engagés dans des situations qui exigent de nous des décisions et des actes immédiats: traverser une rue passante à une heure de pointe, aller chez le médecin ou se soigner seul, s'adresser à un inconnu dans un lieu public, tutoyer ou vouvoyer un nouveau collègue, corriger ou non un élève, s'exprimer dans une langue ou une autre, accepter une invitation ou trouver un prétexte pour la refuser, interpréter un énoncé comme une opinion réfléchie ou comme une plaisanterie, etc. De telles décisions doivent être prises dans l'urgence et ne laissent guère de temps à la prise d'information ni à la réflexion. Nous avons donc tous besoin d'avoir à disposition un ensemble de convictions et des schémas de comportement préconstruits, facilement accessibles et immédiatement opérationnels. D'autre part, et pour des raisons d'économie cognitive, ces convictions et ces schémas doivent être suffisamment généraux pour s'appliquer à un nombre élevé et indéfini de situations plus ou moins inattendues. Enfin, ils doivent être partagés par les membres de la communauté dans la mesure où seul un certain consensus permet une coordination suffisante des actions, notamment des procédures d'interprétation des discours et autres comportements publics d'autrui. Il faut par exemple que les critères qui vont m'amener à traverser la rue soient compatibles avec ceux des automobilistes, qui vont décider de freiner afin de me céder le passage. Le lecteur aura remarqué que par *action* nous désignons aussi la production d'interprétations des innombrables signes qui parsèment notre vie quotidienne. Il aura aussi compris que nous sommes en train de caractériser une partie importante de ce que l'on appelle *culture du quotidien* ou *pensée courante*.

Nous venons de profiler la notion de représentation sociale telle que nous l'emploierons ici, en accord d'ailleurs avec les travaux de nombreux auteurs que nous renonçons à citer de manière tant soit peu exhaustive. Nous désignons ainsi par ce terme *des microthéories socialement partagées et prêtes à l'emploi, suffisamment vagues pour faciliter un large consensus et une application étendue*. Comme les attitudes, les représentations sociales sont étroitement liées à des fragments de discours en circulation dans une communauté donnée. C'est justement cette dernière propriété qui garantit leur diffusion sociale (par répétition ou citation de lieux communs et mémorisation) et leur disponibilité dans les différentes activités sémiotiques qui font notre vie quotidienne. On peut se demander si les fragments de discours incriminés reflètent ou créent les représentations sociales. Sans doute les deux, mais en tant que linguistes nous n'avons aucun moyen de répondre avec certitude. Nous retrouvons des problèmes évoqués ci-dessus à propos des attitudes. En particulier celui des distorsions qui peuvent venir perturber la relation entre représentation et expérience: que se passe-t-il lorsque celle-ci entre en contradiction avec celle-là? Cette question est cruciale pour le migrant dans la mesure où les débuts de sa trajectoire d'insertion s'appuient inévitablement sur des représentations sociales de la région d'accueil, et entrent invariablement et de manière progressive en conflit avec son expérience. Voici quelques exemples:

Attitudes et représentations sociales

> Bâle a un esprit je dirais assez cosmopolite par rapport à Zurich, moins suisse allemand, moins typiquement suisse allemand tel qu'on se le représente.
>
> Je dirais que les gens sont au moins aussi ouverts que chez nous, contrairement à ce qu'on pense, contrairement au préjugé qu'on a peut-être en venant en Suisse alémanique. Bon, je parle de Bâle, ce n'est peut-être pas vrai partout.
>
> Une déchirure nette comme jamais entre Romands et Alémaniques, qui, à l'exception des deux Bâle, ont dit massivement nein; mais Bâle, canton ville, est-il vraiment alémanique?

Le premier de ces trois exemples est un simple constat, énoncé par un Romand établi à Bâle[7]. Le deuxième, énoncé lui aussi par un migrant, est à la fois un constat et une tentative visant à concilier l'expérience avec l'essentiel de la représentation. Le troisième est tiré d'un commentaire paru dans un journal au lendemain d'un référendum dont l'issue a été interprétée comme une opposition radicale entre les votes Romands et Alémaniques. Comme le deuxième, il montre une tentative de sauvegarder une représentation en proposant de catégoriser comme exceptionnelle une donnée qui parait l'infirmer. On voit donc comment le discours permet non seulement de formuler des représentations, mais aussi de les concilier avec une expérience qui pourrait les mettre en danger (Oesch Serra & Py, 1997). Il y a ici une dynamique qui fait partie du processus d'acculturation. C'est ce rôle joué par le discours qui nous a amenés à intituler un ouvrage collectif sur les migrations internes en Suisse *Changement de langage et langage du changement* (Lüdi & Py, 1995).

Comme le présent ouvrage porte avant tout sur le bilinguisme, il est intéressant d'observer comment les migrants se représentent les langues de leur répertoire et le bilinguisme lui-même. Voici quelques exemples.

> J'ai un côté un peu puriste [...] parce que je crois qu'il y a un danger, comme Suisses romands on emploie déjà tellement de germanismes sans s'en rendre compte.
>
> J'aimerais pas trop progresser en ... je veux pas dire progresser, mais enfin ... pas trop accentuer ... le poids de l'allemand ... parce que j'aurais peur de perdre une certaine souplesse dans le maniement de la langue, et puis, ça alors, je m'y refuse complètement.

---

7 Pour tout ce qui concerne nos travaux sur les Romands établis en Suisse alémanique, *cf.* Lüdi & Py (éd.), 1995.

Ils ne connaissent pas le futur et ils ne connaissent pas l'imparfait en suisse allemand, ils n'ont que deux temps, donc c'est une langue pauvre.

Le suisse allemand est une langue parlée et ce n'est pas une langue écrite, c'est déjà pour ça que je ne désire pas l'apprendre, qu'est-ce que j'en ai de plus?

Ces quatre exemples sont à nouveau tirés d'enquêtes effectuées auprès de Romands établis en Suisse alémanique. Ils font état de représentations du français comme d'une langue dont la *pureté*, chez les Romands et les bilingues, se trouverait menacée par l'influence de l'allemand; et du dialecte alémanique qui ne saurait faire l'objet que de dédain vu la pauvreté de ses paradigmes verbaux, et les usages uniquement oraux qui lui sont attribués! Ils proposent une représentation du langage selon laquelle notre cerveau ne pourrait que souffrir du bilinguisme, dans la mesure où la deuxième langue viendrait occuper une partie de la place réservée à la première, portant ainsi atteinte à celle-ci. On retrouve donc dans ces exemples la méfiance dont nous avions fait état au chapitre 3. On imagine sans peine les effets potentiels de telles représentations: réticence face à l'apprentissage de l'allemand, et surtout du dialecte alémanique, crispation puriste autour du français. S'il ne s'agit que de stéréotypes, de formules que le migrant répète sans trop y croire lui-même, le problème ne sera que déplacé, dans la mesure où il y aura alors risque de fortes dissonances entre expérience et représentation: il deviendra bilingue, mais avec mauvaise conscience! Précisons tout de suite que nous avons trouvé aussi de nombreux bilingues avec bonne conscience...

Il semble bien que certaines représentations soient plus favorables que d'autres au développement d'une compétence bilingue, mais il ne s'agit pour nous que de présomptions. On imaginera sans peine que le purisme, c'est-à-dire le refus de reconnaitre toute légitimité à la variation libre, soit un handicap. Un francophone émigré à Bâle ne se sentira bien dans son bilinguisme en devenir que s'il admet que l'existence de certaines spécificités non seulement dans son allemand, mais aussi dans son français ne porte atteinte ni à ses facultés globales de communication et d'expression, ni à sa dignité linguistique. Le bilingue doit admettre que l'on peut parler un français de Bâle comme on peut être un Espagnol de Neuchâtel. Ce «français de Bâle» n'est pas un charabia fantaisiste, mais une variété de français qui restera très certainement confinée dans les limites des variations compatibles avec le système polylectal du français. Il s'agira d'une variété, comparable dans un certain sens avec les autres variétés de français parlées à travers le monde[8]. Elle se caractérisera par des phénomènes limités de restructuration, tels que ceux dont nous parlerons dans le chapitre 5, ainsi que par des «mélanges», dont nous traiterons au chapitre 6. Et il ne faut pas confondre ces spécificités avec une certaine maladresse qui peut s'installer par le simple fait d'un manque de pratique, maladresse qui disparaitra certainement dès que l'occasion d'une pratique à nouveau plus intense se présentera.

Quelques témoignages font allusion au rôle que les représentations peuvent jouer dans l'apprentissage[9].

Une Neuchâteloise établie à Berne interprète l'échec des tentatives d'apprentissage du dialecte par son mari en alléguant le souci de ce dernier de parler un allemand conforme aux règles de grammaire qu'il a apprises pendant ses études: ses interlocuteurs alémaniques lui répondent en français. Elle-même en revanche se félicite de son propre apprentissage du dialecte. Elle explique son succès par son habitude de s'exprimer en allemand sans aucun souci de correction. Selon elle, ce comportement grammatical très «cool» aurait eu pour effet de provoquer chez ses interlocuteurs bernois l'usage du dialecte, donc des occasions de l'apprendre.

Que cette anecdote décrive fidèlement la réalité ou non, cela est relativement secondaire. Ce qui parait important, c'est l'existence vraisemblable de liens entre représentations de la langue (en l'occurrence de l'importance de la correction grammaticale) et parcours d'apprentissage.

Nous mentionnerons encore l'existence d'une autre manifestation des représentations sociales: les processus de catégorisation, qui apparait en particulier dans la dénomination. Nous avons constaté d'abord une certaine réticence de la part des Romands de Suisse alémanique et des Alémaniques de Suisse romande à se considérer comme *migrants*. Simplement parce que les représentations que les uns et les autres ont de la migration ne coïncident pas avec celle qu'ils se font d'eux-mêmes. A leurs yeux la migration comporte un déracinement et une précarité socioculturels sans commune mesure avec le sentiment d'insécurité qu'ils éprouvent parfois. On peut imaginer également que l'absence de prestige du statut de migrant en dissuade certains d'accepter cette déno-

---

8 On trouve des démarches de ce genre pour l'anglais, par exemple dans Cheshire (ed.), 1991.
9 *Cf.* aussi par exemple Galligani, 1998, ou Moussouri, 1988.

mination. Une autre dénomination attachée à un processus de catégorisation apparait dans les termes *suisse* et *étranger*, qui fonde évidemment tout un système de représentations sociales et politiques. Certains de nos interlocuteurs se rebellent contre elle:

> Il y a la dame suisse là qui dit des fois oui, mais elle est suisse ou bien elle est étrangère, et chaque chose elle demande si quelqu'un est Suisse ou étranger, j'ai dit, il y a pas de raison une personne demander s'il est Suisse ou étranger, il est comme il est, hein ..

L'adjectif *bilingue* pose lui aussi des problèmes à une partie de nos interlocuteurs[10]. Nous avons à plusieurs reprises évoqué (notamment au chapitre 1) les stéréotypes malheureux qui accompagnent cette notion: le bilingue est perçu soit comme une victime potentielle, soit comme un personnage idéal *capable de parler parfaitement deux langues*, et que peu de gens parviennent à égaler.

Précisons qu'il convient de distinguer entre autocatégorisation et hétérocatégorisation. Des divergences entre ces deux processus sont certainement à l'origine de nombreux malentendus.

COMMENT IDENTIFIER DES REPRESENTATIONS?

Nous n'avons pas la prétention de discuter, ni même de mentionner, tous les problèmes méthodologiques que soulève l'étude des représentations sociales. Nous nous contenterons d'évoquer et de justifier nos propres choix, qui s'expliquent fondamentalement par le fait que nous sommes linguistes et pas sociologues ou psychologues. Au risque de faire de la philosophie un peu naïve, nous admettrons que les contenus de notre conscience peuvent prendre des formes plus ou moins élaborées. Il y a par exemple des différences d'élaboration entre ma représentation de l'autisme (dont j'ai entendu parler par les médias), celle des parents d'un enfant autiste, celle du psychologue qui soigne cet enfant et celle du chercheur qui essaie de mieux comprendre l'autisme. Parmi les facteurs qui déterminent le degré d'élaboration figure le débat, c'est-à-dire la verbalisation collective dans un réseau d'arguments. Je n'ai jamais été amené à débattre au sujet de l'autisme. Les parents de l'enfant autiste en revanche ont probablement longuement débattu entre eux, ils

---

10 *Cf.* Py (éd.), 2000.

Attitudes et représentations sociales

ont participé à des séances d'information ou à des conférences. Quant au thérapeute et au chercheur, ils ont participé à des colloques, ou même écrit des articles ou des livres. Nous dirons que les représentations sociales, au sens où nous les entendons, supposent un seuil inférieur d'élaboration marqué par la participation à un débat, c'est-à-dire par la nécessité d'argumenter. En deçà de ce seuil, on a affaire à des précurseurs de représentations sociales, précurseurs que nous assimilons à des opinions stéréotypées. Les représentations sociales elles-mêmes ne doivent cependant pas dépasser un plafond au-dessus duquel il ne peut plus y avoir ce consensus social inhérent à leur rôle dans la culture quotidienne, c'est-à-dire cet ensemble de références relevant d'une certaine évidence collective. Le chercheur qui développe une théorie révolutionnaire sur l'autisme ne trouvera d'interlocuteurs «faciles» que dans le cercle restreint d'autres chercheurs, qui connaissent comme lui une volumineuse littérature spécialisée. Ses représentations auront acquis un statut scientifique. Une représentation scientifique est le résultat des traitements ritualisés imposés par les normes académiques (en particulier publication dans des revues internationales). En revanche le psychologue qui s'adresse à un groupe de parents devra disposer de références communes avec l'ensemble de son public, constitué non pas de spécialistes mais de personnes dont l'unique point commun est d'avoir un enfant autiste. Le cas échéant il devra créer lui-même de telles références.

C'est dire que les échantillons de représentations sociales seront prélevés de préférence dans des débats au sein de petits groupes ou dans des entretiens semi-directifs, dans la mesure où ils favorisent l'argumentation, donc l'élaboration. L'exemple suivant est tiré d'une interview publiée dans un quotidien[11], dans laquelle un fonctionnaire romand travaillant à Berne parle des différences de mentalité entre Romands et Alémaniques.

> (...) Alémaniques et Romands ont des modes de pensée radicalement différents. Les Alémaniques ont besoin de faire le tour du problème de manière structurée; la pensée romande avance, elle, en zigzag. Ce qui explique que des termes fréquents dans l'administration comme «Gesamtkonzeption» (conception globale) ou «Führung» (conduite) aient un sens précis en allemand sans pour autant correspondre à grand-chose traduits en français.

---

11 *Le Temps* du mercredi 16 août 2000, p. 7.

Dans cette déclaration on devine des précurseurs, (ou opinions stéréotypées) tels que l'existence de mentalités différentes chez les Romands et les Alémaniques respectivement, une pensée plus fortement structurée et méthodique chez ceux-ci et plus intuitive et fantaisiste chez ceux-là. Mais ces précurseurs sont ici intégrés et organisés dans un mouvement argumentatif relativement complexe qui en fait à nos yeux une véritable représentation. Remarquons par la même occasion que, dans notre perspective, il n'y a pas de frontières claires entre opinions, représentations sociales courantes et représentations scientifiques. On passe progressivement d'un domaine à l'autre.

Il est intéressant d'observer des séquences qui permettent de suivre les processus mêmes de construction ou d'évocation des représentations. Dans l'exemple suivant[12], on observe les critères qui amènent un immigré turc à renoncer à s'autocatégoriser comme bilingue. Pour lui, un bilingue est une personne qui parle deux langues sans commettre d'erreurs. On remarquera aussi, dans le premier tour de parole, un début de citation probable d'une formule de référence qui renvoie à un moment antérieur de l'entretien, et qui aurait pu sans doute aider l'énonciateur à se situer lui-même.

D   c'est-à-dire que **quand on dit\ . par exemple moi je me considère pas bilingue** . pourquoi parce que . bon [...] on est de nationalité turque
Q   oui
D   heu mais je parle le français . mais je fais encore beaucoup d'erreurs/
Q   oui
D   alors . de ce fait je l'appelle pas . heu:: bilingue . je m'appelle je je suis pas bilingue/
Q   ouais
D   je parle parfaitement le turc
Q   ouais
D   bon le français j'écris aussi heu je&je lis aussi en effet\. déjà par rapport au travail que je fais je suis obligé/ . mais heu . par rapport à des&certaines astuces du français ou . heu de&de&de **certaines erreurs que je fais je me considère pas bilingue/**

Cette méthode d'identification des représentations sociales permet aussi de distinguer, selon le modèle que nous avons proposé au chapitre 3, d'une part des schémas individuels en usage, d'autre part des schémas

---

12   Exemple tiré de Cavalli *et al.*, à paraître.

Attitudes et représentations sociales

collectifs de référence. Les premiers sont énoncés comme des assertions auxquelles l'énonciateur adhère sans exprimer de réticences, alors que les seconds sont soit cités explicitement, soit sous-entendus et reçoivent un statut de points de repères réputés connus de tous les participants au débat, qu'ils y adhèrent ou non.

Nous évoquerons un dernier problème. C'est le fait que les représentations, dans la mesure où elles sont réputées partagées et évidentes, sont souvent implicites. Elles n'en sont pas moins très présentes, dans la mesure où elles sont présupposées. En voici deux exemples tirés de l'interview du même fonctionnaire romand travaillant à Berne (*cf.* plus haut):

> (...) on engage toujours plus de Romands qui parlent bien allemand, voire sont bilingues, et sont donc déjà imprégnés du mode de pensée alémanique. Je regrette cette évolution, car l'apprentissage de l'allemand n'est pas un obstacle insurmontable.

> Lorsque j'ai débarqué à Berne j'utilisais ma voiture le soir pour aller au centre-ville (...) Il fallait être Romand pour avoir une telle idée. Aujourd'hui je suis un fervent partisan des transports publics.

Le premier exemple repose sur deux présuppositions; d'abord qu'il ne suffit pas de parler bien une deuxième langue pour être bilingue; ensuite que les Romands parlant trop bien allemand ont acquis une mentalité alémanique et ne représentent donc plus leur région d'origine. Le second exemple présuppose une croyance très répandue, à savoir que les Alémaniques sont plus attachés aux transports publics que les Romands, croyance d'ailleurs souvent associée à l'idée plus générale que les Romands sont plus soucieux de leur liberté individuelle que les Alémaniques.

Chapitre 5

La dynamique de la compétence linguistique bilingue des migrants

Dans les chapitres précédents, nous avons constaté à plusieurs reprises que le bilinguisme était moins une situation stabilisée qu'un ensemble de pratiques langagières. Ceci est vrai en particulier pour les migrants, surtout s'ils appartiennent aux secteurs défavorisés de la population. Au flou de leur situation juridique, économique, sociale et culturelle correspond une certaine mouvance langagière. C'est ainsi que l'absence de statut officiel pour la langue d'origine dans le pays d'accueil, l'incertitude quant au retour au pays d'origine ou à la prolongation de la migration, les hésitations des enfants entre les deux cultures et les deux langues, les attitudes de rejet plus ou moins marquées de la part de la société d'accueil (et aussi parfois, dans une moindre mesure, de la société d'origine), la difficile recherche d'une identité nouvelle, tous ces facteurs réunis exercent une forte pression déstabilisatrice sur les comportements langagiers des migrants. Nous allons consacrer le présent chapitre à quelques réflexions sur les manifestations de ces pressions sur le plan de la compétence linguistique bilingue. Tout d'abord, nous nous interrogerons sur la notion de situation bilingue. Puis nous montrerons comment les mêmes phénomènes de discours peuvent être interprétés très différemment selon les points de vue: comme infractions à la norme dans le sens de *transferts de structures* ou *interférences*; ou alors, au contraire, comme *variétés de contact* ou *créations langagières*. Enfin, nous formulerons des observations sur les causes et les manifestations de cette mouvance de la compétence bilingue.

PARTICULARITES DU COMPORTEMENT LANGAGIER DES BILINGUES ET DES APPRENANTS

Nous avons déjà eu plusieurs fois l'occasion de remarquer que le bilinguisme ne constituait pas une *situation langagière unique en son genre*. Il réunit des facteurs dont chacun peut être observé dans d'autres contextes. La particularité réside dans l'originalité de leur combinaison. Il ne faudrait jamais perdre de vue ce fait. C'est ainsi qu'on peut tirer de nombreux parallèles entre les problèmes d'un enfant (bilingue) d'ouvriers migrants et ceux d'un enfant (unilingue) issu d'une famille autochtone défavorisée.

> Par exemple, c'est avec prudence qu'il faut regarder les statistiques scolaires illustrant les échecs des enfants d'ouvriers migrants par rapport aux autochtones. La signification du fait que p. ex. dans le canton de Zurich, au cours de l'année scolaire 1980-81, 2,9% seulement des Suisses, mais 6,7% des Italiens et même 9,4% des Espagnols ont été placés dans des classes spéciales, ou que 56,8% des Suisses ont fréquenté l'école secondaire contre 37% des Espagnols et 34% des Italiens, cette signification doit être pondérée par l'appartenance de ces enfants aux diverses classes sociales. Ainsi, les enfants de travailleurs suisses présentent également une probabilité d'échec particulièrement élevée... (*cf.* Schmidt, 1981).

Toutefois, ces parallèles ne doivent pas détourner notre attention de la constellation particulière de traits qui constitue notre situation de contact linguistique. Dans cet ordre d'idée, nous la considérons comme une modalité particulièrement intéressante de réalité langagière, et nous attendons de notre étude qu'elle nous conduise à une meilleure compréhension non seulement du bilinguisme (ou mieux d'une manifestation possible du bilinguisme) mais aussi du langage en général. Le *bilinguisme* est aussi un *révélateur*. Cela est vrai aussi pour l'instabilité de la compétence langagière des migrants.

Dans le présent chapitre, nous utiliserons un second révélateur: celui de la situation d'acquisition d'une langue seconde. L'acquisition constitue elle aussi une expérience très concrète et particulière du langage, et, en ce sens, elle en éclaire d'autres aspects. Nous verrons qu'il y a avantage à aborder les deux situations (acquisition d'une langue seconde et contact linguistique chez les migrants) avec les mêmes paramètres[1]. Dans les deux cas, en effet, il existe des tensions particulièrement fortes entre l'individu et les langues auxquelles il a affaire: celles-ci apparaissent non seulement comme des moyens plus ou moins limités de communication verbale (il s'agit alors de surexploiter ces moyens), mais aussi comme des objets qu'il s'agit de maitriser (dans l'acquisition), de sauvegarder, de restructurer et de réajuster (dans la création d'une nouvelle identité bilingue et biculturelle). Ces tensions ne se limitent pas aux toutes premières années de la migration. Elles subsistent lorsqu'il y a «fossilisation»[2] dans les connaissances de l'une ou l'autre langue. L'utilisation de variantes fossilisées est en effet source de tensions potentielles dans la mesure où elles sont autant de manifestations d'altérité linguistique, voire culturelle. La dynamique de la compétence bilingue des migrants est donc comparable à celle de l'interlangue de l'apprenant. Il est inutile de souligner que les expériences que l'unilingue fait avec sa langue ne sont pas non plus exemptes de tensions; mais une fois de plus, les conséquences de ces tensions sont alors moins nettement visibles.

Nous avons vu que les langues entraient en contact chez l'individu, tout en insistant sur le fait que ce contact est toujours inséré dans un espace géographique, social et historique. Nous devons donc choisir une perspective qui nous permette de prendre simultanément en considération la vision que l'individu a de ses deux langues et le contexte où se produit le contact. Ceci nous amène à distinguer et combiner trois points de vue:

– celui de l'individu bilingue lui-même;
– celui de ses interlocuteurs;

---

[1] Cette mise en relation du bilinguisme et de l'acquisition n'est cependant pas sans poser quelques problèmes épistémologiques et terminologiques. La recherche dans ces deux domaines a en effet suivi des voies souvent très différentes.

[2] On parle de fossilisation des connaissances linguistiques lorsque l'interlangue d'un apprenant (ou une de ses parties) n'évolue plus à partir d'un certain moment; donc, lorsque l'apprenant se trouve en quelque sorte à une certaine distance du but (la langue-cible) et ne profite pas des chances qui s'offrent à lui de continuer, c'est-à-dire qu'il ne traite plus les nouvelles informations qui falsifient ses hypothèses intermédiaires fossilisées (*cf.* par exemple Mitchell & Myles, 1998).

– celui du linguiste qui observe et décrit – dans l'abstrait – les langues en contact.

Cela signifie, par exemple, que l'interprétation d'un emprunt comme *posta* doit être menée en tenant compte à la fois de ce qu'il signifie pour le locuteur (par exemple adaptation à des besoins communicatifs nouveaux), pour ses interlocuteurs (par exemple identification du locuteur comme migrant par un autre membre de la communauté migrante) et pour le linguiste (par exemple convergence entre un lexème de la langue d'accueil *poste* et un morphème de la langue d'origine *-a*).

DIFFERENCES DE STRUCTURE ET INTERFERENCES

La linguistique connait des notions qui théorisent ces trois approches. La plus ancienne – et sans nul doute la plus connue en linguistique appliquée – est celle *d'interférence*.

> Interférence: des éléments issus du système d'une langue sont introduits dans le système d'une autre langue, ou, au contraire, certains éléments sont abandonnés dans une langue parce qu'ils n'existent pas dans l'autre langue.
>
> Le premier de ces mécanismes explique la construction
>
> * Il a vu à Pierre
>
> où la préposition *à* est dérivée d'une règle de l'espagnol qui n'a pas d'équivalent en français. C'est en revanche, le second qui rend compte de la phrase
>
> * Ha visto Pedro
>
> où l'absence de la préposition *a* devant Pedro est due à l'absence, en français, d'une règle équivalente à celle de l'espagnol.

La littérature sur l'interférence étant très abondante, nous n'allons pas la présenter ici de manière exhaustive (*cf.* par exemple Weinreich, 1953; Stockwell *et al.*, 1965; Nickel, 1972; Di Pietro, 1971; Arcaini *et al.*, 1979; James, 1980; Grosjean, 1982; Py, 1984). Nous nous contenterons de quelques remarques qui nous paraissent particulièrement pertinentes dans la perspective de notre recherche sur le bilinguisme:

a) La définition que nous venons de donner de l'interférence relève du point de vue du linguiste et non de l'individu bilingue. Pour celui-ci, les systèmes L1 et L2 ne sont pas des objets qu'il manipulerait au gré de sa fantaisie. Les contacts entre langue d'origine et langue d'accueil sont toujours ponctuels (ils n'engagent pas directement et comme tels les deux systèmes dans leur globalité). Ils sont également médiatisés par les discours où ils se manifestent (les deux exemples ci-dessus n'existent pas sur le plan abstrait de la *langue*: ils ont été produits dans un discours particulier et sont donc liés d'une manière ou d'une autre à tous les paramètres qui le définissent).

b) Le rôle des interférences dans l'acquisition d'une langue seconde a fait l'objet de nombreuses discussions. Pour certains chercheurs des années 50 et 60, elles déterminent plus que tout autre facteur les processus d'acquisition d'une langue seconde (Lado, 1957). Dès le début des années 70, d'autres chercheurs ont essayé de démontrer le caractère extrêmement limité de leur rôle dans l'acquisition d'une langue (Richards, 1974; Dulay & Burt, 1974). De plus, on a souligné la dépendance des interférences par rapport à d'autres facteurs tels que la proximité typologique de deux langues, le genre de tâche langagière, les méthodes d'enseignement ou les circonstances de l'acquisition. Au-delà des prises de position polémiques, souvent causées d'ailleurs par des malentendus[3], des conclusions se sont pourtant dessinées. L'une d'elles va nous intéresser directement. Tout en reconnaissant l'importance des questions soulevées par l'analyse contrastive, c'est-à-dire que les divergences entre les systèmes font effectivement partie des problèmes que tout apprenant – et tout bilingue – doit résoudre, on remplace la vision déterministe des débuts (selon laquelle les différences de structures *causaient* des interférences) par une approche plus pragmatique: parmi les différentes ressources dont dispose l'apprenant ou le bilingue, la langue première occupe une place dont l'importance peut varier selon les personnes, les situations et les activités verbales à effectuer. Mais l'institution de L1 comme ressource implique que le sujet identifie les formes dont il estime qu'elles vont lui être utiles. Une fois que le sujet a identifié une

---

3 Parmi ces malentendus, citons les liens historiques qui se sont tissés entre analyse contrastive et behaviorisme, et qui on entrainé la première dans le sillage épistémologique et pédagogique du second. Cette circonstance a conduit les adversaires du behaviorisme à contester le principe même de l'analyse contrastive, sans voir que le problème des interférences peut être posé dans des termes qui ne doivent plus grand-chose au behaviorisme lui-même.

de ces formes, il s'agit de savoir comment il la perçoit, l'interprète et la traite. Les interférences peuvent être considérées comme le produit de cette chaine d'opérations, y compris éventuellement d'une chaine «zéro» lorsque le sujet n'a tout simplement pas identifié la forme-ressource et que celle-ci s'introduit en quelque sorte subrepticement dans un énoncé. Les malentendus qui ont alimenté tant de polémiques sur l'interférence tiennent sans doute en partie au fait que l'on a confondu l'interférence «brute» résultant d'une «chaine zéro» et les traitements cognitifs que la forme-resssource subit lorsqu'elle a été identifiée comme telle.

Un exemple: en français, la syntaxe de l'interrogation se caractérise notamment par un traitement différencié du sujet nominal et du sujet pronominal dans l'inversion, comme le montrent les phrases suivantes:

Sujet nominal	*Sujet pronominal*
*Part Pierre?	Part-il?
Quand part Pierre?	Quand part-il?
Quand est parti Pierre?	*Quand est parti-t-il?
*Quand est Pierre parti?	Quand est-il parti?

Cette particularité du français n'existe pas dans une langue comme l'espagnol, où les règles qui régissent la substitution du pronom au groupe nominal sujet (par ailleurs, différentes de celles du français) ne sont en aucune façon modulées par les règles de l'inversion. Il y a donc ici divergence de structure entre les deux langues. Un examen attentif des productions des hispanophones apprenant le français amène à la constatation que deux solutions existent avant la maitrise complète de la langue cible.

I. Transfert de la règle espagnole au français et production des phrases:
   *Part Pierre?
   Quand part Pierre?
   Quand est parti Pierre?
   Part-il?
   Quand part-il?
   *Quand est parti-t-il?

II. Création d'une règle originale qui emprunte des éléments à la fois à l'espagnol et au français:
   *Part Pierre?
   Quand part Pierre?
   *Quand est Pierre parti?
   Part-il?

La dynamique de la compétence linguistique bilingue 113

Quand part-il?
Quand est-il parti?

Le point commun à l'espagnol et à ces deux solutions I) et II) est le principe d'une règle unique pour le sujet nominal et le sujet pronominal. En revanche, I) et II) se différencient par le contenu de cette règle: la solution I) traite de manière globale le groupe verbal (le fait qu'il soit simple ou composé n'est pas pertinent), comme en espagnol; la solution II) prend en considération la fragmentation éventuelle du groupe verbal en auxiliaire et participe, comme en français.

Ainsi donc, à partir d'un problème soulevé par la divergence des systèmes de deux langues, les sujets recourent à au moins deux solutions, dont seule la première parait justifier l'hypothèse d'une relation causale directe entre divergence et interférence. La seconde met en lumière le caractère original de l'acquisition, en ce sens que la solution choisie n'est réductible ni au système de l'espagnol ni à celui du français, même si elle emprunte bien des éléments à l'un et à l'autre.

Voici un autre exemple, emprunté à un corpus établi par une équipe française dans le cadre d'un projet de la Fondation européenne de la science:

	A	N1	N2
(1)	<komo sapel>		
	ça		
	<ja ne se pa>		
(2)		théière	
(3)	como ? <teter> ?		
(4)			théière
(5)	théière		
(6)		mhm mhm	
(7)	théière		
(8)			qu'est-ce que je fais ?
(9)	la <tetjer>		
(10)		mhm	

Ce document nous permet d'assister en temps réel à l'utilisation d'une ressource lexicale et morphologique de l'espagnol par une immigrée hispanophone A en interaction avec deux enquêteurs francophones, N1 et N2. Dans un premier moment (tour 3), c'est manifestement le mot espagnol *tetera* qui sert de modèle à A et de base à une dérivation morphologique consistant à supprimer la voyelle finale. Dans un second moment (tour 9), A prend plus de distance par rapport au mot-ressource tout en continuant à l'utiliser comme base d'une dérivation plus fortement marquée cependant par l'input français.

INTERLANGUE ET COMPETENCE BILINGUE

Les considérations présentées ci-dessus ont engagé les chercheurs à représenter le contact des langues chez un individu non plus en termes de *dépendance* par rapport à des systèmes, mais en termes de création langagière, c'est-à-dire d'activité discursive originale. Ceci ne signifie pas que les liens du locuteur avec les systèmes soient négligeables, mais qu'il les prend en charge et les intègre à une compétence nouvelle. Remarquons que nous rejoignons ici par d'autres voies les conclusions des chapitres précédents, aussi bien dans le domaine culturel que dans le domaine linguistique: le migrant bilingue n'est pas seulement un être marginal par rapport aux sociétés d'origine et d'accueil; il possède une identité culturelle et linguistique spécifique, qui, en tant que telle, n'a rien à envier à celle des non-migrants. Le problème fondamental réside non pas dans le maintien d'une identité d'origine intacte, ou dans une assimilation totale, mais dans la consolidation de cette *identité nouvelle* et dans sa reconnaissance par les non-migrants des deux sociétés concernées. Cette thèse, transposée au niveau linguistique, signifie que la recherche sur la compétence du bilingue ne doit pas se limiter à la sauvegarde de la langue d'origine ou à l'acquisition de la langue d'accueil, mais s'étendre à la création d'un outil langagier original qui réponde le mieux possible à ses besoins propres. Il est vrai, toutefois, que, parmi ces besoins, figure en très bonne place celui de communiquer avec des unilingues de la société d'origine et de la société d'accueil.

Pour modéliser cette compétence bilingue, on dispose d'une notion issue de la recherche sur l'acquisition des langues secondes, celle d'*interlangue* (Nemser, 1971; Corder, 1971; Selinker, 1972; Frauenfelder & Porquier, 1979; Adjémian, 1976; Kielhofer & Börner, 1979; Py, 1980; Vogel, 1995; etc.). Pas plus que pour l'interférence, nous ne présenterons ici les discussions sur l'interlangue de manière exhaustive. Nous partirons d'une définition très générale et nous nous limiterons à ceux de ses aspects qui nous intéressent directement dans cet ouvrage.

> L'*interlangue* est l'ensemble des connaissances intermédiaires qu'un sujet a d'une langue seconde qu'il est en train d'apprendre.

Pour commencer, soulignons encore une fois que cette notion n'a pas été créée pour rendre compte du bilinguisme au sens où nous l'entendons ici, mais de l'acquisition d'une langue seconde. Elle permet toutefois de décrire celle-ci dans une perspective qui concerne directement nos préoccupations. Elle cherche en effet à représenter les connaissances intermédiaires des apprenants de façon non pas négative, mais positive. Par description négative, nous désignons une approche qui envisagerait ces connaissances, lorsqu'elles ne coïncident pas avec celles des natifs, comme altérations de la langue cible, altérations qui se manifestent sous forme de fautes. Dans une description positive en revanche, les connaissances intermédiaires sont appréhendées pour elles-mêmes, observées selon les mêmes méthodes que celles utilisées par le linguiste lorsqu'il décrit une langue naturelle. La question fondamentale est celle du fonctionnement de cette interlangue et non pas celle des relations qu'elle entretient avec la langue-cible et la langue-source[4]. En d'autres termes, la notion d'interlangue a pour fonction essentielle d'établir l'autonomie et l'originalité des connaissances intermédiaires.

Nous nous contenterons d'un seul exemple relatif à l'apprentissage du français par des germanophones. Une difficulté typique est la maitrise de l'article partitif. On observe couramment les structures suivantes:

1) *Il a bu café
2) Il a bu du café
3) *Il a bu trop du café
4) Il a bu trop de café
5) *Il a bu de café
6) Il a bu trop de café

La série 1) à 6) représente une séquence diachronique connue de bien des professeurs de français langue étrangère. Une conception traditionnelle de

---

4 On peut pousser encore plus loin l'analogie avec la linguistique descriptive: lorsqu'un linguiste s'attelle au français actuel, par exemple, il n'essaie pas d'expliquer les phénomènes qu'il observe en recourant au latin; ou, s'il le fait, c'est seulement après avoir dégagé les mécanismes originaux du français. Il en va de même lorsqu'on décrit une interlangue: ce n'est qu'après avoir dégagé pour elle-même la spécificité de l'interlangue que l'on pourra établir des relations entre elle et la langue de base et la langue-cible. Remarquons toutefois que nous donnons ici une interprétation extrême – et quelque peu schématique – de la théorie de l'interlangue.

l'apprentissage (sans recours à la notion d'interlangue) se contente de classer les six phrases selon le critère juste/ faux. A cet égard, 3) constitue une régression par rapport à 2), de même que 5) par rapport à 4) et plus encore par rapport à 2). Par contre, dans la perspective de l'interlangue, un observateur cherchera tout d'abord à expliquer la progression des connaissances de l'apprenant selon la séquence (1) à (6). Au-delà de cette question, il postulera – et ceci est essentiel dans la perspective de la compétence bilingue – une organisation systématique des connaissances intermédiaires obéissant à des règles propres qui ne correspondent pas nécessairement à celles de la langue-cible. Dans cet ordre d'idée, on arrivera au modèle suivant:

a) Dans un premier temps, l'apprenant ignore l'existence des articles partitifs; il exprime la quantification indéfinie comme en allemand, c'est-à-dire en omettant l'article. Il s'agit d'un transfert au sens traditionnel, qui apparait en (1).

b) Dans un deuxième temps, une prise de conscience de l'existence des partitifs entraine d'abord (2), puis (3): l'apprenant postule une règle unique valable dans toutes les phrases où il y a quantification indéfinie. Du point de vue de ce postulat, (3) est aussi «juste» que (2), et la concurrence des deux structures est en soi le signe que l'apprenant met en oeuvre un microsystème cohérent, pleinement systématique. Le classement de (2) comme juste et (3) comme faux se fonde sur un critère extérieur à la compétence de l'apprenant, rappelant par là les erreurs de la grammaire traditionnelle qui prétendait décrire les langues modernes au moyen des catégories héritées des grammairiens grecs et latins.

c) Dans un troisième temps, l'apprenant corrige son postulat et met en oeuvre une nouvelle règle, où la quantification indéfinie est marquée par la préposition *de,* encouragé d'ailleurs par des phrases comme

7) Il était couvert de poussière

où *de* peut effectivement être assimilé à un quantificateur. Cette nouvelle règle entraine une situation symétrique à la précédente, dans laquelle la cohérence de l'apprenant conduit à une phrase acceptable (4) et à une phrase inacceptable (5), dans l'optique du locuteur francophone natif.

d) C'est seulement dans un quatrième temps que l'apprenant reformulera son système d'une façon telle que ses productions seront entièrement conformes à celles des natifs, distinguant les contextes où le nom quantifié est précédé d'un adverbe des contextes où il ne l'est pas. Remarquons que le passage du troisième au quatrième temps est plus profond que les précédents en ce sens qu'il ne se limite pas à doubler une règle de sa langue maternelle (quantification indéfinie – omission de l'article) d'une nouvelle règle (quantification indéfinie – article partitif), mais qu'il introduit une discrimination entièrement nouvelle (présence ou absence d'un adverbe de quantification).

On peut naturellement se demander en quoi ces observations sur les apprenants de français peuvent concerner les migrants. Les apprenants d'une langue étrangère et les bilingues ne sont-ils pas deux cas totalement différents? Nous ne le pensons pas. Les migrants, dans un premier temps, peuvent être comparés à des apprenants en milieu naturel. Plus tard, la consolidation éventuelle de leurs connaissances linguistiques peut être considérée – au moins pour la première génération – comme une fossilisation progressive de leur interlangue. C'est justement là qu'il est important, comme le montre notre exemple, de tenir compte du point de vue personnel du locuteur (qu'il s'agisse d'un enfant, d'un apprenant ou d'un bilingue) avant de tenter des comparaisons avec d'autres comportements langagiers (d'adultes, de locuteurs natifs ou d'unilingues). Cette constatation renvoie à deux de nos conclusions précédentes: tout d'abord, nous avons suggéré que le bilingue, lorsqu'il s'adresse à un autre bilingue de la même communauté, met en oeuvre une compétence originale qu'on ne saurait réduire à la simple addition de deux semi-compétences (une langue d'origine appauvrie et une langue d'accueil mal maitrisée). Ensuite, nous venons de montrer que la notion d'interférence, convenablement conçue, devait s'appuyer sur une conception des liens entre les systèmes linguistiques, selon laquelle les transferts de formes ou de règles sont toujours médiatisés par un individu qui n'est pas *déterminé* par ces systèmes, mais qui les traite comme ressources et leur applique des processus originaux. La notion d'interlangue constitue donc bien un instrument intéressant dans notre étude du bilinguisme. Il s'agit de voir maintenant de façon plus précise comment elle peut intervenir. Nous verrons qu'elle se prête mieux à un usage heuristique (qui nous amène à représenter les performances de l'apprenant comme une activité marquée au moins partiellement par une recherche de rationalité linguistique) qu'à un postulat substantialiste (qui admettrait *a priori* que cette rationalité déploie ses effets de manière pleine et permanente).

LA RESTRUCTURATION DE LA COMPETENCE EN LANGUE D'ORIGINE ET LES VARIANTES DE CONTACT

Nous avons déjà évoqué les changements dont la compétence en langue d'origine peut être l'objet. Ils sont attestés à la fois par l'expérience des personnes concernées, qui peuvent se sentir légèrement handicapées lorsqu'elles utilisent leur langue d'origine dans certains contextes, ou qui sont parfois l'objet de moqueries de la part de compatriotes n'ayant pas connu la migration, par l'expérience des enseignants de langue et culture d'origine, ainsi que par de nombreux travaux d'observation et de théorisation (par exemple Billiez, 1985, 1988; Quilis *et al.*, 1982; Dabène *et al.*, 1990; Moore, 1992; Lagarde, 1996).

Nous avons tenté d'en savoir un peu plus sur cette question grâce à une méthode expérimentale (Grosjean & Py, 1991) complétée depuis lors. Cette méthode a consisté à soumettre un test à trois groupes de sujets hispanophones: des immigrés de 1ère génération établis de longue date à Neuchâtel, des immigrés adolescents ou adultes de 2ème génération ayant suivi leur scolarité à Neuchâtel, et enfin des personnes ayant toujours vécu en Espagne. Ce test était constitué d'une liste de phrases illustrant en tout 5 traits syntaxiques ou lexicaux, chaque trait apparaissant sous deux formes: une variante standard (c'est-à-dire conforme à la norme prescriptive) et une variante dite de contact (c'est-à-dire conforme aux observations récurrentes des chercheurs et des enseignants, mais en contradiction avec la norme prescriptive). Les sujets étaient invités à évaluer l'ensemble des phrases du test dans deux perspectives: attestation et acceptabilité. Nous sommes arrivés notamment aux conclusions suivantes.

Les deux groupes de migrants (1ère et 2ème générations) réagissent à peu près de la même façon, et ceci en dépit des différences importantes qui caractérisent leur apprentissage et leurs pratiques tant de la langue d'origine que de la langue d'accueil. Ce constat peut s'interpréter de la manière suivante: l'appartenance de tous les migrants d'origine espagnole à une même communauté l'emporte sur les différences de génération. Ce qui s'explique probablement par le confinement de l'espagnol à des réseaux sociaux assez fermés, dans le cadre des communautés d'immigrés et de la famille nucléaire (*cf.* chapitre 2): ces circonstances favorisent sans doute la convergence des normes et des pratiques.

La dynamique de la compétence linguistique bilingue

En revanche, le groupe des autochtones est beaucoup plus réservé sur les variantes de contact. Ce qui semble confirmer la diffusion de ces variantes au sein de la communauté immigrée.

Les différents traits donnent lieu, dans les deux groupes d'immigrés, à des jugements assez différenciés: alors que certaines variantes de contact sont bien acceptées, d'autres font l'objet de réserves. Par exemple, le transfert des prépositions de lieu du français vers l'espagnol (**Vive a Barcelona*, ou *Iremos en Francia*) est mal accepté. Par contre, le transfert de la formule *c'est... qui* ou *que* est très bien accepté (*Es mañana que me marcho*). Nous interprétons ces différences en nous fondant sur la simplicité respective des règles de l'espagnol et du français, la simplicité étant définie en terme d'extension du domaine d'application et du nombre d'opérations impliquées: il semble que c'est la langue la plus «simple» qui impose sa règle à la langue la plus «compliquée».

L'INSTABILITE DE LA COMPETENCE LINGUISTIQUE DES MIGRANTS

Nous avons déjà dit que le migrant bilingue, tel qu'il apparait dans notre cadre interprétatif, partage bien des points communs avec les apprenants d'une langue seconde. L'un des plus importants est sans aucun doute *l'instabilité des connaissances*, et c'est d'elle que nous allons parler maintenant.

Du point de vue de la compétence bilingue, on observera l'absence de toute norme explicite et encore moins écrite, en dehors bien entendu des normes unilingues de LO et LA respectivement. Il n'existe nulle part des prescriptions sur la manière dont devraient se dérouler les activités langagières au sein d'une communauté bilingue comme celle que nous étudions, même si, à partir des observations faites, on peut postuler l'existence de règles sous-jacentes. On peut même s'interroger sur la stabilité de ces règles: la part de l'invention au moment même de l'énonciation est sans doute plus importante qu'ailleurs, dans la mesure où la compétence bilingue – à l'image de l'identité biculturelle – est moins une donnée transmise d'une génération à l'autre comme un héritage, notamment au moyen de l'école, qu'une solution apportée à des problèmes urgents de communication. Par exemple, les migrants espagnols les plus anciens, à Neuchâtel, ont été parmi les premiers hispanophones venus habiter la région au début des années soixante.

L'histoire de l'identité culturelle et linguistique de cette communauté se confond avec l'histoire personnelle de ses membres, donnant ainsi lieu à une situation différente de celle qu'on trouve dans les sociétés diglossiques institutionnalisées (Suisse alémanique, Paraguay, Galice, Italie, etc. *cf.* chapitre 1). En effet, les répartitions fonctionnelles entre le français et l'espagnol ne sont pas sanctionnées par une tradition sociale, même si elles tendent vers une forme de stabilité descriptible en termes de règles. Un migrant qui utilise la langue d'accueil là où la plupart de ses compatriotes utilisent la langue d'origine (ou inversement) enfreint peut-être une habitude, mais pas vraiment une règle explicite. Il en va de même pour les créations lexicales comme *posta* par exemple. Elles sont probablement mieux acceptées par les interlocuteurs de la communauté migrante que les néologismes comparables ne le sont par la société monoglossique, mais elles sont aussi moins ancrées dans des habitudes sociales. Si on admet que, dans toute communauté langagière assise sur une tradition vieille de plusieurs générations, le *précodage* (ce qui est codé avant l'acte de communication) l'emporte sur le *néocodage* (ce qui est codé *dans* et *par* cet acte)[5], donnant ainsi à la compétence du locuteur

---

5 Les notions de *précodage* et de *néocodage* sont en rapport avec la remarque que nous avons faite dans la note 1 du chapitre 2. Une des conditions de possibilité de tout acte de communication est le partage d'un code unique par tous les participants. Cependant, toute mise en oeuvre de cette *langue* – figée dans les dictionnaires et les grammaires – comporte une part variable de création. Communiquer, c'est notamment rechercher un équilibre entre le code préétabli et la création à travers les stratégies d'ajustement réciproque des interlocuteurs. On peut illustrer ces mouvements par les usages de la métaphore. Lorsque Proust, par exemple, a créé le titre *A l'ombre des jeunes filles en fleurs*, il a produit un énoncé extrêmement original et significatif (néocodage) à partir d'éléments présents dans la langue (précodage). Avec la célébrité grandissante de l'auteur, toute la séquence est devenue partie constituante de la compétence mémorisée de tout francophone lettré et peut même être abusivement utilisée à des fins publicitaires. Dès lors, le syntagme fait partie du domaine du précodage. De même, certaines règles sociales requièrent dans certaines situations des expressions de type rituel (par exemple *merci* ou *s'il vous plaît*), ce qui est du domaine du précodage, mais ne porte aucun préjudice à la liberté du locuteur qui peut inventer de nouveaux comportements langagiers (néocodage).

Un locuteur qui privilégie le précodage se fera très facilement comprendre, mais ses messages seront pauvres et stéréotypés. Inversement, la fréquence

La dynamique de la compétence linguistique bilingue

(donc en définitive au système) une assez grande stabilité, on admettra en revanche que les communautés récentes, au statut socioculturel encore mal défini, connaissent un certain renversement: le précodage est relativement moins important que le néocodage. On peut donc s'attendre à des phénomènes d'instabilité analogues à ceux que les sociétés unilingues connaissent pour les domaines soumis à une évolution rapide, tels que le langage de la mode ou de la publicité (*cf.* Lüdi, 1982b). En d'autres termes, la part de l'invention, du bricolage langagier, est sensiblement plus grande dans la communauté que nous étudions que dans des communautés mieux établies, comme celles dont s'occupe le plus souvent la sociolinguistique. La prédominance du néocodage sur le précodage entraine bien sûr un accroissement de l'instabilité.

Du point de vue de la langue d'accueil, il convient de distinguer très nettement le cas de la première génération de celui de la deuxième génération. Les Suisses alémaniques ont souvent de bonnes connaissances du français langue étrangère apprises en classe, dans leur région d'origine. Pour les Espagnols de première génération, par contre, l'acquisition du français langue seconde commence en principe avec la migration. La problématique de l'acquisition de la langue d'accueil en milieu naturel par des adultes est relativement bien connue et a fait l'objet de nombreuses études au cours des trente dernières années. On admet généralement qu'elle se caractérise par l'importance qu'y joue la communication. La tâche à résoudre par l'apprenant n'est pas, comme à l'école, de produire des énoncés conformes à des instructions pédagogiques, mais de maitriser avec succès des situations de communication plus ou moins complexes. Le souci de la norme est remplacé au moins partiellement par celui de l'efficacité. On ne saurait cependant réduire la force normative à presque rien. En fait, trois remarques s'imposent:

a) Dans une certaine mesure, *la fonction didactique* exercée par le maitre en milieu scolaire subsiste en milieu naturel en ce sens que tout apprenant dépend des réactions de ses interlocuteurs. Ceux-ci ne se contentent pas de capter les messages transmis par l'apprenant, mais interprètent aussi tous les éléments qui constituent *l'opacité* du discours, se conformant ainsi à une loi générale de la communication verbale. Un accent, une intonation, un tour syntaxique particulier,

---

du néocodage entraine des messages riches et originaux, mais dont le déchiffrage peut être difficile.

une infraction à la norme ou au système, tout cela peut être traité comme information ou indice par le destinataire. On constate même parfois que certaines fautes, lorsqu'elles sont faites par des étrangers, entrainent une irritation variable chez l'interlocuteur autochtone. (*cf.* chapitre 4; Olsson, 1974; Svartvik, 1973).

b) Tout individu possède une conscience plus ou moins aiguë de la norme linguistique; il sait qu'on ne peut pas dire n'importe quoi n'importe comment à n'importe qui dans n'importe quelles circonstances. La question de savoir si cette conscience reflète ou non le comportement effectif des sujets est un autre problème (*cf.* chapitre 4). Ce qui importe ici pour le moment, c'est le fait même que le migrant lui-même estime qu'il y a de bonnes et de moins bonnes façons de parler la langue d'origine, même s'il s'avoue incapable de discerner les limites normatives, s'il les discerne autrement que ses interlocuteurs autochtones, ou s'il leur dénie toute importance.

Voici comment les membres d'une famille de travailleurs migrants espagnols jugent leur propre compétence:

Mère: No puedo decir que el espanol se me haya olvidado, sería una tontería que lo dijera, pero hay muchísimas palabras que muchas veces decimos, bueno, y ¿cómo se dice esto y...? o sea...

Père: O sea, que es la malformación esa que se hace después de muchos años, que hay palabras ya, estás hablando en español y nunca oirás a un español decir que «vas a correos», si lo has observado eso no lo dice nadie.

Fille: Voy a la posta.

c) Le succès de la communication dépend souvent de la manière dont le locuteur respecte les normes. Certes, les redondances et les répétitions discursives suffisent souvent au destinataire pour reconstituer certains fragments de phrases rendus incompréhensibles par des fautes. Toutefois, ce n'est pas toujours le cas, surtout lorsque ces fautes sont fréquentes. Il y a dans leur fréquence et leur nature un seuil au-dessous duquel la transmission d'un message devient impossible ou du moins très aléatoire.

Si un hispanophone, parlant en français de l'actualité espagnole au cours de l'hiver 1981-82 (marquée notamment par le scandale de l'huile de colza frelatée), produit l'expression [lyildekorsa], son interlocuteur rétablira sans trop de peine le [e] en ['] et le [r] en [l], et interprétera correctement

La dynamique de la compétence linguistique bilingue

«l'huile de colza». Mais s'il dit [lildekoRsa], la compréhension est fortement compromise.

Tous les informateurs avec qui nous avons discuté mentionnent d'ailleurs le problème de la norme en langue d'accueil de manière plus ou moins explicite (dans la langue d'origine, le problème se pose d'une manière sensiblement différente). En fait, il est clair que les bilingues qui se servent justement de leurs infractions à des fins métacommunicatives ne peuvent le faire que s'ils en ont conscience, donc s'ils ont un certain souci de la norme.

Pour la deuxième génération, la situation est autre. Les enfants de migrants qui ont grandi et ont été scolarisés à Neuchâtel ont des comportements langagiers en langue d'accueil qui, du moins en apparence, ne les distinguent en rien de leur pairs autochtones. Certains obtiennent même, en français, des résultats scolaires supérieurs à ceux de leurs camarades neuchâtelois. Ils ont pourtant dû résoudre au départ des difficultés plus marquées. Celles-ci relèvent en partie des nombreux facteurs sociaux qui déterminent l'accès au langage et défavorisent les enfants issus de classes populaires, et nous n'en parlerons pas ici (*cf.* par exemple Espéret, 1979). D'autres facteurs s'y ajoutent et accentuent les problèmes. On remarquera en particulier que toute acquisition d'une langue en milieu naturel dépend étroitement des situations de communication. Dans le cas de l'acquisition de la langue première, elles présentent une grande variété. L'enfant est placé devant des tâches langagières et des échantillons linguistiques nombreux, notamment à travers les membres de sa famille et de son entourage immédiat. C'est ainsi qu'il prendra conscience très jeune (*cf.* par exemple François *et al.*, 1977) de l'existence de registres différenciés: les conversations qu'il peut avoir avec sa vieille tante ne se déroulent pas selon les mêmes règles et avec les mêmes répertoires que les discussions qu'il a avec ses camarades de jeux. Par ailleurs, les parents peuvent en principe l'aider à saisir ces différences. Autrement dit, dans un milieu monoglossique, l'enfant distinguera à *l'intérieur de la même langue* des stratifications proportionnellement complexes à la variété des situations et des partenaires de communication. Dans le milieu langagier de l'enfant migrant, ces différences de répertoire seront en partie prises en charge par *deux langues*. En outre, dans les premières années, ses interlocuteurs en langue d'accueil seront surtout des camarades du même âge, dont le langage sera perçu non pas comme un registre parmi d'autres, mais comme *le* français. Même si l'on considère que son expérience linguistique globale est en quelque sorte plus riche, l'enfant migrant aura au départ un horizon plus restreint en langue d'accueil que ses camarades autochtones.

Du point de vue de la langue d'origine, il convient aussi de distinguer la première de la seconde génération. Prenons d'abord l'exemple d'un ouvrier agricole castillan à la veille de son départ pour Neuchâtel. Il est plongé dans un milieu linguistique bien structuré. Comme tout individu, il possède quelques traits idiolectaux, mais ces traits sont en quelque sorte congruents avec ceux de son entourage. En tant qu'ouvrier agricole, son répertoire verbal est aussi marqué de traits sociolectaux. Ces traits s'intègrent à leur tour à un ensemble plus vaste, à savoir l'espagnol tel qu'il est parlé dans la région. Cette variété régionale entretient enfin des relations bien déterminées avec l'espagnol «officiel», celui de l'école, de la presse, de la télévision, etc., la langue que tous les Espagnols scolarisés considèrent comme la «vraie», la «bonne» (même s'ils ne la pratiquent pas)[6]. Lorsque cet ouvrier agricole se trouvera à Neuchâtel, il y a de fortes chances que ses collègues, ses amis espagnols proviendront d'autres régions et d'autres milieux socioprofessionnels. En conséquence, sa manière de parler ne s'insérera plus dans un emboitement bien ordonné de variétés, de lectes, tel celui que nous venons de décrire. Une grande partie de ces traits sociolectaux, régiolectaux et dialectaux seront interprétés globalement comme idiolectaux par ses interlocuteurs. Ce phénomène peut également se manifester sur le plan socioculturel: lorsqu'un migrant reçoit de ses compatriotes un surnom toponymique, on assiste à un phénomène tout

---

6 *Cf.* Labov, 1976: «Les attitudes sociales envers la langue sont d'une extrême uniformité au sein d'une communauté linguistique [...]. On peut poser l'axiome suivant, d'une valeur générale pour la structure sociolinguistique: la stratification régulière d'une variable sociolinguistique au niveau du comportement a pour corrélat un accord unanime quant aux réactions subjectives à cette variable» (p. 338). Il est certain que ce postulat devrait être remplacé par des hypothèses plus nuancées, mais dont la formulation achopperait sur des difficultés heuristiques et expérimentales considérables. Relevons toutefois en faveur de Labov que nos informateurs paraissaient tout à fait sincères lorsqu'ils déclaraient que l'enquêteur d'origine neuchâteloise parlait mieux l'espagnol qu'eux... sans doute parce qu'ayant appris cette langue de manière scolaire, il respectait mieux la norme dite cultivée (*la langue nationale*).

à fait semblable; *el andaluz* et *el gallego*, lorsqu'ils habitent un village neuchâtelois de 500 habitants, ne sont justement plus *un* Andalou ou *un* Gallicien, mais un migrant espagnol qui a été déraciné de son entourage originaire andalou ou gallicien[7].

Si on désigne par *chaine lectale* la série des emboitements qui lient les variétés du répertoire linguistique d'un individu à la norme officielle, on dira que, dans notre exemple, il y a eu rupture de cette chaine. On peut raisonnablement émettre l'hypothèse que cette rupture entraine des troubles dans la conscience normative des sujets (Grosjean & Py, 1991).

Essayons maintenant de formuler une deuxième hypothèse et d'imaginer ce qui se passe lorsque deux interlocuteurs A et B non migrants, et membres d'une même communauté linguistique, parlent entre eux. A pourra introduire dans son discours des formes en contradiction plus ou moins nette avec les normes prescriptives ou objectives de référence, dans la mesure où ses énoncés contiendront des traits idiolectaux, des lapsus et des expressions néocodées. Tant que les normes de référence lui seront univoques et accessibles (en d'autres termes, aussi longtemps qu'il y aura *sécurité linguistique*), B procédera à des corrections – directes ou indirectes – en ce sens qu'il reformulera ou simplement ne reprendra pas à son compte les formes qu'il évaluera comme déviantes, lesquelles n'auront ainsi guère de chances d'être institutionnalisées et tendront à disparaitre. A réagira pareillement aux déviations de B. On aura affaire à ce que la cybernétique appelle une *rétroaction négative* (*cf*. par exemple Rosnay, 1977): le système binaire [A–B] fonctionne de manière à supprimer ou réduire les déviances. Si maintenant A et B sont deux migrants parlant la même langue mais originaires de communautés linguistiques différentes, et ayant vu leur relation à la norme perturbée (par rupture de la chaine lectale), B aura tendance à reprendre à son compte les

---

7 Il y a ici un exemple intéressant quant à la différence fonctionnelle entre nom commun et nom propre. Alors que le nom commun rattache le référent à une classe, le même mot employé comme nom propre l'en détache. L'exemple que nous venons de donner représente un cas extrême. On sait, en effet, qu'il existe des réseaux de migration tels que, bien souvent, les habitants d'un même village ou d'une même région choisissent systématiquement la même région d'accueil. Dans les villes, cela aboutit à la constitution de communautés régionales. Ce phénomène est parfois accentué par le fait que, à l'intérieur même du pays d'origine, certaines régions particulièrement pauvres ont une vocation à l'émigration.

déviances introduites par A dans la mesure où sa conscience normative est devenue plus floue, induisant ainsi une certaine *insécurité linguistique*. Cette sanction positive renforcera les déviances de A, auxquelles viendront s'ajouter celles de B. elles aussi renforcées par A pour les mêmes raisons. On aura affaire cette fois à une *rétroaction positive*: le système binaire [A–B] tend à multiplier et amplifier les déviances. Si la rétroaction n'était pas freinée (à la fois par un reste malgré tout assez solide de conscience normative et par les contraintes de la communication), le système finirait par éclater, c'est-à-dire que A et B ne partageraient plus le même code et ne pourraient plus communiquer verbalement. Pratiquement, il y a toujours un subtil dosage de rétroaction négative et positive, quelle que soit la situation des interlocuteurs. Ce qui *peut* caractériser une situation de bilinguisme comme la nôtre, ce sont des ruptures d'équilibre limitées où la rétroaction positive l'emporte localement et provisoirement sur la rétroaction négative, entrainant ainsi des déviations plus fréquentes et plus profondes, ainsi qu'une instabilité plus marquée de la langue. L'instabilité est renforcée par la réduction des contacts avec la région d'origine. Cette réduction prend des formes variées: limitation du nombre des interlocuteurs et des secteurs socioculturels qu'ils représentent; diminution du temps de parole; concentration des prises de parole autour d'un ensemble assez restreint de thèmes et d'actes illocutoires; disparition des messages verbaux publics tels que affiches, publicité, pancartes, propagande, slogans, etc.; perte de contact avec les modes langagières et, plus généralement, avec l'évolution des usages et des normes.

Ici encore, la situation des migrants de la 2ème génération est en partie différente; les facteurs que nous étudions dans le chapitre 6 à propos de la langue d'accueil découlent ici de ce que nous avons déjà dit (chapitre 2) de la médiation intrafamiliale: les parents sont souvent les seuls interlocuteurs réguliers en langue d'origine, avec l'exception, notable mais insuffisante, des vacances annuelles souvent passées en région d'origine. Inutile de préciser que la conscience normative est faible ici aussi, d'autant plus faible que la conception scolaire de la norme est donnée surtout à travers la langue d'accueil. En bref, les connaissances en langue d'origine des enfants de travailleurs migrants sont en principe limitées et instables. Il serait pourtant injuste de ne pas relever le très gros effort fourni par certaines familles de migrants et par les écoles de langue et culture d'origine pour les maintenir et même les développer.

LES CONTEXTES DE L'ACQUISITION

Depuis quelques années, les chercheurs ont pris conscience du fait que le contexte n'est pas seulement un décor extérieur, mais une des racines de l'acquisition des langues. Le rôle du contexte ne se limite pas à la dichotomie traditionelle entre acquisition en milieu naturel et apprentissage scolaire. Ni d'ailleurs à la maitrise de traits (notamment lexicaux) qui distingueraient entre elles différentes langues de spécialité (français des affaires, français des juristes, etc.). Ce qui parait plus fondamental, c'est le fait que les apprentissages qui, en s'enchainant les uns aux autres, conduisent le sujet vers la maitrise progressive d'une langue, doivent être compris comme autant de tentatives visant à résoudre des problèmes locaux de communication, de structuration ou de conceptualisation. Or, ces problèmes locaux sont par définition liés à des contextes particuliers. La décontextualisation des procédés utilisés pour les résoudre est certes un travail essentiel à la construction de l'interlangue, c'est-à-dire à leur mise à disposition en vue de la résolution de nouveaux problèmes. Mais elle se définit justement par le parcours qu'elle a effectué pour passer de la particularité d'un contexte à la généralité d'une compétence.

Encore faut-il savoir de quel contexte on parle! Les sciences humaines (et la linguistique en particulier) utilisent ce terme dans des sens très variables. S'agit-il du cotexte, de la relation d'interlocution, du cadre thématique, des attentes sociales et des normes, des traits psychologiques des interlocuteurs, du domaine social où a lieu l'événement langagier? Sans doute de tout cela, et d'autre chose encore! Mais nous simplifierons le problème en limitant nos réflexions à ce qui est linguistiquement observable.

La sociolinguistique du bilinguisme a montré par exemple le rôle des domaines dans les choix de langue (chapitre 6). Si le domaine peut exercer des contraintes sur le choix de langue, on peut présumer qu'il peut jouer un rôle aussi dans l'acquisition. L'adulte migrant sera confronté à la langue d'accueil de manière prioritaire dans certains domaines. Si par exemple il est demandeur d'asile, il sera très vite amené à défendre sa requête devant des fonctionnaires qui mettront en question la cohérence de ses arguments. Et à essayer de contrôler tant bien que mal le traducteur qui servira d'intermédiaire entre lui et les fonctionnaires. S'il est engagé comme employé dans une entreprise, il devra s'approprier des consignes de travail: non seulement comprendre ce qu'on lui dit, mais aussi vérifier son interprétation ou demander des précisions. S'il est en âge de scolarité, l'école – domaine plurilingue et pluriculturel par excellence (Perregaux, 1995; Castellotti & Moore (éd), 1999) – sera probablement son premier champ d'action, lequel s'étendra très vite à l'établissement de relations de solidarité ou d'antagonisme avec d'autres élèves ou jeunes de son âge, à la pratique de jeux ou de sports, etc. Alors que l'école exigera de lui la soumission à certains rituels (en classe, par exemple, c'est le professeur qui définit le format de l'interaction), l'adolescent devra, pour s'intégrer à un groupe, non seulement respecter certains rituels, mais aussi y construire une place originale. On se souviendra aussi de ce que nous avons dit de la double médiation et de la famille. On pourrait multiplier de tels exemples, encore que les données disponibles concernent surtout les domaines de l'école et de la famille[8]. Les différentes activités verbales que nous venons de mentionner à titre d'exemples soulèvent des problèmes particuliers, que le migrant devra affronter et essayer de résoudre. Ce faisant, il alimentera son interlangue en lui fournissant de nouvelles ressources. Ces relations étroites entre contexte et apprentissage ont donné lieu à une foule de travaux spécialisés auxquels nous renvoyons le lecteur[9]. Ils explorent un aspect des théories de l'acquisition dont il est inutile de souligner davantage la pertinence pour une étude du bilinguisme des migrants.

Un des concepts les plus productifs, dans cette perspective, est celui d'*exolinguisme*. Il est destiné à rendre compte des interactions qui s'établissent entre des interlocuteurs ayant des connaissances inégales de la langue qu'ils utilisent (Porquier, 1984; Alber & Py, 1986; Lüdi, 1989; Py, 1995). Il y a par exemple exolinguisme lorsqu'un francophone ayant des connaissances scolaires limitées de l'allemand entre en interaction avec un germanophone monolingue. Ou encore, lorsqu'un voyageur italophone enregistre ses bagages dans un aéroport allemand et recourt à l'anglais parce qu'il n'a aucune notion d'allemand. D'une certaine manière, toute interaction a une dimension exolingue en ce sens que tout locuteur a, dans sa compétence, des traits idiolectaux liés à la spécificité de sa biographie linguistique. Par exemple, l'expression *avoir mal au ventre* ne signifie pas la même chose pour un malade, son médecin ou ses

---

8 Pour une incursion dans d'autres domaines, *cf.* en particulier Gajo & Mondada, 2000.
9 Voici quelques exemples: Vasseur, 1990b; Py, 1990, 1996; Bange, 1992; Véronique, 1992; Matthey, 1996; Pekarek, 1999.

proches. Toutefois, pour des raisons pratiques évidentes, nous nous comportons en principe comme si nos échanges avec nos interlocuteurs habituels étaient totalement endolingues. Et c'est seulement lorsque nous sommes confrontés à des pannes de communication que nous redéfinissons l'échange en cours comme plus ou moins exolingue. Cette redéfinition ouvre la porte à des stratégies visant à prévenir ou résoudre les difficultés, ou à en réparer les conséquences: double focalisation, reformulations, coopération, contrôle systématique des interprétations ou encore (comme nous le verrons au chapitre 6) alternances de langues lorsqu'il y a non seulement exolinguisme, mais aussi bilinguisme. Toutes ces stratégies ont en commun de constituer des cadres conversationnels vraisemblablement propices à l'apprentissage de nouveaux pans de la langue utilisée. Il y a là sans doute un des ressorts qui assurent ce qu'on appelle l'acquisition spontanée ou naturelle d'une langue seconde, ou aussi l'acquisition par la communication.

CONCLUSIONS

Ces remarques nous amènent à représenter le bilinguisme du migrant comme la résultante de trois tensions:

a) une tension vers l'établissement d'une compétence bilingue originale, qui se manifeste dans les interactions entre membres de la même communauté migrante;
b) une tension vers l'acquisition de la langue d'accueil, à travers des pratiques de communication exolingues, développées dans les divers domaines de la vie sociale du migrant où cette langue est utilisée;
c) une tension vers une certaine restructuration de la compétence en langue d'origine, qui se manifeste par l'émergence de variantes de contact, et qui distingue les usages des migrants de ceux des non migrants restés en région d'origine.

Il est bien clair que ces tensions peuvent varier d'intensité, et même disparaitre. La tension a) est maximale chez l'individu engagé dans un processus collectif à long terme d'intégration sociale et culturelle. La tension b) s'atténue lorsque l'individu a acquis une compétence satisfaisante en langue d'accueil (ou lorsqu'il renonce à poursuivre cet objectif). La tension c) semble inévitable lorsque l'intégration atteint un certain niveau. En caractérisant le bilinguisme des migrants en termes de tensions, nous mettons l'accent sur une certaine instabilité. Celle-ci n'est pas réservée au bilinguisme, mais le bilinguisme en facilite sans doute l'observation.

Nous avons constaté que l'instabilité de la compétence linguistique bilingue des migrants est liée à des facteurs très différents qui se situent à des niveaux variés :

– La coexistence de plusieurs systèmes linguistiques chez un même individu peut poser des problèmes en termes de *convergences* et de *divergences*. Ces problèmes exercent une pression permanente sur l'utilisation de chacune des langues concernées.

– Du point de vue de la langue d'accueil – mais aussi, dans une certaine mesure, de la langue d'origine – le migrant est dans une situation d'apprenant, en ce sens qu'il est toujours «en retrait» par rapport à l'unilingue. On ne doit pas considérer cette situation comme un handicap, puisqu'elle l'amène à structurer ses connaissances linguistiques doubles de manière originale. Mais cette originalité est source d'instabilité dans la mesure où non seulement elle n'est pas reconnue socialement, mais encore elle entre en contradiction partielle avec la norme sociale.

– La *rupture de la chaine lectale* entraine un certain isolement de l'individu en langue d'origine et, en conséquence, la mise en place de phénomènes de rétroaction positive sur la norme. Ceux-ci, bien que freinés par les contraintes élémentaires de la communication, ont pour effet un affaiblissement de la norme effectivement appliquée, sinon de la conscience normative abstraite elle-même.

– Si la variation est bien une propriété générale et essentielle des langues naturelles, elle prend une importance majeure lorsqu'il y a bilinguisme. C'est en effet la variation qui rend possible le changement, que ce changement apparaisse comme développement d'une nouvelle compétence ou comme restructuration d'une compétence déjà acquise. Cette remarque a une importance tout à fait centrale dans l'éducation. L'enfant bilingue ne peut tirer parti des atouts liés à sa condition que si les enseignants ou les parents font une place à la variation. Mais, à nouveau, une remarque énoncée à propos du bilinguisme possède une validité qui dépasse son cadre originel : toute éducation au langage requiert une forme de reconnaissance et d'acceptation de la variation.

Chapitre 6

Manifestations discursives du bilinguisme

Situées à l'intersection entre bilinguisme social et individuel, une série de manifestions discursives du contact entre des langues différentes ont attiré l'attention des chercheurs dans les dernières décennies. Nous en avons déjà parlé à plusieurs reprises, pour ainsi dire en passant, dans les chapitres précédents. Au vu de l'importance qu'elles ont prise dans les approches linguistiques au bilinguisme, nous leur consacrons, maintenant, un chapitre entier. Nous le ferons à partir de différents points de vue et en réponse à plusieurs types de préoccupations:

- la question de savoir quelle langue est appropriée à quelle situation;
- la question des types formels et des fonctions pragmatiques des manifestations des langues en contact;
- la question de la relation entre les traces d'un contact de langues à la surface du discours ou «marques transcodiques» (voir ci-dessous) et acquisition d'une L2;
- la question des traitements cognitifs sous-jacents.

Choix de langue et parler bilingue

Etre bilingue signifie, entre autres, être capable de passer d'une langue à l'autre dans de nombreuses situations si cela est possible ou nécessaire, même avec une compétence considérablement asymétrique. C'est dire que le bilingue doit interpréter chaque situation de communication en vue de déterminer laquelle – ou lesquelles – des variétés qu'il maîtrise est – ou sont – appropriée(s). C'est le choix de langue.

Il y a un large consensus parmi les spécialistes du bilinguisme qu'il est gouverné par des règles (voir déjà Grosjean, 1982, p. 145). Des recherches macrosociolinguistiques ont révélé l'existence, dans des sociétés diglossiques avec bilinguisme individuel répandu, de *domaines d'emploi* assigné à chacune des langues (Fishman, 1967)[1]. Selon ce modèle, on choisirait la langue selon qu'il s'agit d'une affaire privée ou publique, du monde du travail ou des loisirs, de religion ou d'éducation, etc. Quand les domaines se confondent, par exemple quand un adolescent s'entretient avec le curé [religion] dans la salle de classe [école] d'une partie de football [loisirs], des facteurs individuels seraient isolés et pondérés. Le choix de la langue correspondrait alors à des *faisceaux caractéristiques de facteurs situationnels* (Grosjean, 1982, pp. 135 *ff*. avec bibliographie). Des processus de sélection semblables auraient lieu dans des communautés diglossiques hétérogènes du point de vue de la compétence des locuteurs. Les systèmes de valeurs langagiers joueraient, dans ce contexte, un rôle important. Parler, à un moment donné, une variété spécifique de son répertoire signifie, pour le bilingue, une possibilité d'exploiter ses ressources communicatives en fonction de ce système de valeurs et de tirer profit, voire d'augmenter le capital symbolique qui y est associé.

DE LA VARIABILITE DANS UNE «GRAMMAIRE» DU CHOIX DE LANGUE

Mais cela ne signifie pas que nous réagissions aveuglément, dans notre comportement langagier, à un ensemble de facteurs internes et externes. En effet, des recherches microsociolinguistiques ont permis de montrer que la situation n'était pas simplement «donnée» pour les interlocuteurs mais représentait le résultat d'un travail interactif d'interprétation et de définition. Certes, il y a des situations où la marge de liberté des interlocuteurs est très limitée et où le déterminisme est dominant. D'autres situations, par contre, se caractérisent par plus de variation, d'hésitation,

---

1 Pour Fishman (1967, p. 66), les domaines sont des constructions utiles pour la description fonctionnelle de la variation socialement structurée du choix de langue au macro-niveau de la communauté entière. Les domaines sont définis comme «groupes de situations sociales typiquement dominées par une série commune de règles de conduite» (1967, p. 70). On parlera ainsi du domaine de l'école, de l'église, des loisirs, etc.

de redéfinition du choix de langue, de liberté. Il y a donc du jeu dans la «grammaire» du choix de langue, qui est foncièrement variationnelle. Aussi bien l'exploitation de ce «jeu» que la non-observation des contraintes sociales, là où elles existent, sont particulièrement significatives pragmatiquement parlant (Gumperz, 1982; Myers Scotton, 1993).

A l'intérieur des trois communautés migrantes d'origine espagnole, italienne et suisse-alémanique résidant à Neuchâtel, il existe des zones de haute constance, où les interlocuteurs n'ont pour ainsi dire pas de choix, c'est-à-dire où leur comportement est fortement stabilisé et prévisible dans un modèle plutôt déterministe. Dans d'autres situations, par contre, ils ont le sentiment d'être libres dans leur choix et/ou leur comportement langagier varie d'une fois à l'autre et/ou le choix de la langue n'est pas durable, mais change à l'intérieur même d'une interaction. Les zones de constance et de variation respectivement s'opposent dans quatre dimensions:

a) le déterminisme social

Dans certaines situations, des conventions sociales prescrivent le code à choisir.

Des règles de politesse prescrivent ainsi aux migrants de parler entre eux la langue d'accueil en présence d'un autochtone, même s'ils ne s'adressent pas à lui. Des conventions internes aux entreprises stipulent que la langue d'origine est interdite au travail. Dans l'autre sens, une pression sociale est exercée par la communauté migrante sur les membres de la deuxième génération pour que ceux-ci maintiennent (et parlent) la langue d'origine.

Cela ne signifie naturellement pas que les interlocuteurs ne peuvent pas matériellement choisir l'autre langue, mais qu'ils ne peuvent le faire qu'au prix d'un refus des conventions existantes et au risque de subir des sanctions, réelles ou imaginaires. On sait que, dans une toute autre situation, les enfants alsaciens qui parlaient leur langue vernaculaire pendant les récréations étaient sévèrement punis.

Il est vrai que les conventions sociales sont ressenties par beaucoup de migrants comme moins contraignantes aujourd'hui qu'il y a quelques années. Dans beaucoup de situations, le déterminisme social est faible et d'autres facteurs de choix de langue priment.

b) la compétence langagière

Il y a déterminisme de répertoire lorsqu'un bilingue communique avec un unilingue ou lorsque des plurilingues n'ont qu'un seul code en commun. Pour qu'il y ait choix, il faut donc que les interlocuteurs possèdent au moins des connaissances rudimentaires de deux langues communes. Mais le degré de compétence n'est pas toujours le facteur décisif.

Ainsi dans le cas de cette vendeuse bilingue d'origine suisse alémanique établie à Neuchâtel qui refusait de servir une cliente de la même origine en schwyzertütsch. Dans le dilemme entre déterminisme social (*il faut parler français en public*) et déterminisme de répertoire (*il faut employer la langue de l'interlocuteur*), elle instaure une hiérarchie très nette qui lui interdit de venir en aide à une compatriote au bilinguisme fortement déséquilibré, et ce même au risque d'un échec communicatif.

c) des comportements habituels, précodés

Un faisceau de facteurs situationnels peut très bien entraîner un même choix de langue avec une très grande régularité, sans qu'il y ait déterminisme de répertoire ou déterminisme social.

Une preuve en est ce couple de migrants qui parle normalement la langue d'origine dans l'intimité, et qui se met régulièrement à parler français au moment de monter dans la voiture pour se rendre à la société de gymnastique (en anticipant pour ainsi dire le changement de langue puisque cette société est francophone). En principe totalement libres dans leur choix de langue, les époux n'ont pourtant pas vraiment l'impression de choisir parce qu'ils ont contracté l'habitude de parler français dans cette constellation de facteurs.

On parlera, dans de tels cas, de choix de langue précodé, de *précodage*. Ce dernier s'oppose au choix de langue néocodé ou *néocodage*, observable partout où les interlocuteurs doivent faire un effort actif d'interprétation de la situation pour aboutir à un choix. Dans le cas d'un précodage extrême, les raisons du choix de langue sont d'abord *historiques* et il n'est pas sûr du tout qu'une analyse synchronique de la situation mènerait au même résultat.

d) les automatismes

Le choix de langue est souvent si automatique que les interlocuteurs ne s'en rendent même pas compte (Grosjean, 1982, p. 145). Parfois nos informateurs allaient jusqu'à nier des emplois observés par le linguiste.

L'automatisme est surtout visible lorsqu'il mène à des comportements erronés. Ainsi l'environnement «magasin» ou «restaurant» déclenche chez les migrants vivant à Neuchâtel un tel automatisme qu'ils en arrivent même souvent à adresser la parole en français au personnel lorsqu'ils se trouvent dans leur région d'origine. Le choix de langue ressemble alors beaucoup à une espèce de réflexe conditionné qui échappe à tout contrôle. Interrogés sur ce point, les informateurs concernés ne laissent pas planer l'ombre d'un doute sur le fait qu'ils auraient dû choisir l'autre langue (déterminismes social et de répertoire conjugués); et ils changent de langue dès qu'ils ont pris conscience de l'absurdité de la situation. Manifestement, ces choix automatiques sont beaucoup plus constants que le comportement conscient et contrôlé.

On peut représenter graphiquement la tension entre constance et variation dans le choix de langue en situation polyglossique:

Tableau: Constance et variation dans le choix de langue

zone de constance

	déterminisme	précodage	automatisme
par des règles sociales		par le répertoire	
	liberté	néocodage	contrôle

zone de variation

Ainsi, il existe une zone de haute constance dans tous les cas où un choix de langue est *déterminé* (socialement et/ou par le répertoire), *précodé* et *automatique*. Dans de tels cas, une vision «mécaniste» du choix de langue est appropriée. Lorsque les interlocuteurs sont plus *libres*, ne peuvent pas recourir à des habitudes (*néocodage*) et pondèrent consciemment les facteurs situationnels (*contrôle*), leurs choix seront beaucoup plus variables et imprévisibles, aussi bien dans les comportements successifs d'un seul et même individu que dans un groupe et sur un plan statistique.

NÉGOCIER LE CHOIX DE LANGUE DANS L'INTERACTION VERBALE MEME

Il est assez généralement admis que, dans l'interaction verbale, le travail de formulation est accompli en commun par les interlocuteurs, qui interagissent en vue d'obtenir un accord sur les objectifs communicatifs, les procédures et les relations aussi bien que sur le sens dans le cadre du procès de négociation du sens (Riley, 1985, p. 65). Or, il est permis de supposer qu'un sous-ensemble des opérations discursives de négociation vise à obtenir un accord sur le code employé. Cet accord consiste d'abord à choisir la variété appropriée.

On voit tout de suite en quoi le modèle du sous-chapitre précédent est incomplet: il pouvait en effet donner l'impression que choisir la langue est un acte unique de celui qui prend la parole, qui précède l'acte de parler, en réaction à un ensemble de facteurs situationnels. En réalité, le choix de la langue fait partie du jeu langagier; il est un des endroits où la situation – et la relation entre les interlocuteurs – est interprétée et définie par les interlocuteurs. Nous parlions il y a un instant des insuffisances d'un modèle «mécanique» du choix de langue. En voilà une raison de plus. Il s'agit, en fait, d'un mouvement circulaire:

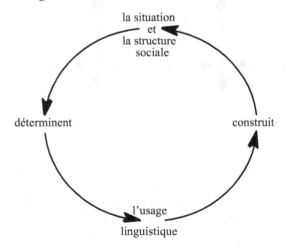

Pour illustrer ce dynamisme, on pensera d'abord à des situations dans lesquelles on s'attendrait à des choix différents: un travailleur italien choque ses collègues et compatriotes en refusant de parler italien au travail; une autre immigrée méridionale accepte le risque d'irriter les membres de la région d'accueil pour le plaisir de parler la langue d'origine dans le bus. Ces choix sont des indices du degré d'intégration et de l'identité migrante respectivement; mais ils sont aussi et surtout, dans le jeu des actions et réactions, les instruments pragmatiques de ces processus, dans la mesure où ils rendent des représentations identitaires mutuellement manifestes.

Mais ces phénomènes de choix ne sont nullement limités à des situations potentiellement conflictuelles. Tout porte à croire que chaque fois que le bilingue entame une conversation, il fait une proposition de langue exactement comme il propose des rôles pour chacun des interlocuteurs. Il le fait en fonction du contexte, c'est-à-dire de ses convictions, de ses possibilités, de son savoir du monde et de ce qu'il pense être les convictions, les possibilités et le savoir du monde des interlocuteurs. Ces derniers peuvent accepter, accepter momentanément ou refuser la langue et les rôles proposés dans la définition progressive de la situation. Tous les échanges ne présentent évidemment pas la même marge de liberté. Etre déterminé dans son choix signifie alors ne pas prendre et/ou ne pas se voir accorder le droit de (re-)définir la situation; on glisse du pôle du néocodage à celui du précodage si l'on propose et accepte le même choix à plusieurs reprises, fondant ainsi des habitudes qui mènent à leur tour à des automatismes.

L'exemple suivant, tiré d'une interaction au travail dans une entreprise à Montreux, montre bien comment un choix de langue (le français) peut être renégocié avant qu'une autre langue (l'allemand) soit choisie. Au début, DC, un jeune stagiaire suisse alémanique, explique un logiciel qu'il a programmé à Yolande et Florence, deux collaboratrices locales, dans la langue préférentielle de celles-ci. Lorsqu'il interpelle leur supérieur commun, qui ne parle pas le français, il choisit leur langue commune préférentielle, l'allemand, mais il continue d'abord ses explications en français. A l'arrivée de Rainer, il passe brièvement à l'anglais (maîtrisé par tout le monde) avant que le choix commun (initié par Rainer) ne devienne l'allemand.

[langue de base: français]
Yolande: oui . on sait d'où viennent les images
Florence: oui . mais les images . elles nous viennent
DC: **aso** . j'ai ici la première étape les images ils viennent de Taylor . c'est ici dedans
Yolande: elles étaient envoyées à Taylor

DC: ils étaient envoyés à Taylor'
Yolande: mhmh
Florence: les images en fait peuvent nous parvenir en principe de chaque personne concernée par l'article . si l'article c'est par exemple l'article c'est le comité européen .
DC: oui
Florence: ben l'article c'est
[renégociation du choix de langue]
DC: attends attends . peut-être je . je . Rainer' könntest du mal kommen' . weil jetzt gehts um die Ressourcen
Rainer: ja
DC: maintenant il est en train de faire ça ((Rainer se rapproche)) you have made the ressources here'
Rainer: yeah
DC: yes . now we have here the images from editor
Rainer: mhmh
DC: now it will be received from Taylor . the first . aso
Yolande: sent to Taylor
DC: sent to Taylor or received'
Rainer: received
Florence: no . sent .. the IMAGES
((3 sec.))
[allemand comme langue de base]
Rainer: kommen von Taylor . gehen an die Grammatek
Yolande: ah ah ah
Florence: ja . aber zuerst
Yolande: (le troisième)
Florence: zuerst wir bekommen die Fotos von eh die Leuten
Rainer: nein . das wo der Taylor verantwortlich is kriegt er sie . das ist mir so gesagt worden .
DC: et ça maintenant
Florence: ja weil . aso
Rainer: und es macht ja auch Sinn . weil der Taylor muß sie ja erst mal sehen ob es gut is
Florence: klar . aber . zum Beispiel die Adressen ist immer uns . und dann . WIR schicken . weil zum zum Beispiel . ich hab das Problem gehabt . weil . wir haben ein Fotos bekommen äh äh und jetzt müssen wir das zu Taylor schicken

(enregistrement et transcription: Bettina Wetzel-Krantz)

PARLER BILINGUE COMME CHOIX DE LANGUE

Nous avons fait jusqu'ici comme s'il fallait toujours opter, en situation polyglossique, pour l'une ou l'autre langue (quitte à remettre ce choix en question après un certain temps). Or, les interlocuteurs ne veulent et/ou ne peuvent pas toujours maintenir les codes entièrement séparés.

Tout locuteur francophone cultivé ne maîtrise pas qu'une, mais plusieurs variétés de sa langue. Cependant, il ne s'agit pas de langues fonctionnelles différentes, délimitables avec précision les unes par rapport aux autres. Il est plus plausible de supposer qu'un nombre limité de variantes à tous les niveaux du système linguistique se combinent chaque fois de manière originale en fonction de l'infinie variété des situations. Selon cette conception, des *registres* tels que *soutenu, naturel, familier*, seraient en réalité des constellations prototypiques de traits apparaissant dans des situations discursives caractéristiques. Ces constellations respectent en principe une certaine harmonie entre les traits qu'elles combinent. On évite autant que possible les «incongruences lectales» telles que

J'puis pas m'enquérir d'ça, tu dis?

Il existe bien sûr des situations où plusieurs registres sont utilisés en même temps. Au cours d'un débat télévisé entre représentants syndicaux et patronaux français, par exemple, on peut observer que les premiers utilisent face aux seconds un autre langage que lorsqu'ils discutent entre eux; ceci au sein du même débat, autour de la même table ronde et d'une manière apparemment pas tout à fait inconsciente. On peut en déduire que s'il existe de nombreuses situations où les écarts lectaux ne sont tolérés que dans une mesure insignifiante, il existe aussi des cas particuliers où un mélange de registres – qui n'est en rien arbitraire – n'est pas seulement admis, mais peut s'avérer fonctionnel. Après avoir comparé sous des éclairages multiples la compétence linguistique bilingue avec la compétence linguistique polylectale, nous en venons tout naturellement à mettre en relation l'utilisation alternative de plusieurs langues par des locuteurs plurilingues, avec cette combinaison de registres.

Voici un bel exemple de «mélange» d'éléments latins, français et allemands, tiré des procès-verbaux de la ville de Fribourg (Suisse) du XVe siècle:

Uff den 3. tag Julii [1476]
Scribe a Berna quod attento le rest et le bestand volumus mit den friheiten und andern und mit den unsern verbieten, daz si in der Waut nit gangen butiner, bis daz man seche, wie der tag usgat.

Et ceci n'est pas un cas exceptionnel. En principe, les bilingues peuvent choisir entre un mode unilingue ou bilingue (Grosjean, 1985), voire un parler uni- ou bilingue (Lüdi & Py, 1984). Dans des situations unilingues, voire dans le mode de parler unilingue, l'une des deux compétences est, dans la mesure du possible, désactivée; dans le mode bilingue, les deux compétences sont activées et exploitées simultanément ou alternativement. Le choix entre les modes dépend de la compétence présumée de l'interlocuteur, du degré de formalité de la situation, de représentations normatives des interlocuteurs, etc. Même si tous les interlocuteurs sont également bilingues, on ne choisit, en d'autres termes, pas automatiquement le mode bilingue. Comme le choix de langue en général, le choix du mode bilingue correspond à une option de définition de la situation.

Dans le mode bilingue le choix de langue est moins définitif et les énoncés sont émaillés de nombreux «mélanges de langues» (nous les appellerons plus bas «marques transcodiques»), manifestant l'activation plus ou moins simultanée des deux systèmes linguistiques. Ce type se rencontre au sein de la famille bilingue, sorte de microcosme renvoyant à la fois à la culture de la région d'origine et à celle de la région d'accueil, mais aussi dans des situations de contact telles que Fribourg au XVe siècle, l'Alsace contemporaine, les Chicanos aux Etats-Unis, etc. Dans tous ces cas, un bilinguisme individuel répandu ainsi qu'un recoupement partiel des fonctions des langues et des pratiques culturelles qui y sont liées créent des conditions propices à l'apparition d'une forme spécifique de parler.

Les choix de langue et les formes mixtes constituent à la fois des traces de la compétence bilingue, d'où leur caractère emblématique, l'indice d'un mouvement de convergence entre les interlocuteurs – et peut-être aussi entre les langues – ainsi que l'instrument pragmatique de ce mouvement. On a pu montrer que, souvent, le *parler bilingue* ne représente pas un pis-aller, choisi pour cause d'une maîtrise insuffisante de l'une ou de l'autre langue (ou des deux à la fois). Il s'agit au contraire d'un véritable choix de «langue» dans la mesure où tous les interlocuteurs interprètent la situation comme également appropriée pour l'usage des deux idiomes ou, plus précisément, pour leur usage plus ou moins simultané. On aurait donc, pour les bilingues, trois types de situations:

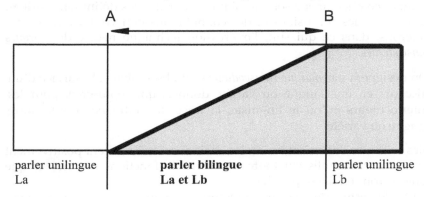

Selon l'hypothèse stimulante de Siguán, le mécanisme moniteur linguistique permettant au bilingue de centrer son attention sur l'un ou l'autre système «est sensible aux différents niveaux de tolérance, au mélange des interlocuteurs et des situations». Les milieux sociaux se différenciant par leur seuil de tolérance aux marques transcodiques, l'enfant apprendrait, en même temps qu'il apprend à s'exprimer en deux langues, le niveau de tolérance de son milieu (Siguán, 1987, p. 226). Dans la mesure où on peut admettre que ce seuil de tolérance est bien moins élevé dans des variétés fortement standardisées et prestigieuses que dans des parlers vernaculaires, on a pu employer la présence ou l'absence de formes mixtes dans l'une et l'autre variété en contact pour hiérarchiser ces dernières. Ainsi Denison (1976) observe-t-il que les bilingues de Sauris évitent le recours à la variété L en parlant la variété H, mais ne font pas de même en parlant L, ce qui s'expliquerait par la valorisation différente des deux variétés. L'équilibre de prestige que nous avons postulé pour la Suisse alémanique serait par contre confirmé par la bidirectionnalité des «mélanges».

LES MARQUES TRANSCODIQUES

Mais que sont concrètement les marques transcodiques? Il y a longtemps qu'on sait que les pratiques langagières de nombreuses personnes et communautés bilingues se caractérisent par des «mélanges de langues» («interférences» chez Weinreich (1957), «code-mixing» chez Meisel (1989), «language mixing» chez Lanza (1997), etc.). Les termes pour désigner ce phénomène sont aussi nombreux que les définitions variées. Pour éviter des confusions et des connotations non voulues, nous emploierons, dans ce qui suit, l'expression technique neutre de *marques transcodiques*.

> On désignera par *marque transcodique* tout observable, à la surface d'un discours en une langue ou variété donnée, qui représente, pour les interlocuteurs et/ou le linguiste, la trace de l'influence d'une autre langue ou variété.

Elles sont non seulement normales, mais aussi très souvent positivement connotées et remplissent toute une série de fonctions discursives que nous verrons en détail plus bas.

Or, le terme de marque transcodique regroupe des phénomènes hétérogènes, et ces derniers font en plus l'objet d'interprétations parfois contradictoires. En effet, dans la perspective de l'acquisition d'une langue étrangère, on y voit en général les traces d'une incompétence, voire le produit de stratégies individuelles employées, par des apprenants, dans des situations de détresse verbale (Faerch & Kasper, 1983, 1989; Perdue *et al.*, 1993). Pour tous ceux qui travaillent sur le bilinguisme au sein de communautés plus ou moins stables, les marques transcodiques représentent, au contraire, un phénomène communautaire, qui présuppose une excellente maîtrise des langues impliquées et représente ainsi l'indice d'une compétence bilingue (par exemple Grosjean, 1982; Lüdi & Py, 1984; Myers Scotton, 1993; Auer, 1999b; etc.).

Pour interpréter correctement les marques transcodiques, il faut par conséquent non seulement distinguer entre situations unilingues et bilingues, mais encore, parmi ces dernières, entre situations bilingues-endolingues et bilingues-exolingues. Les premières sont caractérisées par des compétences plus ou moins symétriques des interlocuteurs (et un contexte approprié à l'emploi simultané de deux ou plusieurs langues), les deuxièmes par une asymétrie constitutive entre les compétences des interlocuteurs. La «même» marque transcodique revêtira, dans l'une et l'autre situation, des fonctions radicalement différentes.

Une autre distinction importante est celle entre observations relevant de la langue/compétence et du discours/de la performance respectivement. Dans le premier cas, il s'agit de phénomènes d'usages (normes) et de mémoire (système), individuels ou collectifs (par exemple les

Manifestations discursives du bilinguisme

emprunts à l'italien dans le français du XVIe ou l'accent des migrants espagnols à Neuchâtel), dans l'autre cas de phénomènes énonciatifs qui concernent la mise en œuvre, à un moment donné et par un locuteur plus ou moins bilingue, des moyens de son répertoire (par exemple une citation en latin dans le texte d'un théologien ou le recours à une autre langue par un apprenant lorsqu'un mot lui fait défaut). Si l'on combine les deux distinctions, on arrive à la grille suivante:

	perspective exolingue	*perspective bilingue*
Phénomènes de la langue / de l'interlangue	Les *interférences* sont des traces systématiques de la langue première (ou de n'importe quelle autre langue) dans les énoncés en langue seconde, qui relèvent de l'interlangue de locuteurs non natifs; c'est-à-dire qu'ils les traitent comme éléments de la langue cible, même si les linguistes – et, souvent, les locuteurs natifs – y reconnaissent une influence d'une autre langue. «*Ist imposiert eh von Lausanne ein Klassikstück, ist imposiert auch, plus ein Stück klassik, aber von unsere Wahl*» (corpus Sommer A1.22)	Les *emprunts* lexicaux sont des unités lexicales simples ou complexes d'une autre langue quelconque introduites dans un système linguistique afin d'en augmenter le potentiel référentiel; elles sont supposées faire partie de la mémoire lexicale des interlocuteurs même si leur origine étrangère peut rester manifeste. «*Es wür en Effort choschte, und we er de glychzytig no kchopplet isch mit dr Schuel eh wo gwüssi Leischtige müesse erbracht werde und wo: . Copains verlore werde und es neui . e neui: Copains eh müesse uffbout werde*» Les *emprunts morpho-syntaxiques* sont des structures d'une variété de contact issues d'un transfert d'une autre langue et grammaticalisées par la suite. *je l'ai juste callé but i était pas là / i m'a back callé la même soirée* (Perrot, 1994, p. 243)

Les *transferts* sont des processus dans la production de discours en L2 au cours desquels le locuteur active inconsciemment des structures de L1 (ou Lx) pour pallier à l'absence de structures appropriées en L2 et qui peuvent mener à des interférences.

He is funny. His words in class laugh me [make me laugh]

La *formulation transcodique* (Lüdi, 1993) consiste en un emploi potentiellement conscient, dans un énoncé en langue seconde, d'une séquence perçue par le locuteur non natif comme appartenant à une autre langue (le plus souvent sa langue première), dans le but de surmonter un obstacle communicatif. Comme les transferts, elle fait partie des stratégies compensatoires interlinguales.

«*alors les ehm . . Suisses allemands dit toujours que: les Valaisans [...] ce sont des oh comme les Italiens comme ça et ... les Valaisans dit que . . que nous sommes la Suisse et les autres ce sont les ehm . . wie said mer Usländer*» (corpus Saudan)

codique[2] est l'insertion «on line» de séquences – allant d'une unité lexicale minimale (on parle aussi d'emprunt dynamique ou d'emprunt de parole) à des séquences des rangs les plus élevés – d'une ou plusieurs langues quelconques (= langues enchâssées) dans un texte / échange produit selon les règles d'une autre langue (= langue de base), entre bilingues, dans une situation appropriée au mode bilingue

«*... säb isch scho-n-en Entscheidig gsii vom Aafang aa, nöd; me muess jetzt jouer le jeu*» (CHA 1.15/223)

---

2 Nous utilisons comme synonymes les termes «alternance codique» et «code-switching». L'emprunt à l'anglais est parfaitement intégré dans le vocabulaire scientifique et a mené au dérivé «code-switcher».

VERS UNE TYPOLOGIE DU CODE-SWITCHING

Le phénomène le plus saillant est sans doute celui de l'alternance codique ou du code-switching (voir Romaine (^{2}1995) et Milroy & Muysken (1995) pour l'état de la recherche). Or, la notion de code-switching regroupe, en fait, plusieurs phénomènes qui posent des problèmes très différents à l'analyse. On a ainsi proposé de distinguer les types suivants, selon que l'alternance a lieu entre ou à l'intérieur d'un tour de parole, entre ou à l'intérieur d'une phrase, voire d'une proposition, entre ou à l'intérieur d'un syntagme[3]:

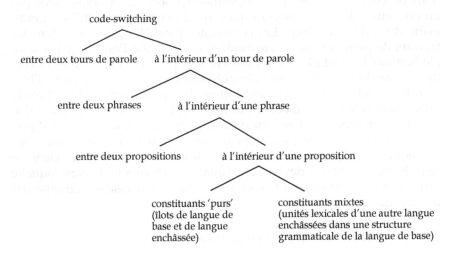

Ces différents types impliquent, en partie, des opérations cognitives différentes:

A. Produire (se permettre) des code-switchings présuppose, voire constitue une décision en faveur du parler bilingue au niveau discursif pour des raisons évoquées brièvement plus bas.

---

3 Ce schéma n'est pas sans poser un certain nombre de problèmes. En effet, des notions comme «code», «tour de parole», «phrase», «proposition», etc. sont loin de faire l'unanimité entre les linguistes, voire d'être définies de manière univoque. Nous le maintenons malgré cela pour ses fonctions heuristiques tout en rendant la lectrice et le lecteur attentifs au fait que son application à des cas concrets n'est pas toujours possible sans ambiguïtés.

B. Ce sont de même en grande partie des considérations socio-pragmatiques qui favorisent ou inhibent le code-switching entre phrases, voire propositions[4].

C. Par contre, les décisions et opérations lors de code-switchings intrapropositionnels sont d'un autre ordre, pragma-sémantique et syntaxique.

Nous reviendrons plus bas aux fonctions du code-switching. De nombreux travaux des dernières décennies ont bien montré que les opérations de code-switching intrapropositionnel sont aussi gouvernées par un ensemble de règles linguistiques, qu'il existe une véritable «grammaire du code-switching». Les contraintes formelles proposées dans les travaux de pionniers de David Sankoff et de Shana Poplack (par exemple Sankoff & Poplack, 1979; Poplack, 1980) ont été complétées et corrigées par des modèles psycholinguistiques plus récents. Aujourd'hui, c'est le modèle de Carol Myers-Scotton (1993) qui représente la base la plus solide et la plus élaborée pour toute recherche future. Il est aussi le plus riche et le plus prometteur dans la perspective cognitive, car il permet d'interpréter en termes d'opérations cognitives les contraintes linguistiques révélées par les recherches sur le code-switching. Dans ce sens, le parler bilingue devient une situation expérimentale dans laquelle certains traitements cognitifs sont particulièrement visibles, comme par un effet de loupe.

ASPECTS COGNITIFS DU PARLER BILINGUE

Sans entrer dans les détails, nous voudrions soulever brièvement, ici, la question du traitement cognitif de ces énoncés. Cela nous permettra, en même temps, d'illustrer quelques-unes des régularités de base. Les questions qui sont à l'origine de nos réflexions sont les suivantes:

---

4 Ainsi le code-switching intraphrastique, très fréquent parmi les bilingues franco-alsaciens en Alsace (voir Gardner-Chloros, 1991), est nettement plus rare parmi les bilingues franco-alémaniques en Suisse bien que les systèmes linguistiques en contact soient les mêmes. La différence est due à des représentations linguistiques (attitudes face au «mélange») et à une autre valorisation des langues en contact sur le «marché linguistique».

- Comment un locuteur bilingue s'y prend-il pour formuler ou «mettre en mots» plus ou moins simultanément une même représentation dans deux (ou plusieurs) systèmes linguistiques différents [voir déjà Green (1986) et de Bot (1992)]?

- Quelles sont les contraintes quant à l'insertion alternative, dans une même séquence discursive, d'unités lexicales appartenant à des langues différentes, souvent associées à des champs d'expériences, des représentations sociales et des pratiques discursives sensiblement différentes?

- De quelle manière les grammaires et les lexiques des deux (ou plusieurs) langues concernées interagissent-ils dans la mise en mots?

- Comment faut-il concevoir les interrelations entre les schématisations du monde préconstruites offertes par chacune des langues concernées, le choix de langue, voire le mode bilingue/unilingue et le vouloir-dire des locuteurs bilingues?

On constatera d'abord que les relations entre les langues du bilingue et le monde (ou mieux «les mondes») sont complexes.

Selon une conception assez généralement acceptée aujourd'hui, communiquer signifie «... évoquer, chez l'auditeur, un ensemble d'expériences d'un type particulier que nous appellerons, ici, *représentation cognitive*»[5] (Talmy, 1995). Cela implique un certain nombre d'opérations logiquement (mais pas nécessairement psychologiquement) consécutives (voir Pottier, 1992, pp. 16 ss., pour la terminologie). De la part de l'énonciateur, les étapes de la démarche sont, à partir d'une expérience, (a) la *conceptualisation (construction d'une représentation cohérente)*, (b) la *sémiotisation (mise en mots)* et (c) l'*énonciation*; de la part du coénonciateur: (a) l'*identification* et (b) la *compréhension (construction d'une représentation prétendant à être le plus proche semblable à la représentation de départ)*.

Dans cette perspective, la relation entre les représentations et les mots est ambiguë déjà en communication unilingue. Non seulement les significations emmagasinées dans la mémoire lexicale sont foncièrement ins-

---

5 «... to evoke in the listener a particular kind of experiential complex, here to be termed as *cognitive representation*».

tables, construites, déconstruites et reconstruites dans le discours.[6] La plupart des conceptions constructivistes récentes refusent l'hypothèse que les sujets traitent «le monde réel» et admettent que ce traitement concerne «des représentations matérielles hautement codifiées, socialisées du monde, voire, plus précisément encore, les représentations codifiées d'objets socialement structurés dans un univers de connaissances historiquement donné» (Dubois, 1995, p. 87).

La tâche du locuteur bilingue est donc complexe. Il ne choisit pas simplement entre deux unités lexicales construites pour désigner les mêmes 'objets du monde'. Il se réfère à des objets du monde qui sont eux-mêmes construits en fonction de systèmes linguistiques différents et de communautés culturelles différentes. Pour le migrant en particulier, les unités lexicales de la langue d'origine ne correspondent par conséquent pas nécessairement aux représentations construites en fonction de la communauté linguistique et culturelle d'accueil, et vice-versa.

A un niveau très superficiel, ce fait est illustré par des énoncés tels que

> Vamos a la *gare*.
>
> Je suis parti à la gare et je suis arrivé le lendemain à neuf heures *na estação de Pombal* [sc. à la gare de Pombal]. (Araujo 1990)

Le dédoublement de «gare» et «estacão» dans les propos de migrants portugais à Paris, voire le code-switching «gare» dans une phrase espagnole prononcée à Neuchâtel représentent, plus que des repères déictiques spatiaux, les indices d'une pluralité de mondes vécus: la «gare» suisse ou française est un autre objet construit que la «estacão» portugaise ou la «estación» espagnole; elle ne peut par conséquent que très imparfaitement être désignée, par le bilingue, à l'aide de la «fausse» étiquette.

La compréhension, c'est-à-dire l'interprétation d'un tel segment linguistique en fonction du contexte énonciatif n'est alors pas réductible non plus à la reconnaissance des mots (même en contexte). En effet, les

---

6 Voir Lüdi (1991, 1994) pour une étude du *travail lexical* défini comme la mise en oeuvre de schémas interactifs portant sur une ou plusieurs composantes de l'information lexicale, ayant pour objectif de rendre cette information mutuellement manifeste et visant son intégration – au-delà de l'environnement cognitif mutuel des interlocuteurs – dans leur mémoire lexicale respective.

objets de connaissances et de discours étant «diversement structurés, selon les groupes humains, selon les processus individuels et collectifs qui ont conduit à leur élaboration et à leur matérialisation dans différents systèmes sémiotiques» (Dubois, 1995, p. 88), la tâche du co-énonciateur consiste à créer une cohérence, dans le cadre des opérations de compréhension, entre des objets de discours non seulement énoncés dans des systèmes sémiotiques différents, mais renvoyant à des univers socioculturels différents.

Il y aura donc, plus ou moins souvent, un manque de congruence potentiel entre les représentations préconstruites fournies par l'une ou l'autre communauté culturelle à travers les significations linguistiques de l'une ou de l'autre langue et les représentations individuelles des bilingues. Il en résulte la nécessité de diverses opérations d'ajustement et d'adaptation qui peuvent aller

(a) dans le sens d'un ajustement des représentations individuelles pour qu'elles deviennent congruentes avec les objets construits à la manière de L1, voire L2 (avec une perte de sens plus ou moins importante) ou, au contraire,

(b) dans le sens d'un exploitation de la malléabilité des unités lexicales et, en particulier, en «parlant bilingue', de l'existence de deux ensembles d'unités significatives pour donner des instructions précises à l'interlocuteur et lui permettre de construire des représentations individuelles aussi proches que possible de celles du locuteur bilingue.

Nous avancerons l'hypothèse que le code-switching intrapropositionnel reflète, souvent, l'effort de l'individu bilingue de mettre en mots une représentation qui n'est pas – ou qui est plus difficilement – dicible en parlant une seule langue.

Ce qui nous intéresse ici, ce sont les phénomènes d'ordre sémantique et syntaxique qui apparaissent lors du code-switching intrapropositionnel.

Rappelons d'abord, avec Leonard Talmy (1985, 1995), les fonctions complémentaires des mots et de la structure grammaticale:

> Providing coherence within a cognized scene [...] [is] the function of grammatical structuring [...]. [...] the grammatical elements of any particular sentence together specify the structure of the cognitive representations evoked by that sentence. Their specifications act as a scaffolding or

framework across which contentful material can, in effect, be splayed or draped (Talmy, 1995, p. 29)[7].

Mais on ne choisit pas séparément les mots et la structure grammaticale. Selon William Levelt (1989), les entrées lexicales jouent un rôle-clé dans les opérations de production de discours dans la mesure où elles contiennent des informations sur les contraintes contextuelles syntactiques et sémantiques. Ce sont donc les unités lexicales qui projettent, pour ainsi dire, le cadre syntaxique de la proposition dans laquelle elles peuvent être enchâssées.

Dans le parler bilingue, grammaire et lexique interagissent de la même façon. La thèse convaincante de Myers-Scotton (1993b) prédit que, même dans le mode bilingue, le locuteur choisit une langue de base (qu'elle appelle «matrix language»), que cette langue de base fournit la structure grammaticale des propositions (et, en particulier, tous les morphèmes grammaticaux), que le choix d'éléments de la langue enchâssée («embedded language») est essentiellement dû à des besoins d'ordre lexical, que la congruence entre l'organisation cognitive-conceptuelle, fournie par la grammaire de la langue de base, et les propriétés sémantiques des unités lexicales – voire des séquences – fournies par la langue de base et la langue enchâssée est primordiale pour la cohérence du discours, et que de nombreuses contraintes linguistiques régissant le code-switching sont précisément dues à des opérations cognitives pour neutraliser d'éventuelles incompatibilités.

Les deux exemples suivants permettent de mieux comprendre certaines de ses implications.

ça va mieux alors pour *löse das Problem* [sc. résoudre le problème] (corpus Victor Saudan)

---

7 Il n'est pas inutile de rappeler, ici, que les recherches de Dan Slobin sur la manière dont des locuteurs de langues très différentes racontent la même histoire (la fameuse «Frog story») ont fourni une ample évidence empirique à propos de l'influence de la langue sur la construction des représentations, du moins les représentations préverbales, ce que Slobin appelle «thinking for speaking» (Slobin, 1991). Ceci se manifeste par exemple dans le domaine de la verbalisation du mouvement, par exemple, les verbes de mouvement étant très différemment organisés en espagnol et en anglais.

La langue de base est le français; pour une raison qu'il ne s'agit pas de discuter ici, le locuteur choisit le verbe (suisse)-allemand *löse(n)* à la place de *résoudre*; mais c'est le schéma syntaxique français *(pour +) infinitif + complément d'objet direct* et non pas le schéma allemand *complément d'objet direct + zu + infinitif* qui détermine le nombre et l'ordre des mots dans la phrase; ceci est vrai bien que verbe *et* complément d'objet soient réalisés en allemand.

> oui . oui qui tire le cocon; il y a la *Vorrichtung* [sc. le dispositif; nom féminin], il y a de grands *Mast* de *Stahl* [sc. de grands pôteaux (nom masc., sing.) d'acier (nom. masc.)] (corpus Victor Saudan)

La langue de base est le français; le schéma de construction de mot (*objet + de + matière*) est emprunté au français même si presque tous les termes techniques sont en allemand. On notera par ailleurs la forme non modifiée (nominatif singulier) de Mast avec un pluriel (mais inaudible à l'oral) français.

En d'autres termes, la langue choisie pour différentes raisons (adéquation à la situation, compétence du locuteur, compétence présumée de l'interlocuteur, etc.) comme langue de base est activée et fournit l'échafaudage cognitif pour l'organisation sémiotique de la représentation. Et on peut avancer l'hypothèse que l'adéquation des structures grammaticales de la langue de base aux structures cognitives individuelles dominantes chez le locuteur bilingue au moment de l'énonciation joue un rôle important dans le choix de la langue de base.

On peut penser qu'il y a, au départ, le choix d'une schématisation abstraite correspondant au vouloir-dire, avec des propriétés syntactico-sémantiques (catégorie grammaticale, structure actantielle, genre) relevant de la langue de base (opération de construction). Mais, contrairement au parler unilingue, le locuteur parcourt ensuite ses deux lexiques à la recherche des unités lexicales qui correspondent le mieux à ce vouloir-dire. Dans de nombreux cas, aucune unité lexicale correspondante n'étant disponible en langue de base, soit parce qu'il existe une lacune lexicale (dans la langue de base en général ou, simplement, dans la mémoire lexicale du locuteur), soit parce que les connotations du terme disponible en langue de base ne satisfont pas le locuteur, c'est une unité lexicale de la langue enchâssée qui sera choisie.

On voit tout de suite les conséquences de ces hypothèses sur le parler bilingue si l'on veut bien admettre que la même cohérence qu'en parler unilingue doit être garantie. S'il n'existe pas de «lemma» de la langue de base – dont les projections syntagmatiques seraient facilement intégrables dans le schéma syntaxique – et si le lemma activé provient du lexique de la langue enchâssée, une procédure de contrôle de la congruence devient nécessaire, qui aboutit à des solutions différentes (cette idée est développée avec de nombreuses hypothèses de détail supplémentaires dans Myers-Scotton & Jake, 1995).

Ainsi, par exemple, lorsque le genre du mot enchâssé ne correspond pas au lemma respectif de la langue de base, des solutions «conflictuelles» (article aligné sur le lexème de la langue enchâssée en conflit avec le genre du lexème de la langue de base «der Jazztanz» *vs* «la danse») peuvent coexister avec des formes de neutralisation (absence d'article):

> je fais *du* Jazztanz [sc. de la danse de jazz (nom masc.)]   eh je joue du piano [...] et je danse mh ø Jazzmusik [sc. de la musique de jazz (nom fém.)]
> (corpus Monique Lü)

Et si le lemma de la langue enchâssée ne correspond pas suffisamment au cadre syntaxique et/ou sémantique exigé par la langue de base, le problème est résolu par l'enchâssement de tout un îlot en langue enchâssée de manière à neutraliser le conflit; ainsi, le verbe construit anglais «to bring up» pose des problèmes pour la syntaxe espagnole (qui exige une position postverbale du pronom personnel) de sorte que l'on enchâsse toute une séquence en anglais:

> No van a *bring it up*. [sc. ils ne vont pas l'amener] (Pfaff, 1979, p. 296, cité par Myers-Scotton & Jake, 1995)

Fonctions de l'alternance codique

Nous venons d'insister sur la dimension grammaticale du codeswitching. Ses multiples exploitations fonctionnelles sont sans doute encore mieux connues (par exemple Gumperz, 1982; Myers-Scotton, 1993; Auer, 1984, 1999a; etc.). En d'autres termes, il faut postuler l'existence de règles superordonnées aux deux systèmes, qui en régissent l'alternance dans le discours; dans le cas contraire, il faudrait en effet admettre que ces alternances sont dénuées de signification et purement aléatoires. Or, nous allons justement voir comment, derrière les alternances codiques, il y a des régularités qui conditionnent leur apparition et leur fonctionnement. On en trouve une première confirmation dans le

Manifestations discursives du bilinguisme

fait que des textes où l'alternance codique est utilisée comme moyen stylistique ont trouvé place dans la littérature, comme ce poème chicano déjà cité par Grosjean:

Quienes Somos

it's so strange in here
todo lo que pasa
is so strange
y nadie puede entender
que lo que pasa aquí
isn't any different
de lo que pasa allà
where everybody is trying
to get out
move into a better place
al lugar where he can hide
where we don't have to know
quiénes somos
strange people of the sun

lost in our own awareness
of where we are
and where we want to be
and wondering why
it's so strange in here

Pedro Ortiz Vasquez
(in: *The Bilingual Review / La Revista Bilingüe* 2 [1975], 293-294)

De la même manière, l'alternance codique remplit une série de fonctions discursives et communicatives dont on peut retrouver les traces dans le discours bilingue quotidien. Voici d'abord quelques raisons à l'emploi de l'alternance codique telles que les énumère Grosjean (1982, p. 152): (a) elle permet au locuteur de résoudre une difficulté d'accès au lexique, (b) elle confère à l'énoncé une valeur emblématique en ce sens qu'elle montre l'appartenance du locuteur à une communauté bilingue, (c) elle permet de sélectionner un destinataire au sein d'un groupe d'auditeurs, dans la mesure où, contrairement aux autres, il partage avec le locuteur la langue de substitution, (d) elle a une fonction métacommunicative, c'est-à-dire qu'elle suggère une certaine interprétation de l'énoncé, (e) elle ajoute au message une composante expressive (le locuteur exprime par exemple son attitude face à d'autres participants à la communication), (f) elle attribue aux participants les rôles habituellement associés à chaque langue.

On voit immédiatement que ces fonctions recouvrent un large spectre: a) est de nature psycholinguistique et concerne la maîtrise linguistique effective momentanée ou permanente; b) et f) sont de nature sociale, alors que c), d) et e) se rapportent à l'acte communicatif proprement dit, dans la mesure où elles contribuent à l'identification de trois de ses principales composantes: le destinataire, le destinateur et le message.

Plutôt que d'illustrer cette liste – complétée entre temps par de nombreuses autres recherches –, nous allons plutôt repérer toutes les alternances codiques contenues dans une seule conversation et nous interroger sur leurs fonctions. Nous postulons, en d'autres termes, des fonctions *localement repérables* de l'alternance codique. Nous discuterons aussi la question de savoir si le fait même de code-switcher fréquemment ne peut pas aussi véhiculer un signification plus *globale*.

> (L'intérêt particulier de l'exemple suivant réside dans le fait qu'il s'agit de fragments d'une conversation spontanée entre des femmes d'origine espagnole, vivant depuis plusieurs années à Neuchâtel. La conversation a été enregistrée avec un micro caché)
>
> D. ... porque por las buenas yo, por no tener jaleos, por colaborar como se debe, digo bueno, pues los pongo yo, me da el dinero y se acabó. Ahora, con cabronás de ponérmelos en lo alto de la oficina, en lo alto de la mesa de la oficina ¡sin explicación y sin ná! ça va pas ou quoi? ¿Por quién se toma este imbécil que apesta a vaca, eh? Y subo y digo, dice: bueno, je vais voir si je trouve, je monte tout de suite XXXX No me miraba ¿eh? él sabe muy bien por qué. No me miraba ¿eh? porque él busca... es un tio diablo, diabólico, ¿sabes? busca todos los medios de t'emmerder cuando no le das la contraria.

Dans ce premier exemple, la locutrice D. raconte à ses amies, indignée, la manière dont son chef de bureau – francophone – s'est conduit envers elle. Pendant ce discours, un nouveau destinataire apparaît soudain: la séquence française *ça va pas ou quoi?* s'adresse (de façon imaginaire) à son chef. L'alternance codique sert donc en même temps à marquer (a) le changement momentané de destinataire et (b) l'appartenance ethnique de ce nouveau destinataire. Pour se convaincre de la réalité de la première fonction, il suffit d'introduire *le dije* ou *le pregunté*, qui rempliraient le même rôle. A l'inverse, la locutrice n'aurait probablement pas passé au français si le chef de bureau avait également fait partie de la communauté migrante[8]. Oswald Ducrot a insisté sur le terme de *polyphonie* pour

---

8 Le lecteur attentif aura remarqué que nos interprétations ne sont jamais présentées que comme des possibilités, des probabilités. Nous sommes, en effet, convaincus qu'il serait parfaitement illusoire de vouloir construire un modèle comportemental selon lequel des facteurs donnés déclencheraient *nécessairement* un comportement de façon mécanique. Les facteurs présentés ici comme responsables de l'alternance codique constituent des détermina-

Manifestations discursives du bilinguisme 155

désigner la présence, dans un même discours, de plusieurs destinateurs et destinataires (Ducrot, 1980, p. 233). Dans un discours unilingue, il n'est pas toujours facile de mettre la polyphonie en évidence, car toutes les voix s'expriment dans la même langue. L'alternance codique permet d'attribuer une langue à chacune des voix et de percevoir ainsi le caractère polyphonique d'un énoncé. Ceci nous amène à étendre la définition de la fonction citée sous c): l'identification des interlocuteurs ne concerne pas seulement les partenaires effectivement présents au moment de l'énonciation, mais plus généralement tous ceux qui sont impliqués par le discours à un titre ou à un autre (locuteur et énonciateurs, allocutaires et coénonciateurs).

(La discussion porte sur un débat médical télévisé et diffusé la veille:)

C. Y había una chica que su hija había nacido con espina dorsal como
A. lo mismo, el mismo caso
C. el mismo caso que el de la pelicula, que ya dijo el... el... Bolonsky que el caso de la pelicula no era apropiado para debatir, si quieres exactamente
D. porque era muy... muy...
C. porque es un caso que muy a menudo, que es frecuente pero que no es...
B. tan extremo... no es extremo porque los de espina, ¿cómo es? espina...
A. {...}
C. espina, espina
D. la *moelle* sale, está seca y entonces tienen la espina dorsal sin *moelle* y ya está de nacimiento paralizado
C. Hablaron de la tragedia humana.
A. Sí, mujer, por Dios, los médicos se dan cuenta de la tragedia humana.
C. Y había una chica que dijo que a ella su hija cuando nació, le habían dicho *qu'elle était condamnée*

La situation est cette fois beaucoup plus complexe. Dans son dernier tour de parole, la locutrice C. rapporte une déclaration faite à la

---

tions qui peuvent être ressenties comme plus ou moins contraignantes par l'individu. En dernière analyse, c'est toujours l'individu qui perçoit ces déterminations et qui décide ensuite d'en tenir compte ou pas. Cette attitude était déjà la nôtre en ce qui concerne le choix de langue. Elle s'impose d'autant plus pour un phénomène stylistique comme l'alternance codique puisque le passage d'une langue à l'autre reste une *possibilité*, un *moyen stylistique* que le locuteur peut ou non utiliser.

télévision par une jeune femme (*una chica que dijo*) qui répétait elle-même un diagnostique porté par des médecins (*le habían dicho*). En d'autres termes, nous avons ici un enchâssement de trois énoncés: l'énoncé I, transcrit et reproduit ici; l'énoncé II, diffusé à l'origine par la télévision et inclus dans le premier; l'énoncé III, prononcé par les médecins à l'intention de la locutrice de II.

A nouveau, l'alternance codique contribue à rendre la polyphonie plus transparente. En même temps, l'énoncé III, sur lequel porte l'alternance, véhicule un message socioculturel: les médecins sont assimilés à la société d'accueil francophone. Au contraire du premier exemple cité, le nombre de voix dépasse ici le nombre de langues, et alors qu'on pouvait se passer d'une attribution explicite des énoncés par des moyens syntaxiques dans le premier, elle est ici nécessaire malgré l'alternance codique. A côté de la subordination syntaxique avec une conjonction, elle est réalisée au moyen de l'articulation en thème et rhème: le thème de l'énoncé I est *la chica*. Il subsiste dans l'énoncé II, mais *su hija* apparaît. En III, les médecins s'ajoutent aux deux premières personnes. Tandis que la thématisation de *chica* ne pose pas de problème (*había una chica que dijo*), la double thématisation de *chica* et *hija* est à l'origine d'un essai de double antéposition – syntaxiquement irréalisable dans le cadre de la norme. En conséquence, on assiste à la création d'un syntagme nominal *su hija* qui ne s'intègre pas à la syntaxe de la phrase. La triple thématisation en III aurait certainement posé encore plus de problèmes, mais ils sont élégamment évités par le changement de langue.

(la discussion porte sur le travail de A. à la bibliothèque)

A. *Así que::: que luego vino una mujer que tiene una tienda de:: .. de caballeros, de... de trajes* XXXXXXXXXXXXXXXXX *¿Es usted la que se ocupa des gamins? Digo: sí sí.. Vous savez? Mes enfants sont en vacances*
B. *y haberle dicho que*
A. *et vous avez envoyé deux rappels. Je dis, mais avant d'aller vos enfants en vacances, Madame, il fallait venir à la bibliothèque me donner les livres qu'ils me doivent. Vous avez regardé la date, eh? Ah, je n'ai pas regardé la date .. Je dis: si vous n'avez pas regardé la date, vous n'avez pas à m'embrouiller, à m'embêter. Je n'ai pas le temps, Madame, j'ai beaucoup de monde, ici en bibliothèque, je ne peux pas perdre mon temps... Soyez polie! J'ai dit: pourquoi? C'est malhonnête? je pense que des deux c'est vous la malhonnête! .. Et vous, vous allez me dire qu'est-ce je fais avec quatre enfants? J'ai dit: Madame, si vous avez quatre enfants, c'est parce que vous les avez bien voulus, non? et si vous n'êtes pas capable, il fallait pas les faire* ¡Huy! Daba voces, ¿sabes?

Manifestations discursives du bilinguisme 157

A. Digo, *vos enfants sont partis en vacances? Vous n'auriez jamais dû les laisser partir sans me donner les livres qu'ils me doivent. J'ai pas regardé la date.. Vous savez pas me téléphoner, ma belle?*
B. Haberle dicho: diga a sus hijos que ya que leen el libro, que lean la fecha.
A. [...] Sebastian, c'est le ... el último, no, el penúltimo; digo .. *Sebastian votre fils, il s'en fiche, Madame, parce que ça fait un mois j'ai réclamé un livre qu'il prétendait jamais avoir eu, et il avait son livre.*

Le dernier tour de parole comprend une double alternance, en ce sens qu'un «îlot» en langue française – enchâssé dans un discours en langue de base espagnole – contient lui-même un segment enchâssé en espagnol. Dans le segment français la locutrice, qui travaille dans une bibliothèque, rapporte un énoncé qu'elle a elle-même émis à l'intention de la mère d'un jeune abonné. Le retour à l'espagnol indique qu'il s'agit d'un commentaire sur cet énoncé, chargé d'expliquer aux participants qui est ce Sebastian. Ici s'ajoute à la polyphonie dans le sens des deux premiers exemples une dimension métadiscursive: l'alternance codique à l'intérieur de l'alternance codique marque le passage du discours au métadiscours.

Les fonctions de l'alternance codique ne sont pas toujours aussi aisément reconnaissables. Mais la netteté avec laquelle il a été possible de les mettre en évidence ici suggère une extension prudente à des cas moins clairs (toujours dans la même discussion).

C. Pero ya dijeron que la película, que ese último gesto un médico nunca lo hace.
A. No claro, qué va.
C. Porque simplemente no dándole el alimento que necesita...
A. {Pues ya lo dejan}
C. No, porque ellos no dicen eutanasia pura, o sea, matar. No.
A. Eutanasia pasiva.
C. Dejarle a la naturaleza
E. Eso es, eso es
C. *Ce n'est pas la même chose, tandis que la*
  {...}
A. ¿Tú has leído el libro de S.?
C. {...} *le dernier*, sí. En la película la última escena es de que el médico, uno de los jóvenes médicos que ha visto a ese niño y que los padres están, ya han pasado las 48 horas, ya saben que va, porque le han operado las 24 horas, ya saben que de todas maneras va a [...] enseguida.

Ici, le destinataire ne change pas, pas plus qu'il n'y a de commentaire métadiscursif. Mais ne pourrait-on pas dire que le syntagme a été implicitement placé dans la bouche d'un journaliste ou d'un critique littéraire qui a présenté le livre de S. comme le dernier? L'alternance codique sert ici à faire la différence entre la lecture personnelle et le statut officiel du livre. Le dernier ouvre l'énoncé vers une dimension intertextuelle: la restitution d'un discours officiel au sujet du livre en question. La distinction que Gumperz (1967) propose de faire entre le «they-code» et le «we-code» se manifeste ici de manière tout à fait particulière. Le discours officiel au sujet d'une nouvelle parution passe par le «they-code», la discussion portant sur la lecture personnelle se fait en «we-code».

Dans les quatre exemples précédents, les fonctions de l'alternance codique ont toujours été de nature discursive. Au cours de notre discussion des aspects lexicaux du parler bilingue, nous avons cependant vu qu'il peut y avoir des fonctions de nature plus psycholinguistique concernant l'accès au répertoire verbal ou son extension.

(A. explique comment elle est venue en voiture à l'endroit où a lieu la conversation:)

A. [...] porque N. estaba en mi casa y me ha traido, si mi casa resbala como una *patinoire*. Digo, ¿tu vas a la *gare*? Yo iba a casa de B.

Nous avons ici un cas limite d'alternance codique. Derrière l'expression figurée, on devine la présence de la formule française *ça glisse comme une patinoire*. Pourquoi n'a-t-elle été que partiellement traduite? On pourrait très bien imaginer une formule comme *resbala como una pista de hielo*. En fait plusieurs raisons font obstacle à une telle traduction: le mot composé *pista de hielo* est plus complexe que le dérivé *patinoire*; le patinage sur glace est un sport populaire à Neuchâtel; la patinoire fait partie du quotidien d'un Neuchâtelois, ce qui n'est évidemment pas le cas d'un Castillan ou d'un Andalou; ainsi le mot français est certainement plus disponible pour un bilingue que le mot espagnol; tandis que l'usage figuré *ça glisse comme une patinoire* est courant à Neuchâtel et appartient au domaine du précodé, l'image devrait être créée de toutes pièces en espagnol; elle n'appartient pas à la norme habituelle et pourrait, à la limite, être sanctionnée comme infraction à celle-ci; en d'autres termes, l'emploi de l'expression figée renvoie ce qui est signifié à la réalité quotidienne de la région d'accueil. Certes, on peut se demander pourquoi seul le lexème central de l'expression apparaît en français. Le calque partiel tend à montrer que l'image est intégrée à l'espagnol parlé par les migrants de Neuchâtel. *Patinoire* semble, pour la locutrice, ne plus représenter une alternance codique au sens étroit (= passage d'une langue à l'autre sur le plan de la *parole*), mais un emprunt appartenant déjà au vocabulaire d'une variété «neuchâteloise» de l'espagnol (phénomène de *langue*). Nous avons déjà interprété la deuxième partie de l'énoncé *tu vas* [prononciation espagnole] *a la gare* dans le même sens plus haut.

Ces analyses permettent de compléter et de préciser sous forme de tableau la liste des fonctions de l'alternance codique donnée par Grosjean:

I	Marquage de l'appartenance des locuteurs/auditeurs à une même communauté bilingue et biculturelle	tous les exemples
II	Indication du destinataire original dans un discours rapporté	a, e
III	Indication du destinateur original dans un discours rapporté	b, c, d, e
IV	Marquage d'un commentaire méta-discursif	c
V	Accroissement du potentiel référentiel	alternances codiques lexicales comme *patinoire* et *gare*
VI	Utilisation d'avantages spécifiques à l'une ou l'autre langue (expressions précodées, mots transparents, etc.)	*patinoire*
VII	Marquage de l'appartenance de l'événement relaté à un domaine d'expérience («fonction déictique»)	a, b, c
VIII	Amélioration de l'accès lexical	b

PARLER BILINGUE ET ACQUISITION DES LANGUES: LES APPRENANTS CODE-SWITCHENT-ILS?

Revenons pour un instant à l'exemple (b). Nous y trouvons un cas illustrant comment l'extension du vocabulaire peut être déclenchée par une alternance codique lexicale:

C. los {casos} de espina, ¿como es? espina...
A. {...}
C. espina, espina...
D. *la moelle* sale, está seca, y entonces tienen la espina dorsal sin *moelle* y ya está de nacimiento paralizado.

La locutrice C hésite à un certain moment; le mot *médula espinal* lui manque, soit qu'elle ne l'ait jamais connu, soit qu'elle l'ait oublié, soit encore qu'elle ne l'ait pas présent à l'esprit à l'instant même. Son interlocutrice D lui vient en aide avec le mot français *moelle* et enchaîne en espagnol dans une co-construction de l'énoncé. L'occurrence du mot français est peut-être due au fait que la discussion porte sur une émission de télévision en français diffusée la veille. C'est dans le domaine lexical justement que l'étendue et la disponibilité du vocabulaire sont liées aux circonstances personnelles du locuteur, elles-mêmes conditionnées par l'environnement culturel, social et professionnel.

Mais ne s'agit-il pas plutôt d'une formulation transcodique dans le sens défini plus haut, d'une «bouée transcodique» (Moore, 1996) employée dans une situation de détresse lexicale en situation exolingue? Nous allons suggérer dans ce qui suit qu'il n'est pas toujours possible de maintenir l'opposition entre «bilingue» et «exolingue» parce qu'il s'agit, en réalité, de pôles sur deux axes différents qui constituent un espace bidimensionnel.

Une des raisons de nombreux malentendus est que l'on a tenté d'opérer avec une dichotomie exolingue *vs* bilingue. En réalité, il s'agit d'un espace bidimensionnel formé de deux axes allant de l'exolingue (situation définie par une asymétrie constitutive entre les compétences des interlocuteurs) à l'endolingue et du bilingue (situation appropriée à l'emploi alternatif ou simultanée de deux langues) à l'unilingue. On peut représenter ce système comme suit:

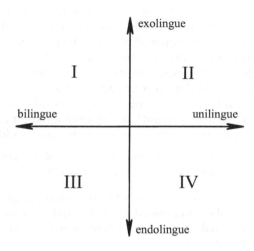

Selon différents critères (formalité de la situation, répertoires des interlocuteurs, visée communicative, etc.) les interlocuteurs négocient et définissent la place de chaque interaction à l'intérieur de cet espace. En fonction de cette interprétation mutuelle de la situation – qui peut changer d'un instant à l'autre suite à un changement de thème, dans la constellation des participants, etc. –, la «*même*» trace formelle d'un contact entre deux systèmes linguistiques peut acquérir un statut différent. Dans le quadrant IV, les marques transcodiques ne seront guère tolérées (voire interprétées comme interférences) et les locuteurs bilingues désactiveront, dans la mesure du possible, la deuxième langue; dans le quadrant II elles seront peu efficaces communicativement parlant (par manque de maîtrise ou de tolérance de la part de l'auditeur/lecteur). Près du pôle 'bilingue', au contraire, l'emploi des deux langues est possible et légitime. Entre membres d'une communauté bilingue (quadrant I), c'est le domaine par excellence du *code-switching* ou alternance des langues.

Une étude attentive des exemples d'un corpus de conversation exolingue suggère en effet l'hypothèse que des apprenants font un emploi plus ou moins «bilingue» de marques transcodiques selon que la situation, voire les interlocuteurs le leur permettent.

Les cas prototypiques de formulation transcodique sont ceux où le locuteur migrant signale qu'il perçoit l'élément en question comme appartenant à sa langue d'origine, par exemple par des pauses d'hésitation, par des guillemets ou par des balises de tout genre (Faerch & Kasper, 1983; Poplack *et al.*, 1988). Dans le traitement dialogique, les balises fonctionnent comme indicateurs d'obstacle lexical, permettent l'interprétation, par l'interlocuteur, comme demande d'aide et représentent par conséquent le premier mouvement d'une séquence de *travail lexical* (indice d'obstacle + formulation transcodique par locuteur non natif –> proposition de formulation par locuteur natif –> ratification par locuteur non natif). Dans l'exemple suivant[9], on observe ainsi un cumul de telles balises (pause remplie, pause vide, *wie sagt man?*, pause vide):

> LN   Haben Sie auch schon bemerkt, dass die Leute nicht gerne hochdeutsch sprechen, oder wie sie es zum Teil auch nicht so gut können?
> LNN Ja, ein Teil davon eh ... hat nicht sehr gerne hochdeutsch sprechen, aber ... ich habe ... mit uns oder mit eh ... mit mir zum Beispiel, es gibt Leute, die ... haben gern/ nicht gern, aber sie machen ein eh ... wie sagt man? ... *un effort.*
> LN   Ja, sie geben sich Mühe.
>   <corpus Sommer D 10.21>

La formulation transcodique possède, ici, un statut dialogique propre qui marque une situation exolingue-unilingue.

Mais pourquoi choisir une stratégie interlinguale? Dans la mesure où le LNN agit sur la base d'une appréciation du problème communicatif et de l'ensemble des stratégies compensatoires disponibles, il aura vite fait de remarquer que les stratégies basées sur L1 sont en général les moins efficaces (Haastrup & Phillipson, 1983, p. 155). Si l'on admet la validité de la maxime de la coopérativité en situation exolingue, il ne les choisira donc que lorsqu'il se trouve dans une situation de détresse et que tous les autres moyens font défaut. Ou alors – et c'est là que cela devient intéressant dans notre contexte – lorsque son appréciation de la situation lui permet de supposer un minimum de maîtrise de sa L1 de la part des LN. C'est le cas de l'exemple prédédent (LN enseigne par ailleurs le français qu'elle maîtrise très bien). En d'autres termes, la situation reste exolingue, le mode de parler reste unilingue, le recours à la L1 reste une stratégie compensatoire, mais l'efficacité de cette dernière est favorisée

---

9   Exercice de conversation libre entre un locuteur romand venu travailler en Suisse alémanique et sa professeure d'allemand dans le cadre de leçons privées.

Manifestations discursives du bilinguisme 163

par l'existence d'un espace d'interlocution potentiellement bilingue (Giacobbe, 1992, p. 93). Cette forme de «distorsion» du mode unilingue est caractéristique de l'usage du code-switching repéré auprès d'apprenants débutants qui, sans parler la langue cible, «savent» que celle-ci est proche de leur L1 ou d'une langue qu'ils parlent mieux (par exemple dans le cas italien/espagnol).

Or, on peut montrer que des LNN exploitent parfois le bilinguisme potentiel de la situation de façon plus variée, emploient certaines stratégies communicatives bilingues et sont aussi et surtout impliqués par des bilingues plus compétents qu'eux dans de telles stratégies. C'est ce qui va leur permettre de se constituer en de véritables «bilingues in statu nascendi».

```
    LN    tu fais quoi quand tu as congé?
    LNN   mh je vais à Oberwil dans un Tanzstudio (prononcé [stydio]) et je
    LN    dans un studio de danse
    LNN              oui je fais je fais du Jazztanz
 5  LN    mhm
    LNN   et je joue du piano (rire)
    LN    ah tu fais beaucoup
    LNN   oui ça va (rire)
    LN    tu peux combiner mh la musique avec la danse puisque tu prends
          des leçons de piano
10  LNN   non
    LN    pas tellement? tu sais jouer du jazz?
    LNN   non non pas encore . mais ah alors je je joue pas du piano et je
          danse mh Jazzmusik
    LN    mhm [...] mais peut-être plus tard tu pourrais quand même
    LNN   oui peut-être
15  LN    parce que c'est assez marrant
    LNN   oui (rire)
    LN    et puis pour le Jazztanz vous êtes beaucoup ou bien
    LNN   nous sommes un groupe à dix personnes
                                                      < Lü 3T11M>
```

L'exemple qui précède provient d'un entretien informel entre une adolescente alémanique (LNN) et une Romande (LN) en situation parascolaire. Malgré la consigne de parler français, l'allemand apparaît par endroit. D'abord interprétées mutuellement comme demandes d'aide (lignes 2-4: *Tanzstudio* -> studio de danse -> oui), les formulations transcodiques ne sont progressivement plus relevées par LN (qui se limite à acquiescer, lignes 5 et 13) et, à un moment donné, même reprises par elle

(l. 17: *Jasstanz*). Elle accepte et entérine, ce faisant, un glissement de la situation vers une définition plus bilingue.

Dans l'exemple suivant[10], il y a sans aucun doute un *code-switching*, initié par LN et entériné par LNN avec la fonction d'exploiter le potentiel dénominatif ponctuellement plus nuancé de l'allemand, qui distingue entre *homme-Mensch* et *homme-Mann*:

LN	... et cette réalité Ramuz la gé-né-ra-lise dans: le/ dans cet alinéa' par une affirmation très forte' très dure et précise ...
LNN	Ah [c'est] . dernière phrase'
LN	Ouais
LNN	Elle ne pensait pas à la seule chose véritable qu'est la cruauté des hommes
LN	Ouais . des hommes *der Menschen? der Männer?*
LNN	Des/ *der Menschen* .
LN	Ah . ce serait intéressant de voir dans une traduction . vous traduire:z . traduisez «la cruauté des hommes» toute l'expression
LNN	Euh *die Grausamkeit . der Menschen*
LN	Mh .. on peut se d'mander . moi j'traduirais quand même par *«die Grausamkeit der Männer»* .. eh: mais . à discuter

Même en situation d'examen (à vrai dire à l'instigation de l'examinatrice), le choix du caractère bilingue ou unilingue de l'interaction est donc renégociable; et l'on peut ainsi trouver, dans un même échange, des formulations transcodiques fonctionnant comme stratégies compensatoires dans un mode unilingue et des code-switchings exploitant la compétence bilingue, quoique déséquilibrée, à des fins discursives.

Vasseur (1990a) a observé des comportements du type des exemples précédents chez des femmes migrantes latino-américaines débutantes: elles emploient des mots français pour évoquer les activités scolaires de leurs enfants, les démarches d'inscriptions, etc., mais «les mots qui restent attachés à ces expériences passées [c'est-à-dire les souvenirs du Chili ou de la Colombie] restent des mots espagnols». Or, ces formulations transcodiques ne disparaissent pas, mais continuent à apparaître, chez les mêmes locutrices, à un stade d'acquisition plus avancé. Elles sont simplement, maintenant, accompagnées de mesures de précaution, de balisage – qui les signalent comme des mots de L1 – et de suffisamment d'information pour les rendre admissibles pour l'interlocuteur

---

10 Corpus d'examens de baccalauréat oraux.

natif. Nous constatons donc l'existence, chez des apprenants débutants déjà, de formulations transcodiques qui fonctionnent comme de véritables code-switchings à fonction déictique, voire polyphonique. Et cela même s'il s'agit, au début, d'effets secondaires de cas où une marque transcodique sert de dénomination médiate (voir Lüdi, 1994) plus ou moins floue due à une asymétrie des compétences. Pourtant, dès qu'il est capable de séparer les deux codes et d'évaluer le potentiel bilingue d'une situation plus ou moins propice à un mode de parler bilingue, le LNN peut tenter d'exploiter le potentiel déictique, dénominatif et discursif de l'ensemble de son répertoire. Par ailleurs, nous sommes en présence de traces d'une évolution de la faculté de code-switcher en fonction de l'évolution de la compétence interlangagière. A un stade plus avancé de l'acquisition, la «même» marque transcodique peut alors exploiter l'espace d'interlocution bilingue et être présentée par LNN – et acceptée par LN – comme l'expression appropriée.

La fréquence et les fonctions des marques transcodiques ainsi que l'évolution de leur emploi dépendent étroitement de la manière dont LN et LNN définissent la situation. Si le statut de marqueur exolingue peut alterner avec celui de marqueur bilingue, le dernier étant simultanément l'opérateur et l'indice du mode de parler bilingue, ceci n'est valable qu'à condition que la situation puisse être définie comme bilingue. Or, nombre d'apprenants n'ont que rarement ou même jamais l'occasion de vivre des situations bilingues; par ailleurs, chaque communauté bilingue exploite le potentiel du parler bilingue à sa manière. Cela nous amène à rejeter des généralisations trop rapides et à opérer plusieurs distinctions:

- Chez des apprenants qui visent l'intégration dans une communauté unilingue, l'emploi de la formulation transcodique ne sera qu'un phénomène passager et disparaîtra progressivement.
- Chez des apprenants qui s'intègrent dans une communauté bilingue (par exemple des migrants portugais à Paris ou espagnols à Neuchâtel), on s'attendra à un emploi des marques transcodiques qui se rapproche de plus en plus des normes du parler bilingue du réseau social respectif du migrant.
- Les apprenants qui se trouvent dans des situations potentiellement bilingues en dehors de communautés bilingues véritables – par exemple les Suisses alémaniques et les Suisses romands dans leurs contacts mutuels – doivent apprendre à employer la formulation transcodique en fonction d'une évaluation de la situation et des réactions des interlocuteurs natifs. L'hypothèse que nous essayons

actuellement de vérifier est qu'ils y réussiront d'autant mieux que la négociation des fonctions et de la légitimité de la formulation trancodique au sein de la culture de communication en classe ressemble à celle qui s'observe en situation extrascolaire (voir Lüdi, 1999).

LES MARQUES TRANSCODIQUES COMME EMBLEMES OU COMME STIGMATES

Dans les transports publics des grandes agglomérations urbaines suisses alémaniques, on peut souvent entendre des dialogues comme le suivant:

> A: perché meinsch che se tu ti mangi Emmentaler o se tu ti mangi una fontina isch au en Unterschied, oder? schlussändlich è sempre dentro lì però il gusto isch andersch.
> B: è vero!   (Franceschini, 1998a, p. 59ss.)

En s'exprimant de cette sorte, ils rendent mutuellement manifeste leur appartenance commune à la «deuxième génération» de la communauté migrante italienne. Et ils ne se gênent en général pas de parler de telle sorte en présence de tiers, manifestant pour ainsi dire publiquement – et non sans une certaine fierté – leur identité métissée. Selon Franceschini, ils ont aussi un nom pour cette forme de parler bilingue: «l'italoschwyz» (Franceschini, 1998). Lors de nos enquêtes à Neuchâtel au début des années 80, des femmes migrantes s'efforçaient au contraire de parler français entre elles; «par politesse», disaient-elles, par peur d'être stigmatisées par l'emploi de langue d'origine dirait-on plutôt de l'extérieur.

La question de savoir si les marques transcodiques ont une valeur stigmatisante ou au contraire une valeur emblématique ne concerne plus le même niveau d'analyse que dans les réflexions précédentes. Contrairement au fonctions *locales* de chaque code-switching particulier, nous nous référons plutôt, ici, à une fonction *globale* du parler bilingue en général[11].

---

11 Dans ce sens, la différence entre *code-switching* et *code-mixing* proposée par Auer en raison des fonctions locales ou globales du code-switching ne nous semble pas pertinente: quelle que soit leur forme, certaines marques transcodiques véhiculent une fonction locale et d'autres non, mais la fonction

MARQUES TRANSCODIQUES ET IDENTITE SOCIALE

Pour comprendre ce phénomène, nous allons faire une petite incursion dans la psychologie sociale. Dans l'interaction, nous «identifions» – c'est-à-dire catégorisons – nos interlocuteurs sur la base de traces de leur «identité» dans leur manière d'être et d'agir. L'observateur externe peut (et doit) donc partir, dans l'analyse de l'identité sociale[12], de ces observables qui représentent un groupe à ses propres yeux ainsi qu'aux yeux des autres. Avec l'ethnologue neuchâtelois Pierre Centlivres, nous parlerons des idiomes de l'identité. L'importance emblématique des marques discursives est incontestable; elle a d'ailleurs déjà été relevée par Labov (1976, p. 187) et Giles, Scherer & Taylor (1979). Elles reflètent et parfois proclament des valeurs identitaires dans la mesure où leur emploi véhicule une signification sociale particulière. Une communauté attribue ainsi, dans ses représentations sociales, un certain nombre de places à un alloglotte, voire à un étranger (touriste, non citoyen, «quelqu'un qui nous vole notre place de travail» ou, au contraire, «quelqu'un qui occupe une fonction privilégiée», etc.) C'est ici qu'il faut situer le fonctionnement des marques transcodiques comme emblèmes (ou stigmates) d'une identité bilingue.

Des recherches récentes sur l'identité mettent l'accent sur une conception activiste, constructiviste de celle-ci. Dans cette perspective, les «idiomes de l'identité» jouent un rôle important. Nous distinguerons, à la suite de la psychologie sociale (par exemple Giles, Scherer & Taylor, 1979), entre un niveau de traces de l'âge, du sexe, etc., qui échappent au contrôle de l'individu – l'identité manifestée –, et un deuxième niveau où les marqueurs discursifs acquièrent une pertinence particulière en manifestant nos croyances à propos et nos attitudes envers les catégories sociales: l'identité revendiquée. Ce sont alors surtout les marques de l'identité revendiquée qui ont fonction d'emblèmes tandis que les traces de l'identité manifestée peuvent aussi bien être stigmatisantes.

---

    valorisante ou stigmatisante s'exerce indépendamment du fait qu'il y a fonction locale repérable ou non (Auer, 1999; Franceschini, 1999, Lüdi, sous presse).

12 Nous la définissons avec Tajfel comme «that part of an individual's self-concept which derives from his or her knowledge of his or her membership in a social group (or groups) together with the values and emotional significance attached to that membership» (Tajfel, 1978, p. 63).

L'identité est toujours définie par rapport un groupe, à une communauté. Or, un groupe est en tout premier lieu défini par le fait qu'il est perçu comme tel par ses membres ainsi que par la société environnante. A l'encontre de l'hypothèse d'un déterminisme social de l'identité linguistique, on mettra l'accent «sur la liberté qu'a l'individu de choisir entre diverses façons de parler en fonction du contexte» (Lafontaine, 1986, p. 58). C'est ici qu'intervient la notion d'acte d'identité développée par Le Page & Tabouret-Keller. Pour ces auteurs, le comportement langagier peut être conçu comme une série d'actes d'identité à travers lesquels les locuteurs révèlent autant leur identité personnelle que le rôle social auquel ils aspirent, voire le groupe social auquel ils voudraient adhérer (Le Page & Tabouret-Keller, 1985, p. 14). C'est dans ce contexte que la question de la fonction emblématique ou stigmatisante du parler bilingue prend toute son importance.

STATUT AMBIGU DES MARQUES TRANSCODIQUES COMME «MEMBERS CATEGORY» CHEZ DES MIGRANTS INTERNES EN SUISSE

Nous le disions déjà dans un chapitre précédent, rares sont les migrants qui osent s'autocatégoriser explicitement comme «bilingues». Cependant, en l'absence d'une autocatégorisation explicite, d'autres indices renvoient avec suffisamment d'évidence à une identité bilingue. On citera le cas d'une Tessinoise à Lucerne qui hésite de façon révélatrice en répondant à la question de la langue maternelle et emploie une marque transcodique balisée: «*[sono] di lingua materna italiana, ma adesso mi chiedo se sia giusto di dire veramente lingua materna, mi viene in mente* maternelle».

Or, la trace par excellence de l'identité bilingue consiste à «parler bilingue». Chez une famille fribourgeoise à Bâle, des changements intéressants sont survenus, à ce propos, avec les années. Après moins de deux années de vie à Bâle, l'allemand, ou plutôt le suisse allemand, voire un mélange des deux, semblait prendre une place importante au sein même des échanges familiaux (surtout chez les enfants évidemment). 18 mois plus tard, et bien que la langue de la famille soit restée le français, les parents recourent, eux aussi, parfois à des marques transcodiques: «*je suis vraiment trop* faul *pour sortir*», (parlant d'une petite fille) «*elle* fremdet». Ces formes de parler ne sont évidemment pas explicitement revendiquées, mais on n'éprouve pas de gêne à les employer.

Un Tessinois habitant Fribourg et travaillant à Berne avoue ouvertement mélanger:

Manifestations discursives du bilinguisme

> a me capita di mettere parole tedesche nel discorso [quand il parle français avec sa femme], ma a mia moglie no perchè anche se parla meglio di me il tedesco proprio non gli piace; mettiamo delle parole in italiano questo sí certe volte più per ridere che per altro.

Un autre Tessinois alterne entre l'italien et le français. Mais il n'arrive pas vraiment à assumer ces mélanges qui, tout en étant admis et pratiqués dans son entourage lui donnent des frissons d'horreur, et il craint de retomber «*nel tanto deprecato errore dell'interferenza*». Autre indice de son attitude ambiguë: si son enfant mélangeait, il trouverait cela intéressant et essayerait de l'étudier [sic], mais il le laisserait faire et se corriger lui-même. S'il continuait à mélanger à l'école, il interprèterait par contre ce fait comme un manque de maîtrise des langues en question...

De son côté, un juriste du haut du canton de Neuchâtel qui s'est installé deux ans et demi à Bâle avant que nous l'ayons rencontré, revendique sa francophonie avec une pointe de purisme: «*j'ai un côté un peu puriste, mais encore une fois, parce que je crois qu'il y a un danger: comme Suisse romand on emploie déjà tellement de germanismes sans s'en rendre compte*». Il ne veut pas vraiment devenir bilingue, de peur de perdre quelque chose d'essentiel. En effet, le danger d'abâtardissement guette: «*je pense qu'il y a un danger d'abâtardissement de la langue, à trop baigner dans une autre culture et dans une autre langue, ça je crois que c'est un fait*». Malgré tout, dans sa pratique langagière, cet informateur, qui refusait pourtant les germanismes, n'évite pas totalement les marques transcodiques, le plus souvent balisées, qui sont comme des traces, à la surface du discours, de sa vie de Romand à Bâle: «*je pense que je suis assez euh* belastbar *comme on dit en allemand, hein*», «*il faut dire une chose c'est qu'Bâle est peut-être un, un* sonderfall, *hein*».

Le statut ambigu des marques transcodiques et du parler bilingue auprès de migrants internes en Suisse ressortent bien de ces énoncés. Il s'agit incontestablement d'une pratique très répandue, indiquant une identité bilingue. Mais sa valeur est autant stigmatisante qu'emblématique; rares sont ceux qui la revendiquent sans restriction. Dans le sens de la distinction faite plus haut, on parlera plutôt d'une identité manifestée que d'une identité bilingue revendiquée.

Ceci explique que les mêmes phénomènes formels peuvent revêtir, dans des situations de contact différentes, des fonctions opposées. On a ainsi observé que les bilingues anglais-français à Ottawa «balisent» leurs marques transcodiques (*flagging*) en guise de mesure de précaution tandis que les Puertoricains à New York préfèrent le code-switching non balisé (*smooth code-switching*) sans doute parce que pour les uns le mélange est plutôt stigmatisant, pour les autres plutôt valorisant.

L'ambiguïté des marques transcodiques se manifeste d'ailleurs par des notions alternatives, plus ou moins négativement connotées comme «formes hybrides de la communication» (Gardès-Madray & Brès, 1987, p. 79), «pratiques d'emprunt et de métissage» (Wald, 1986, p. 62), voire de «mixité» (Valdman, éd., 1979, p. 10), etc. Pour Cadiot (1987, p. 50) le mélange des langues

> est considéré comme honteux, irrecevable, voire même en un sens maudit. Associée aux représentations sociales de l'impur, cette image est évidemment renforcée par tout ce que l'école, en particulier, véhicule en fait de valorisation de l'intégrité symbolique de la langue.

On peut en effet voir là le reflet d'une «idéologie unilingue» répandue, selon laquelle – tout en admettant qu'il vaut mieux parler une langue standardisée qu'une variété vernaculaire – toute variété vernaculaire «pure» est encore préférable à des mélanges, qui sont interprétés comme signe de décadence et comme preuve d'une personnalité instable et troublée. Ce souci pour la langue est particulièrement fort chez des francophones, comme l'illustrait aussi la citation dans le paragraphe précédent.

LES MARQUES TRANSCODIQUES COMME MARQUES DE LA NON APPARTENANCE A UNE COMMUNAUTE

Parler une langue manifeste, disions-nous, la volonté d'appartenir au groupe qui parle cette langue. Au contraire, des connaissances limitées d'une langue rendent manifeste le statut d'étranger, voire de non membre du groupe d'un locuteur (Ehlich, 1986, p. 48). Ceci est particulièrement vrai dans le cas de migrants. Ces marques disparaissent avec la progression de la maîtrise en langue d'accueil, et avec elles la distance entre le migrant et le groupe d'accueil: dès que l'apprenant a atteint une bonne maîtrise de la langue, il est catégorisé comme membre du groupe – et on attend de lui qu'il se comporte comme tel (Ehlich, 1986, p. 49).

Il est évident que le fait d'être identifié comme alloglotte, comme étranger, peut entraver sérieusement la liberté d'action d'une personne. Mais cette catégorisation représente aussi, dans un certain sens, un avantage, une forme de protection (Ehlich, 1986, p. 48). Dans une perspective légèrement différente, Hess-Lüttich insiste sur le rôle de certaines de ces marques, qu'il appelle xénismes, et qu'il qualifie de «signaux de distance» par rapport aux attentes liées à l'appartenance au groupe (Hess-Lüttich, 1986, p. 9).

A plus forte raison qu'en situation bilingue, l'emploi de marques transcodiques – par exemple le maintien volontaire d'un accent – constitue, en situation unilingue, une manière de revendiquer une identité différente de celle de la communauté d'accueil. C'est, par exemple chez des Espagnols à Neuchâtel, comme nous l'avons mentionné plus haut (chapitre 3), le reflet linguistique du sentiment d'être à la fois Suisse et étranger. Il manifeste l'intégration dans le sens d'une participation simultanée, dans une mesure variable, à des activités à l'intérieur et à l'extérieur de la communauté migrante, établissant ce que les chercheurs de la Fondation Européenne de la Science ont appelé une «référence bilatérale»[13] (European Science Foundation, 1988, p. 7; Rex et al., 1987, p. 187).

---

13 «bilaterality of references».

Chapitre 7

Incidences didactiques et éducatives

Le portrait que nous avons dressé des migrants et de leur bilinguisme, même s'il est limité par les particularités contextuelles que nous avons choisies, représente un ensemble croissant de bi- et plurilingues actuels et potentiels. Il ne fait guère de doute que le bilinguisme issu de situations de contact (c'est-à-dire de situations de migrations, au sens large que nous avons donné à ce terme) va se généraliser dans les décennies qui viennent. Par conséquent, les observations et réflexions que nous avons exposées dans ce livre ont sans doute une valeur didactique au moins potentielle, en ce sens qu'elles relatent l'expérience de personnes qui se trouvent justement dans des situations analogues à celles auxquelles l'enseignement des langues est censé préparer. Sans revenir à une démarche «applicationniste» désuète, il nous semble possible de dégager certains points de repère (Coste, 1997). Aux didacticiens et enseignants de décider ensuite du sort qui doit être réservé à nos suggestions!

Essayons, d'abord, de situer nos réflexions dans le cadre de la politique linguistique suisse et européenne. Au vu d'une société mondiale de plus en plus mobile, le bi-/plurilinguisme est de plus en plus souvent considéré, pour l'individu aussi bien que pour la communauté, comme un capital symbolique important. Aussi bien le Conseil de l'Europe (par exemple dans les recommandations R 98 (6) du Conseil des Ministres du Conseil de l'Europe de 1998) que la Commission de l'Union Européenne (voir par exemple le «Livre blanc» de 1995) ont affirmé qu'un plurilinguisme et un pluriculturalisme bien planifiés constituent des atouts économiques certains pour l'individu aussi bien que pour la société. Des arguments politiques («favoriser la citoyenneté démocratique»), culturels («préserver la diversité linguistique comme héritage historique inaliénable»), économiques («donner accès à tous les jeunes à une qualification clé pour la vie professionnelle») et écolinguistiques («maintenir l'équilibre et la complémentarité d'une multitude de perspectives sur le monde dans un «écosystème» linguistique vivant») soutiennent une politique linguistique éducationnelle visant des compétences de tous les jeunes européens dans au moins trois langues. De même, le *Concept général pour l'enseignement des langues en Suisse* de 1998 (Lüdi et al., 1998) propose de développer les répertoires linguistiques des élèves dans la direction d'un plurilinguisme fonctionnel, en partant des compétences unilingues ou plurilingues existantes, dans le cadre d'une didactique des langues intégrée.

Dans ce contexte, nos réflexions sont pertinentes à plusieurs respects:

a) à propos de la valorisation des différentes formes de bilinguisme langue d'origine – langue d'accueil sur les marchés linguistiques locaux et de leur soutien par les systèmes éducatifs,
b) à propos des formes d'appropriation des langues secondes en milieu social et, simultanément, avec le soutien de l'école, voire de la continuation des opérations d'appropriation après la scolarité,
c) à propos de la dimension interculturelle de l'éducation plurilingue (visant des répertoires plurilingues) et, plus particulièrement, de l'enseignement bilingue (enseignement de matières scolaires dans plus d'une langue).

QUELLE VALEUR DES LANGUES DE L'IMMIGRATION SUR LE MARCHE LINGUISTIQUE?

En premier lieu, force est de constater que la Suisse, comme d'ailleurs l'ensemble des pays qui ont connu une forte immigration au cours de la seconde moitié du vingtième siècle, possède bien une grande richesse potentielle du point de vue du plurilinguisme, mais que cette richesse n'est pas, de toute évidence, suffisamment reconnue ni exploitée. Ainsi, le «capital symbolique» que représentent des compétences linguistiques varie beaucoup selon les langues et les régions concernées. Des recherches manifestent des relations complexes entre l'emploi de langues étrangères et la catégorie socioprofessionnelle (Lüdi, Werlen, Franceschini *et al.*, 1997), voire entre les compétences en langues étrangères et les revenus (Grin, 1997). En Europe, la recherche ne fait que commencer dans ce domaine. Or, s'il est d'ores et déjà légitime de considérer le plurilinguisme individuel comme un atout supplémentaire (mais pas suffisant, bien sûr) sur le marché du travail européen, ceci n'est que partiellement reconnu pour les langues de l'immigration.

Ceci est en partie dû au fait que les connaissances en langue d'origine de font pas, en général, l'objet de certificat de langues officiels. Pour remédier à ce constat, un grand nombre de pays européens, dont la Suisse, ont adopté le *Portfolio européen des langues*, développé sous l'égide du Conseil de l'Europe. Il veut, d'une part, informer des connaissances linguistiques et interculturelles d'une manière complète, transparente et comparable au niveau international et, d'autre part, inciter à l'apprentissage des langues et le stimuler. Un *Passeport de langues* donne une vision d'ensemble sur l'état actuel des connaissances linguistiques et sur les certificats ou attestations correspondants. Il est accompagné d'une *Biographie d'apprentissage*, qui documente l'histoire personnelle d'apprentissage linguistique, renseigne sur l'enseignement linguistique suivi, sur les objectifs personnels d'apprentissage, de même que sur les expériences linguistiques et interculturelles marquantes, ainsi que d'un *Dossier* recueillant différents types de travaux personnels qui illustrent clairement les performances atteintes dans les différentes langues. Grâce au *Portfolio européen des langues*, les migrants seront en mesure d'évaluer et de décrire leurs propres connaissances linguistiques en langue d'origine et en langue d'accueil selon la description des niveaux de compétences émanant du Conseil de l'Europe; ils pourront renseigner les personnes intéressées de manière fiable sur les précédentes expériences linguistiques scolaires et extra-scolaires au moment de changer d'école ou d'entreprendre un apprentissage. De leur côté, les entreprises, les services et les employeurs pourront se faire une image différenciée des connaissances linguistiques de leurs collaborateurs ou des candidats aux emplois proposés, et mieux utiliser les ressources linguistiques de leur personnel.

Mais au-delà de leur simple reconnaissance, il s'agit aussi de valoriser les langues de la migration. Un des articles les plus contestés du *Concept général* de 1998 exigeait que «les cantons respectent et encouragent les langues présentes dans leur population scolaire et les intègrent dans les horaires/plans d'études». On partait du principe que, «pour les enfants bilingues ou de langue étrangère, en âge de scolarité, une bonne maîtrise de leur langue première est une condition indispensable pour acquérir avec succès la langue nationale locale et d'autres langues» et que «la maîtrise et l'utilisation de la langue d'origine ou première jouent également un rôle primordial comme fondement de l'identité, même pour des locuteurs de langues étrangères qui sont bien intégrés et disposent de bonnes connaissances de la langue nationale du lieu». Et le *Concept général* d'argumenter:

> La langue d'origine peut être ressentie non seulement positivement, comme facteur d'identité, mais aussi négativement, comme un handicap. Cela dépend notamment de son appréciation dans l'opinion publique, dans la société. Pour cette raison, un enseignement d'appui, dans les différentes langues d'origine, devrait s'accompagner de mesures visant à l'accroissement de la valeur de ces langues sur le «marché linguistique». Dans le secteur des services, par exemple, la population autochtone développe souvent spontanément à travers les contacts quotidiens avec des locuteurs de langues étrangères une compétence communicative minimale dans la langue respective de ceux-ci. Soutenir au niveau de l'école l'émergence et le développement de ces compétences linguistiques accroît le prestige de ces langues et élargit en même temps de façon précieuse le répertoire des autochtones. En soi, la présence de ces langues diverses représente pour la Suisse une ressource économique importante. Dans cette optique, la maîtrise de ces langues doit être complète et inclure notamment des compétences développées au niveau de l'expression écrite. Pour ce faire, des cours d'appui, dispensés au niveau primaire, ne suffisent pas; cet enseignement doit se poursuivre au degré secondaire.

Il est pourtant intéressant que l'exigence principale, à savoir celle d'une revalorisation de l'enseignement des langues d'origine dans le cadre d'une pédagogie langagière commune, «intégrée», grâce à une évaluation/un barème de notes similaires à ceux appliqués aux autres disciplines, à l'inscription des connaissances et aptitudes acquises dans un *Portfolio européen des langues*, à la prise en compte des langues de la migration dans le cadre de l'approche «Eveil au langage», et enfin, éventuellement aussi grâce à l'ouverture de cet enseignement en langues d'origine aux élèves autochtones a, certes, été bien reçue par les organisations de migrants et les syndicats, mais a soulevé de nombreuses critiques, lors de la consultation, de la part des représentants des cantons.

Que nous apprend le bilinguisme «sauvage» des migrants?

Malgré de nombreux efforts des systèmes éducatifs, la majorité des répertoires bilingues résultent d'une appropriation que très partiellement guidée. Ces bilingues «sauvages» montrent ainsi, par leur existence même, qu'il y a diverses manières d'acquérir une langue. Ils stimulent ainsi la réflexion sur l'enseignement des langues, notamment autour de l'immersion ou de l'enseignement bilingue.

L'extension actuelle de l'apprentissage des langues par immersion dans de nouveaux environnements linguistiques et culturels nous amène en effet à nous interroger sur le rôle de l'école dans l'enseignement des langues. Dabène (1994) distingue deux situations d'enseignement: les situations *homoglotte* et *alloglotte*. Dans une situation *homoglotte*, la même langue est objet d'apprentissage aussi bien à l'école que dans les autres domaines de la vie sociale. Dans une situation *alloglotte*, la langue cible n'est présente qu'à l'école. Les conditions d'enseignement et d'apprentissage diffèrent évidemment en fonction de ces deux situations. En situation alloglotte le professeur contrôle, en principe, la totalité des inputs, et assiste physiquement au déroulement de l'apprentissage (ce qui ne signifie pas évidemment qu'il est en mesure d'observer les mécanismes de l'apprentissage). Ses leçons sont en quelque sorte des microcosmes autonomes dont il est le seul maître. En situation homoglotte, l'enseignant travaille en partie à l'aveuglette, en ce sens qu'il ignore en principe ce qui se passe à l'extérieur de la classe: il ne connaît ni les interlocuteurs de ses élèves, ni le genre d'interactions qu'ils entretiennent avec eux, ni les échantillons de la langue cible auxquels ils sont exposés[1]. Il ne sait pas non plus dans quelle mesure les apprentissages effectués hors classe renforcent les apprentissages scolaires, les complètent ou les perturbent. Par exemple, là où l'école enseigne que le pronom sujet de la 3e personne du singulier est *il* au masculin, un élève exposé à des inputs oraux vernaculaires apprendra l'existence de deux variantes: *il* + *voyelle* et *i* + *consonne*. Dans le même ordre d'idées, il s'interrogera aussi sur les

---

1 La recherche sur les activités de communication et d'apprentissage d'étudiants dans les domaines extrascolaires soulève des difficultés méthodologiques. Le lecteur trouvera des travaux à ce sujet notamment chez Gajo & Mondada (2000) et Gauthier & Jeanneret (2000).

critères qui entraînent la présence ou l'absence de *ne* dans la négation. Pour prendre un exemple un peu différent, l'élève observera peu de *phrases* dans la conversation courante, mais beaucoup de ce qu'on appelle parfois des *clauses* (Berrendonner, 1990). Du point de vue de la complémentarité, l'élève trouvera à l'extérieur de l'école des scénarios conversationnels très différents de ceux qui caractérisent ordinairement la classe. Dans la mesure où toute transmission de connaissances implique un acte de schématisation lié au contexte où elle s'effectue (Grize, 1990), le contenu final de tout apprentissage aura en effet toutes les chances de différer suivant le contexte dans lequel il aura été appris.

Comment redéfinir alors le rôle de l'école? Premièrement, les nombreux entretiens que nous avons eus avec des migrants laissent entendre que l'école joue un rôle plus important et positif qu'on ne le dit parfois. Prenons, par exemple, le cas de l'allemand. Bien que la différence entre l'allemand standard enseigné dans les classes de Suisse romande et le dialecte alémanique pratiqué dans la vie quotidienne à Bâle ou à Berne soit évidente et considérable, il semble bien que de nombreux migrants Romands tirent profit de leurs connaissances scolaires dans l'apprentissage du dialecte. Pourquoi ceci n'est-il pas toujours le cas, si l'on en croit les témoignages que nous avons recueillis? Toute personne familiarisée tant soit peu avec le dialecte se rend compte de l'efficacité de certaines règles de correspondance, connues de manière plus ou moins intuitives, entre le lexique des deux variétés. On peut dire, dans ce cas, que l'école a fourni aux élèves des repères formels qui peuvent aider l'apprentissage effectué plus tard hors de l'école. Il semble que de tels transferts ne soient possibles qu'à la condition que l'apprenant considère justement les connaissances scolaires comme des repères, et non comme des ressources prêtes à l'emploi. Rappelons un des exemples commenté au chapitre 5:

> Une Neuchâteloise établie à Berne interprète l'échec des tentatives d'apprentissage du dialecte par son mari en alléguant le souci de ce dernier de parler un allemand conforme aux règles de grammaire qu'il a apprises pendant ses études: ses interlocuteurs alémaniques lui répondent en français. Elle-même en revanche se félicite de son propre apprentissage du dialecte. Elle explique son succès par son habitude de s'exprimer en allemand sans aucun souci de correction. Selon elle, ce comportement grammatical très «cool» aurait eu pour effet de provoquer chez ses interlocuteurs bernois l'usage du dialecte, donc des occasions de l'apprendre.

On peut interpréter l'absence de souci de correction comme un usage référentiel de l'allemand standard. En d'autres termes, les connaissances scolaires sont utiles dans la mesure où elles ne sont pas prises à la lettre, mais engagées dans des processus régis par un principe d'approximation, qui libère l'acquis au profit de l'intuition, du bricolage, de l'expérience personnelle, d'un appel à la coopération du partenaire natif, d'un recours spontané aux ressources disponibles dans le contexte de la communication.

Un deuxième élément de réflexion concerne précisément la distinction entre milieu homoglotte et alloglotte. D'une manière générale, on peut dire que les situations d'acquisition scolaire de langues secondes ou étrangères sont de moins en moins alloglottes et de plus en plus homoglottes. C'est l'évidence même pour l'acquisition de la langue d'accueil, même si celle-ci se fait à l'aide de cours d'appui; mais c'est aussi vrai pour les langues externes à la communauté locale. D'une part, celles-ci (le français en Suisse alémanique, l'allemand en Suisse romande, l'anglais dans l'ensemble du pays, l'italien, l'espagnol et le portugais dans les centres urbains, pour ne citer que quelques exemples) sont de plus en plus accessibles à travers les médias et souvent parlées dans la vie quotidienne suisse, qui devient de plus en plus multilingue. D'autre part, de nouvelles formes d'enseignement proposent précisément d'exploiter le potentiel acquisitionnel de l'emploi de la langue cible *en dehors de la classe de langue*. C'est le cas de l'enseignement bilingue, dans le cadre duquel la langue seconde/étrangère est employée comme instrument pour enseigner/apprendre des compétences non linguistiques comme les mathématiques ou la géographie; c'est le cas aussi de la pédagogie des échanges, qui exploite une foule de situations de contact authentiques entre les apprenants et leurs pairs natifs. Or, une enquête portant sur les formes d'acquisition du français langue étrangère a révélé que beaucoup d'enseignants ont de la peine à admettre le potentiel acquisitionnel de contacts extra-scolaires. Ainsi, le nombre des apprentis ayant déjà accompli une fois un séjour dans une région francophone (34% des personnes questionnées) ou désirant en effectuer un (76%) est relativement élevé; 97% des élèves des écoles professionnelles estiment que les activités d'échange répétées au cours de leur formation sont utiles. A l'inverse, la valeur attribuée par les enseignants aux expériences des élèves avec le français en dehors du cadre scolaire est modeste. Seuls 10% des enseignants questionnés affirment qu'ils tirent parti de ces expériences dans leur enseignement de manière systématique (Lüdi, Pekarek & Saudan, 1999).

A ce constat s'en ajoute un autre. Dans le cadre de contacts extrascolaires des élèves suisses alémaniques avec des francophones, le déficit majeur dans l'usage du français consiste en un manque de flexibilité conversationnelle en français, c'est-à-dire en une capacité insuffisamment développée de participer de façon active et créative à une conversation informelle et imprévisible dans son déroulement. La constatation que des apprenants capables de produire des formes linguistiques correctes dans des situations de tests – principalement axés sur l'expression écrite – ne sont souvent pas à même de s'exprimer efficacement par oral est devenue un véritable lieu commun. Il est maintenant possible de préciser cette affirmation:

> Au niveau de la conduite interactionnelle, les dialogues formels, préstructurés, sont maîtrisés facilement, alors que les situations conversationnelles informelles, à plusieurs interlocuteurs et aux changements incessants de locuteurs et de thèmes, sont difficiles à maîtriser. Pourtant ce sont précisément ces dernières qui caractérisent le plus souvent les situations extrascolaires analysées. La dynamique rapide et imprévisible de l'interaction semble donc être l'obstacle principal à une participation active et satisfaisante aux différentes situations de communication. Ce qui fait défaut, ce sont les aptitudes procédurales qui, outre les connaissances lexicales et grammaticales spécifiques, font partie intégrante d'une faculté de communication pratique et interactive. Cette dernière inclut notamment l'aptitude à entamer ou clore un dialogue à l'intérieur du déroulement imprévisible d'une conversation, à prendre la parole, à la garder ou à la céder, à défendre son point de vue, à introduire un sujet ou à changer de thème, à maintenir l'attention de l'interlocuteur, etc. En d'autres termes, ce qui pose problème c'est une pratique langagière souple et flexible, à savoir l'intégration des moyens en L2 dans la dynamique de l'interaction spontanée (Lüdi, Pekarek & Saudan, 1999).

Quelles leçons tirer de ces remarques? La première est politique. Elle concerne la mission de l'école qui est, dans le domaine des langues, de développer des répertoires multiples, dynamiques et flexibles qui peuvent être adaptés, une vie durant, aux besoins changeants des apprenants. Elle n'a, en d'autres termes, pas d'objectif intrinsèque, mais exerce une fonction d'initiation afin de permettre une évolution dynamique d'un répertoire pluriel durant toute la vie. La deuxième leçon concerne l'abandon, dans ce contexte, de la conception de l'école comme situation homoglotte. «Apprendre à apprendre» est devenu un objectif central de l'enseignement des langues; il s'agit de préparer les apprenants à profiter un maximum de toutes les situations de communication extra- et postscolaires en ouvrant la classe de langue vers l'extérieur, en acceptant que l'enseignant ne maîtrise nullement l'ensemble de l'input auquel ses élèves sont soumis et qu'il doit, au contraire, préparer ces derniers à gérer de façon autonome des situations de communication les plus diverses. L'école doit en d'autres termes se mettre en prise avec les expériences de la langue cible que les élèves font à l'extérieur, c'est-à-dire assurer une intégration harmonieuse des divers apprentissages qu'ils y font et des apprentissages réalisés à l'école. Lorsqu'un germanophone par exemple dit *dans notre z'hôtel* au lieu de *dans nos hôtels*, le rôle de l'école est de déceler le résultat d'un apprentissage extrascolaire et de conceptualiser les différents moyens dont dispose le français pour marquer le pluriel (y compris la liaison). Ce faisant, l'école doit, *last but not least*, rester fidèle à ce qui fait sa spécificité: transmission de connaissances schématisées dans le but de mettre en évidence des régularités productives (par exemple l'emploi de *est-ce que* dans les énoncés interrogatifs en français), ou des spécificités significatives (par exemple la position finale du groupe verbal dans les propositions subordonnées en allemand); formation à la rigueur, mais aussi à son dépassement lorsque les circonstances l'exigent (insuffisance des moyens par rapport à une tâche); entrainement à l'interprétation de documents formulés avec des moyens linguistiques non standard; développement d'une compétence métalinguistique permettant aux apprenants de conceptualiser leurs découvertes.

PURISME, BILINGUISME, XENOLECTES ET STEREOTYPES

Si le bilinguisme est en soi un atout incontestable (et non une sorte de handicap), il faut pourtant que certaines conditions soient réalisées. Ces conditions sont à la fois sociales et linguistiques (attitudes positives face aux langues concernées et aux cultures qui leur sont associées, représentations libérales de la variation, tolérance face aux formes non standard). Purisme et bilinguisme sont en tout cas difficiles à concilier: les bilingues utilisent des variantes de contact, des néologismes et des marques transcodiques, parfois à leur insu. Leur compétence étant soumise à des effets de réinterprétation (*cf.* chapitre 3) et de restructuration (*cf.* chapitre 5), elle n'est pas toujours organisée comme celle des monolingues. Si l'on veut que ces conditions soient réalisées, il faut mettre en place un travail de sensibilisation à la variation et à la diversité des langues. L'école peut jouer un rôle important. Elle s'y emploie d'ailleurs, notamment à travers les activités dites d'*éveil au langage* (Moore, 1995; De Goumoëns, De Pietro & Jeannot, 1999). Quant aux enseignants, il est crucial aussi de les amener à prendre une distance critique par rapport à leurs représentations de la langue et de la communication (Cambra & Nussbaum, 1997). On sait toutefois à quel point il est difficile d'agir sur les représentations sociales, et il est aujourd'hui encore risqué de prédire (du moins dans les pays francophones) une évolution générale de ces représentations dans un sens favorable au bilinguisme. De toutes façons le langage a toujours été un lieu propice au marquage de l'altérité. Comme le disait un humoriste anonyme, l'accent est toujours celui des autres! Ce qui signifierait que toute langue comporte des variantes xénolectales, c'est-à-dire des variantes utilisées en premier lieu par des alloglottes, et qui fonctionnent également comme des indices désignant le locuteur comme étranger. Un francophone reconnaitra aisément l'origine anglaise, allemande ou espagnole d'un alloglotte s'exprimant en français. Ces indices font eux-mêmes l'objet de stéréotypes chez les locuteurs natifs, et sont parfois exploités par des imitateurs, des comédiens ou des auteurs[2]. C'est donc le statut de l'altérité, la place faite à l'étranger qui est au centre du problème, autant ou plus que la variation linguistique comme telle.

L'image de l'étranger est bien au cœur de l'éducation bilingue. Au départ, c'est-à-dire aussi longtemps que l'apprenant d'une seconde langue ne peut pas s'appuyer sur une expérience directe approfondie, cette image est inévitablement construite sur des stéréotypes, positifs ou négatifs. D'autant plus que «la majorité des professeurs de langue étrangère enseignent une culture à laquelle ils ne se sont jamais confrontés» (Zarate, 1993, p. 9). Le problème que devra résoudre l'enseignant, c'est non seulement de faire bouger les stéréotypes, mais aussi de désolidariser personnes et stéréotypes, c'est-à-dire de montrer que les personnes se trouvent toujours au-delà des types dans lesquels on prétend les catégoriser. Ce qui rattache une personne à une communauté, c'est moins son appartenance à un type que les différentes manières dont elle s'en tient à distance.

---

2   C'est le cas par exemple de Hergé. *Cf.* Valdman, 1977.

Incidences didactiques et éducatives

> Quand on est venu là avec mon mari, on est pas venu avec l'esprit que en général les migrants ils viennent ici, par exemple les gens ils viennent ici pour gagner un peu d'argent, pour faire une maison en Italie, partir faire la maison puis après repartir tout de suite, tandis que nous on s'était marié, on était venu ici pour travailler, puis nous on voulait bien vivre ici, notre ... c'était pas notre idée, vite la maison et partir, c'était pas du tout ça.
>
> Il y a la dame suisse là qui dit des fois oui, mais elle est suisse ou bien elle est étrangère, et chaque chose elle demande si quelqu'un est Suisse ou étranger, j'ai dit, il y a pas de raison une personne demander s'il est Suisse ou étranger, il est comme il est, hein ...

Les énonciateurs de ces deux exemples prennent leurs distances par rapport respectivement à un stéréotype et au principe même de la catégorisation des gens selon le critère de nationalité. Cette distance est essentielle à leur liberté et à leur identité. Mais elle garde une trace du système de catégorisation qui leur a servi de point de départ. On imagine aisément une activité de classe qui consisterait à demander aux élèves de se situer eux-mêmes par rapport à une série de stéréotypes sur leurs groupes d'appartenance et sur ceux de leurs camarades.

Les situations de contact entre langues et cultures différentes donnent souvent lieu à des malentendus. Ils sont probablement en partie du moins inévitables. Il est en effet impossible de prévenir tout événement pouvant donner lieu à de telles pannes d'interaction. En revanche, on peut discuter avec les élèves des mécanismes qui sous-tendent les malentendus, ainsi que des différentes manières dont on peut les lever. A commencer par l'adoption d'une attitude ouverte et d'une bonne volonté suffisante pour résoudre le malentendu sans le laisser dériver vers le conflit. Par exemple, de nombreux travaux de pragmatique ont montré que dans toute interaction, chaque participant doit s'efforcer de donner du sens à ce que dit l'autre. Mais il arrive souvent que cette attribution de sens comporte une dose importante d'hypothèses, parfois hasardeuses. C'est le cas dans les situations de contact. Ces hypothèses portent à la fois sur l'interprétation des formes présentes dans le discours, et sur les croyances ou connaissances implicites, évidentes pour un des interlocuteurs mais problématiques, voire invraisemblables pour l'autre. On touche ici à une des articulations de la langue et de la culture. Or si la didactique des langues s'intéresse aussi à la culture, il s'agit le plus souvent de la culture comme connaissance beaucoup plus que de la culture comme compétence (Yanaprasart, 2000): on parlera par exemple des aliments les plus consommés en Suisse romande plus qu'on aidera un Alémanique à identifier la part de plaisanterie qu'il peut y avoir dans un énoncé qu'il aurait naturellement tendance à prendre au pied de la lettre (ce qui est évidemment plus difficile!)[3].

Les recherches sur la notion de diglossie insistent sur l'existence d'une répartition des langues autour d'un ensemble de fonctions différenciées. Un Tessinois ayant fait des études de médecine à Berne nous a expliqué par exemple qu'il préfère exercer ses fonctions de médecin en allemand plutôt qu'en italien. Comme nous l'avons vu, cette répartition est un aspect important du bilinguisme, même s'il faut se garder d'une représentation trop mécanique et déterministe de ces phénomènes: les choix de langue relèvent de préférences autant que de contraintes matérielles; ils présentent parfois une dimension ludique spontanée et imprévisible; la notion de fonction ne doit pas être prise de manière trop étroite, comme un simple mécanisme social (la langue seconde peut par exemple être la langue de l'imagination et de la fiction, par opposition à une langue première utilisée dans tout ce qui relève des transactions de la vie quotidienne). Ou inversement. Les travaux qui ont été faits sur la communication dans les classes de langue (par exemple Dabène *et al.*, 1990; Moore & Castellotti, 1997; Castellotti, 2001; Serra, 1999; Pekarek, 1999; Gajo & Mondada, 2000) montrent qu'il y a là aussi organisation diglossique, même si cette diglossie est fortement orientée vers des tâches d'enseignement et d'apprentissage. Cette orientation singularise les situations scolaires sans porter atteinte à leur nature diglossique. Une comparaison entre cette diglossie scolaire et des diglossies telles qu'on les rencontre au sein de communautés migrantes aide à dégager leurs spécificités respectives et à évaluer la contribution de l'école à la construction du bilinguisme. Dans tous les cas, cette mise en perspective diglossique des échanges didactiques ouvre des perspectives inédites à l'étude des relations entre L1 et L2. On renoncera en particulier à interpréter systématiquement comme interférence (donc comme échec) toute trace de L1 dans des échanges en L2. Plus précisément, on verra dans L1 un ensemble de ressources non seulement cognitives (chapitre 4), mais aussi pragmatiques et discursives (chapitres 5 et 6). Et si l'on admet que le rôle de l'école est de conduire les élèves à une forme de bilinguisme, on admettra du même coup que la gestion des marques transcodiques fait aussi partie des objectifs pédagogiques: plutôt que de les considérer

---

3 Pour une réflexion globale sur l'enseignement de la culture en classe de langue étrangère, *cf.* par exemple Gohard-Radenkovic (1999).

comme des «erreurs» à éviter à tout prix, il convient de les admettre comme ressources, voire d'exploiter leur potentiel acquisitionnel et de les constituer en séquences didactiques (chapitre 6 et Lüdi, 1999).

QUELS CONSEILS DONNER AUX PARENTS D'ENFANTS BILINGUES?

Nos réflexions ont également une certaine pertinence pour les parents d'enfants vivant une situation de bilinguisme: couples mixtes, ou familles migrantes[4]. Il est inutile d'insister encore sur notre conviction que le bilinguisme représente une richesse potentielle importante pour tout le monde, et que les enfants plongés dans un environnement bilingue ont de la chance. Bien que les capacités cognitives inhérentes de tout enfant le rendent capable d'acquérir plusieurs langues de manière simultanée ou consécutive (*cf.* par exemple Titone, 1974, ou Meisel, 1994), le contexte peut favoriser ou au contraire entraver ce processus. Nous avons abordé cette question dans le chapitre 4 en particulier. On connaît le principe *une langue = un locuteur*: chaque adulte devrait utiliser une langue et une seule avec l'enfant. Ce principe n'est pourtant guère applicable de manière absolue. D'abord parce que l'alternance des langues est extrêmement fréquente dans les familles bilingues et qu'elle y est naturelle (*cf.* par exemple Deprez, 1994, et ici même chapitre 6). Ensuite parce que l'identité de l'interlocuteur n'est pas le seul facteur susceptible d'exercer une influence sur le choix de langue (*cf.* chapitre 6). Les recherches récentes ont pour dénominateur commun la conviction que le discours bilingue obéit à des principes rationnels (ce qui n'exclut pas qu'il y ait une part de jeu et de libre arbitre). L'enfant est très bien doté pour s'approprier ces principes, comme le montre l'ensemble des processus qui marquent l'acquisition du langage en général. C'est pourquoi le meilleur conseil que l'on puisse donner aux parents est d'être naturels, c'est-à-dire de parler comme ils en ont envie: le plaisir de la parole est sans doute le facteur le plus important! L'enfant sera spontanément sensible aux régularités sous-jacentes (et en général inconscientes) des comportements langagiers des membres de son entourage. Que l'enfant lui-même passe par des phases où il mélange les

---

4 Il existe d'excellents ouvrages destinés aux parents ou aux éducateurs. *Cf.* par exemple Kielhöfer & Jonekeit (1985), ou Lietti (1993).

langues, par des périodes où il répugne à employer l'une ou l'autre de ces langues, qu'il restructure parfois certains microsystèmes d'une langue sous la pression de l'autre, tout ceci est dans l'ordre des choses et ne doit pas inquiéter outre mesure les parents: les quelques écarts par rapport à la norme qui pourraient en résulter ne pèsent pas lourd face aux avantages considérables qu'il y a à parler plusieurs langues.

Il n'en reste pas moins vrai que la valorisation de la langue d'origine sur le marché linguistique est d'autant plus grande que le bilinguisme est équilibré, c'est-à-dire que les bilingues sont en mesure d'accomplir des tâches cognitivement exigeantes et décontextualisées, à l'oral et à l'écrit, dans leurs deux langues. Se pose par conséquent le problème de la bilittératie, de la compétence à lire et à écrire dans les deux langues. Certes, les parents peuvent favoriser le transfert spontané de ces compétences de la langue de l'école (langue d'accueil) vers la langue d'origine. Et les cours de langue et culture d'origine offerts par les services consulaires des pays d'origine (et souvent appelés, de ce fait, «école consulaire») font de leur mieux pour soutenir ces efforts des parents. Mais cela ne décharge en rien les autorités scolaires des régions d'accueil de leur responsabilité de contribuer à cet effort. A condition qu'il soit pédagogiquement soutenu, le bilinguisme n'est pas seulement un atout et une chance pour les enfants concernés, mais pour l'ensemble de la société d'accueil. A l'inverse, un bilinguisme mal géré peut entraîner des coûts sociaux considérables. Il ne s'agit nullement de déposséder les migrants de leur bilinguisme et de leur biculturalisme si nous exigeons qu'il faut responsabiliser les systèmes éducatifs et la société d'accueil entière de leur gestion et de leur valorisation.

Bibliographie

Adjemian, Ch. (1976). On the nature of interlanguage systems. *Language learning, 26(2)*, 297-320.

Alber, J-L. & Py B. (1986). Vers un modèle exolingue de la communication interculturelle. Interparole, coopération et conversation. *Etudes de linguistique appliquée, 61*, 78-90.

Apothéloz, D. (1982). Attitudes linguistiques. Esquisse d'une typologie. *TRANEL, 4*, 87-92.

Apothéloz, D. & Bysaeth, L. (1981). Attitudes lingistiques. Résultat d'une enquête. *TRANEL, 2*, 60-90.

Araujo, M. H. (1990, avril). *Alternance et mélange de langues (portugais-français) chez des adolescents portugais scolarisés en France.* Communication présentée au 9e Congrès Mondial de Linguistique Appliquée, 15-21 avril 1990, Thessaloniki-Halkidiki (Grèce).

Arcaini, E., Py, B. & Rossini Favretti, R. (1979). *Analyse contrastive et apprentissage des langues. La syntaxe de l'interrogation en espagnol, français, italien et anglais.* Bologna: Patron.

Auer, P. (1984). *Bilingual conversation.* Amsterdam, Philadelphia: John Benjamins.

— (1999a). *Code-switching in conversation* (2nd ed.). London: Routledge.

— (1999b). From codeswitching via language mixing to fused lects: Toward a dynamic typology of bilingual speech. *International Journal of Bilingualism 3*, 309-332.

Baggioni, D., Moreau, M.-L. & de Robillard, D. (1997). Communauté linguistique. In M.-L. Moreau (Ed.), *Sociolinguistique. Concepts de base.* (pp. 88-93). Sprimont: Mardaga.

Baker, M. C. (1996). *The polysynthesis parameter*. New York: Oxford University Press.
Baker, C. (2001). *Foundations of Bilingual Education and Bilingualism* (3rd ed.). Clevedon GB: Multilingual Matters.
Bange, P. (1992). A propos de la communication et de l'apprentissage en L2, notamment dans ses formes institutionnelles. *AILE, 1*, 53-85.
Bassand, M. (Ed.). (1981). *L'identité régionale. Contribution à l'étude des aspects culturels du développement régional* (Actes du colloque de Neuchâtel, 6 -7 octobre 1980). Saint-Saphorin (Suisse): Edition Georgi.
Benveniste, E. (1966-1974). *Problèmes de linguistique générale*. Paris: Gallimard.
Bergler, R. *et al.* (1975). *Das Eindrucksdifferential. Theorie und Technik*. Bern, Stuttgart,Wien: Huber.
Bernstein, B. (1971-1973). *Class, Codes and Control* (3 vol.). London: Routledge and Kegan Paul.
Berrendonner, A. (1983). La variation polylectale en syntaxe. Hypothèses théoriques générales. In A. Berrendonner, M. Le Guern & C. Puech (Ed.), *Principes de grammaire polylectale.* (pp. 7-109). Lyon: Presse Universitaire de Lyon.
Berrendonner, A. & Parret H. (Ed.). (1990). *L'interaction communicative*. Berne: Lang.
Berthoud, A.-C. (1982). *Activité métalinguistique et acquisition d'une langue seconde. Etudes des verbes déictiques allemands*. Bern, Frankfurt a.M.: Lang.
Billiez, J. (1985). Les jeunes issus de l'immigration algérienne et espagnole à Grenoble. Quelques aspects sociolinguistiques. *International journal of the sociology of language, 54*, 41-56.
— (1998). Jeunes de France d'origine algérienne. Rapports aux langues et aux cultures. In J. Billiez (Ed.), *De la didactique des langues à la didactique du plurilinguisme. Hommage à Louise Dabène*. (pp. 221-230). Grenoble: Université Stendhal.
Boyer, H. (1996). *Sociolinguistique*. Lausanne: Delachaux & Niestlé.
— (1997). *Plurilinguisme*. Paris: L'Harmattan.
Brédart, S. & Rondal J.-A. (1982). *L'analyse du langage chez l'enfant. Les activités métalinguistiques*. Bruxelles: P. Mardaga.

Cadiot, P. (1987). Les mélanges de langue. In G. Vermes & J. Boutet (Ed.), *France, pays multilingue: t. 2. Pratiques des langues en France*. (pp. 50-61). Paris: L'Harmattan.

Cambra, M. & Nussbaum, L. (1997). Gestion des langues en classe de LE. Le poids des représentations de l'enseignant. *Etudes de linguistique appliquée, 107*, 423-432.

Caporale, D. (1989). L'éveil au langage. Une voie nouvelle pour l'apprentissage des langues. In L. Dabène (Ed.), *Les langues et cultures des populations migrantes. Un défi à l'école française (LIDIL, 2)*. (pp. 128-141). Grenoble: Presses Universitaires.

Castellotti, V. (2001). *La langue maternelle en classe de langue étrangère*. Paris: CLE International.

Castellotti, V. & Moore, D. (Ed.). (1999). *Alternance des langues et construction de savoirs (Cahiers du français contemporain, 5)*.

Cathomas, B. (1977). *Erkundungen zur Zweisprachigkeit der Räterromanen. Eine soziolinguistische und pragmatische Leitstudie*. Bern, Frankfurt a.M.: Lang.

Cavalli, M. et al. (sous presse). *Le bilinguisme. Représentations sociales, discours et contextes*. Fontenay-St. Cloud: ENS.

Cavigelli, P. (1969). *Die Germanisierung von Bonaduz in geschichtlicher und sprachlicher Schau*. Frauenfeld: Huber.

Cheshire, J. (Ed.). (1991). *English around the world. Sociolinguistic perspectives*. Cambridge: Cambridge University Press.

Chiffelle, F. (2000). *L'arc jurassien romand à la frontière des langues. Faut-il craindre la germanisation?* Lausanne: Payot.

Clyne, M. (1982). *Multilingual Australia: Resources, needs, policies*. Melbourne: River Seine.

— (1991). *Community Languages: The australian experience*. Cambridge: Cambridge University Press.

— (1992). *Pluricentric languages. Differing norms in different nations*. Berlin, New York: Mouton de Gruyter.

Commission Européenne (1995, novembre). *Livre blanc sur l'éducation et la formation – Enseigner et apprendre – Vers la société cognitive* (COM (95) 590, cf. European Commission (1996). *White Paper on education and training – Teaching and learning – Towards the learning society*.).

Corder, S. P. (1971). Le rôle de l'analyse systématique des erreurs en linguistique appliquée. *Bulletin CILA, 14,* 6-15.

Coseriu, E. (1972). Über Leistung und Grenzen der kontrastiven Grammatik. In G. Nickel (Ed.), *Reader zur kontrastiven Linguistik.* (pp. 39-58). Frankfurt: Fischer, Athenäum.

Coste, D. (1997). Alternance didactiques. *Etudes de linguistique appliquée, 108,* 393-400.

Coulmas, F. (1979). Sprache und Kultur. Einleitung. In D. Hymes (Ed.), *Soziolinguistik. Zur Ethnographie der Kommunikation* (pp. 7-25). Frankfurt a.M.: Suhrkamp.

Dabène, L. (1984). Langues voisines, langues faciles? La latinité aujourd'hui. *Les Amis de Sèvres, 1,* 27-30.

— (1992). *Aprendizaje de la intercomprensión entre locutores de lenguas románicas. El español lengua internacional.* Grenade: Université de Grenade.

— (1994). *Repères sociolinguistiques pour l'enseignement des langues. Les situations plurilingues.* Vanves: Hachette.

Dabène, L. et al. (1990a). *Les langues et cultures des populations migrantes. Un défi à l'école française (LIDIL, 2).* Grenoble: Presses Universitaires.

— (1990b). Langues et cultures des populations migrantes. In L. Dabène (Ed.), *Les langues et cultures des populations migrantes. Un défi à l'école français (LIDIL, 2,* pp. 128-141). Grenoble: Presses Universitaires.

De Bot, K. (1992). A bilingual production model: Levelt's «speaking» model adapted. *Applied Linguistics, 13(1),* 1-24.

De Goumoëns, M.-M., De Pietro, J.-F. & Jeannot, D. (1999). Des activités d'éveil au langage et d'ouverture aux langues à l'école. Vers une prise en compte des langues minoritaires. *Bulletin suisse de linguistique appliquée, 69/2,* 7-30.

De Rosnay, J. (1977). *Le macroscope. Vers une vision globale.* Paris: Seuil.

Denison, N. (1976). Sociolinguistic variability: Some principles. In W. Viereck (Ed.), *Sprachliches Handeln – Soziales Verhalten.* (pp. 279-299). München: Fink.

Deprez, C. (1994). *Les enfants bilingues. Langues et familles.* Paris: Didier.

Di Pietro, R. (1971). *Language Structures in Contrast.* Rowley: New-Bury House.

Doron, R. & Parot, F. (1991). *Dictionnaire de psychologie* (publié sous la direction de R. Doron et F. Parot, comité de rédaction D. Anzieu *et al.*). Paris: Presses Universitaires de France (PUF).
Dubois, D. (1995). Catégories sémantique «naturelles» et recherches cognitives: enjeux pluridisciplinaires. In G. Lüdi & C. A. Zuber (Ed.), *Linguistique et modèles cognitifs, contributions à l'Ecole d'été de la Société Suisse de Linguistique, Sion, 6-10 septembre 1993 (ARBA, 3,* pp. 77-104). Bâle: Institut des langues et littératures romanes.
Ducrot, O. *et al.* (1980). *Les mots du discours.* Paris: Les Editions de Minuit.
Dulay, H. & Burt, M. K. (1974). You can't learn without goofing. In J. Richards (Ed.), *Error Analysis. Perspectives on Second Language Acquisition.* (pp. 95-123). London: Longman.
Edwards, J. (Ed.) (1998). *Language in Canada.* Cambridge: Cambridge University Press.
Ehlich, K. (1986). Xenismen und die bleibende Fremdheit des Fremdsprachensprechers. In E. Hess-Lüttich (Ed.), *Integration und Identität: soziokulturelle und psychopädagogische Probleme im Sprachunterricht mit Ausländern.* (pp. 43-54). Tübingen: Narr.
Espéret, E. (1979). *Langage et origine sociale des élèves.* Berne, Francfort: Lang.
European Commission (1996). *White Paper on education and training – Teaching and learning – Towards the learning society.* Luxembourg: Office for Official Publications of the European Communities.
European Science Foundation (1988). *Final Report: Additional Activity on Migration* [dactylographié]. Strasbourg.
Extra, G. & Verhoeven, L. (Ed.). (1993). *Immigrant languages in Europe.* Clevedon: Multilingual Matters.
Ezquerra, R. & Py, B. (1976). Encuestas sobre las necesidads lingüística de los emigrantes españoles en Suiza francesa. *Revista española de lingüística, 6,* 471-479.
Faerch, C. & Kasper, G. (1983). Plans and strategies in foreign language communication. In C. Faerch & G. Kasper (Ed.), *Strategies in Interlanguage Communication.* (pp. 20-60). London, New York: Longman.
Ferguson, Ch. A. (1959). Diglossia. *Word, 15,* 325-340.

Fishman, J. (1967). Bilingualism with and without diglossia: Diglossia with and without bilingualism. *Journal of Social Issues*, 23/2, 29-38.
Fishman, J. A. (1971). *Sociolinguistique*. Bruxelles: Labor; Paris: Nathan.
Franceschini, R. (1998). Code Switching and the notion of code in Linguistics. Proposals for a dual focus model. In P. Auer (Ed.), *Code-switching in conversation* (2nd ed. 1999). (pp. 51-72). London: Routledge.
— (1999). *Italiano di contatto. Parlanti occasionali e riattivazioni di competenze non focalizzate*. Habilitationsschrift phil. I, italienische Linguistik, Universität Basel.
François, F. et al. (1977). *La syntaxe de l'enfant avant 5 ans*. Paris: Larousse.
Frauenfelder, U. & Porquier, R. (1979). Les voies d'apprentissage en langue étrangère. *Travaux de recherches sur le bilinguisme*, 17, 37-64.
Gajo, L. (2000). Lieux et modes d'acquisition du FLE: enseignements, pratiques, pratiques d'enseignement. *Bulletin suisse de linguistique appliquée*, 71, 15-33.
Gajo, L. & Mondada, L. (2000). *Interactions et acquisitions en contexte. Modes d'appropriation de compétences discursives plurilingues par de jeunes*. Fribourg: Editions Universitaires.
Galligani, S. (1998). «Comment j'ai appris le français». Etude des représentations de migrants espagnols. In J. Billiez (Ed.), *De la didactique des langues à la didactique du plurilinguisme. Hommage à Louise Dabène*. (pp. 187-197). Grenoble: Université Stendhal.
Gardès-Madray, F. & Brès, J. (1987). Conflits de nomination en situation diglossique. In G. Vermes & J. Boutet (Ed.), *France, pays multilingue: t. 2. Pratiques des langues en France*. (pp. 78-90). Paris: L'Harmattan.
Gardner-Chloros, P. (1991). *Language selection and switching in Strasbourg* (Oxford studies in language contact). Oxford: Clarendon Press.
Gauthier, C. & Jeanneret, Th. (Ed.) (2000). *Français langue étrangère en milieu homoglotte et alloglotte. Quels enseignements pour quelles pratiques effectives, quelles pratiques effectives pour quels enseignements?* (*Bulletin suisse de linguistique appliquée*, 71). Neuchâtel: Institut de linguistique.
Gentilhomme, Y. (1980). Microsystèmes et acquisition des langues. *Encrages, N° spécial: Acquisition d'une langue étrangère*, 79-84.

Giacobbe, J. (1992). *Acquisition d'une langue étrangère: cognition et interaction. Etudes sur le développement du langage chez l'adulte.* Paris: CNRS.
Giles, H., Scherer, K. R. & Taylor, D. (Ed.). (1979). *Social markers in speech.* Cambridge: Cambridge University Press; Paris: Editions de la Maison des Sciences de l'Homme.
Goffman, E. (1971/fr. 1973). *La mise en scène de la vie quotidienne: Vol 2. Les relations en public.* Paris: Les Editions de Minuit.
Gohard-Radenkovic, A. (1999). *Communiquer en langue étrangère. Des compétences culturelles vers des compétences linguistiques.* Berne: Lang.
Green, D. (1986). Control, activation and rescource. A framework and a model for the control of speech in bilinguals. *Brain and Language, 27,* 210-223.
Grin, F. (1997). *Langue et différentiels de statut socio-économique en Suisse.* Berne: Office fédéral de la statistique.
— (1999). *Compétences et récompenses. La valeur des langues en Suisse.* Fribourg: Editions Universitaires.
Grize, J.-B. (1982). La recherche en logique naturelle. *Travaux du centre de recherches sémiologiques, 43,* 73-78.
— (1990). *Logique et langage.* Paris: Ophrys.
Grosjean, F. (1982). *Life with two languages. An introduction to bilingualism.* Cambridge MA, London: Harvard University Press.
— (1985). The bilinguals as a competent but a specific speaker-hearer. *Journal of Multilingual and Multicultural Development, 6(6),* 467-477.
— (1993). Le bilinguisme et le biculturalisme. Essai de définition. *TRANEL, 19,* 14-41.
Grosjean, F. & Py, B. (1991). La restructuration d'une première langue. L'intégration de variantes de contact dans la compétence de migrants espagnols à Neuchâtel (Suisse). *La Linguistique 27/2,* 35-60.
Guiraud, P. (1969). Langage et théorie de la communication. *Le langage* (Encyclopédie de La Pléiade, pp. 145-168). Paris: Gallimard.
Gumperz, J. J. (1967). On the linguistic markers of bilingual communication. *The Journal of Social Issues, 23,* 48-57.
— (1982). *Discourse strategies.* Cambridge, London, New York: Cambridge University Press.

Haastrup, K. & Phillipson, R. (1983). Achievement strategies in learner/native speaker interaction. In K. Faerch & G. Kasper (Ed.), *Strategies in interlanguage communication*. (pp. 140-158). London, New York: Longman.
Haugen, E. (1972). *The Ecology of Language*. Stanford: Stanford University Press.
Hess-Lüttich, E. W. B. (1986). *Integration und Identität*. Tübingen: Narr.
Hjemlslev, L. (1943/fr. 1968). *Prolégomènes à une théorie du langage*. Paris: Les Editions de Minuit.
— (1957/fr. 1971). Pour une sémantique structurale (rapport présenté au VIIIe Congrès international des linguistes, Oslo 5.-9-8.1957, sur la question: «Dans quelle mesure les significations des mots peuvent-elles être considérées comme formant une structure»). In L. Hjelmslev (Ed.), *Essais linguistiques*. (réimpression, pp. 105-121). Paris: Les Editions de Minuit.
Jäger, G. (1973). Translation und Transferierbarkeit. In A. Neubert & O. Kade (Ed.), *Neue Beiträge zu Grundfragen der Übersetzungswissenschaft* (Materialien der II. Internationalen Konferenz «Grundfragen der Übersetzungswissenschaft» an der Sektion «Theoretische und angewandte Sprachwissenschaft» der Karl-Marx-Universität Leipzig vom 14. bis 17. September 1970). (pp. 47-61). Frankfurt a.M.: Athenäum.
Jakobson, R. (1960/fr. 1963). Linguistique et poétique. In R. Jakobson (Ed.), *Essais de linguistique générale*. (pp. 209-248). Paris: Les Editions de Minuit.
James, C. (1990). *Contrastive analysis*. London: Longman.
Kallmeyer, W. *et al.* (1980). *Lektürekolleg zur Textlinguistik*. Frankfurt a.M.: Athenäum.
Kerbrat-Orecchioni, C. (1980). *L'énonciation. De la subjectivité dans le langage*. Paris: Armand Colin.
Kielhöfer, B. & Börner, W. (1979). *Lernsprache Französisch. Psycholinguistische Analyse des Fremdspracherwerbs*. Tübingen: Niemeyer.
Kielhöfer, B. & Jonekeit, S. (1985). *L'éducation bilingue*. Tübingen: Stauffenberg.

Kleiber, G. & Riegel, M. (1978). Les «grammaires floues». In R. Martin (Ed.), *La notion de recevabilité en linguistique.* (pp. 67-124). Paris: Klincksieck.

Kolde, G. (1981). *Sprachkontake in gemischtsprachigen Städten. Vergleichende Untersuchung über Voraussetzungen und Formen sprachlicher Interaktion verschiedensprachiger Jugendlicher in den schweizer Städten Biel/ Bienne und Fribourg/ Freiburg i. U.* Wiesbaden: Franz Steiner.

Labov, W. (1976). *Sociolinguistique.* Paris: Les Editions de Minuit.

Lado, R. (1957). *Linguistics Across Cultures. Applied Linguistics for Language Teachers.* Michigan: Ann Arbor, The University of Michigan Press.

Lafontaine, D. (1986). *Le parti pris des mots.* Bruxelles: P. Mardaga.

Lagarde, Ch. (1996). *Le parler «Melandjao» des immigrés de langue espagnole en Roussillon.* Perpignan: Presses Universitaires.

Lakoff, G. (1972). *Linguistics Across Cultures. Applied Linguistics for Language Teachers.* Michigan: Ann Abor, The University of Michigan Press.

Lanza, E. (1997). *Language mixing in infant bilingualism. A sociolinguistic perspective.* Oxford: Clarendon Press.

Le Page, R. B. & Tabouret-Keller, A. (1985). *Acts of Identity: Creol-based approaches to language and ethnicity.* Cambridge: Cambridge University Press.

Levelt, W. (1989). *Speaking. From intention to articualtion.* Cambridge MA: The MIT Press.

Lietti, A. (1993). *Pour une éducation bilingue. Guide de survie à l'usage des petits européens.* Paris: Payot.

Loetscher, H. (1986). *Die Papiere des Immunen.* Zürich: Diogenes.

Löffler, H. (1980). *Probleme der Dialektologie. Eine Einführung.* Darmstadt: Wissenschaftliche Buchgesellschaft.

Lucci, V. et al. (1998). *Des écrits dans la ville.* Paris: L'Harmattan.

Lüdi, G. (1981). Migration interne et intégration linguistique en Suisse. Vers une étude de la diglossie interfamiliale dans un état multilingue basé sur le principe territorial. In A. Gretler et al. (Ed.), *Etre migrant. Approches des problèmes socio-culturels et linguistiques des enfants migrants en Suisse.* (pp. 127-137). Berne, Francfort: Lang.

— (1982a). Bemerkungen zur Instabilität der lexikalischen Strukturen in der Modesprache Argentiniens. *Iberoromania, 15*, 1-20.
— (1982b). «Comment on dit ça». Prolégomènes à une étude de la composante sémantique du langage des migrants. *Travaux neuchâtelois de linguistique, 4*, 21-46.
— (1988). Situations diglossiques en Catalogne. In G. Holtus, M. Metzeltin & G. Lüdi (Ed.), *La corona de Aragón y las lenguas románicas. Homenaje a Germán Colón.* (pp. 237-265). Tübingen: Narr.
— (1989). Aspects de la conversation exolingue entre Suisses romands et alémaniques. In D. Kremer (Ed.), *Actes du XVIIIe Congrès international de linguistique et philologie romanes.* (t. VII, pp. 405-424). Université de Trèves (Trier). Tübingen: Niemeyer.
— (1990). Diglossie et polyglossie. In G. Holtus, M. Metzeltin & Ch. Schmitt (Ed.), *Lexikon der Romanistischen Linguistik.* (t. V/1, pp. 307-334). Tübingen: Niemeyer.
— (1991). Construire ensemble les mots pour le dire. A propos de l'origine discursive des connaissances lexicales. In E. Gülich *et al.* (Ed.), *Linguistische Interaktionsanalysen* (Beiträge zum 20. Romanistentag 1987). (pp. 193-224). Tübingen: Niemeyer.
— (1993). Statuts et fonctions des marques transcodiques en conversation exolingue. In G. Hilty (Ed.), *Actes du XXe Congrès International de linguistique et philologie romanes, 6-11 avril 1992, Université de Zurich.* (t. III, pp. 123-136). Tübingen, Basel: Francke.
— (1994). Dénomination médiate et bricolage lexicale en situation exolingue. *AILE, 3*, 115-146.
— (1999). Alternance des langues et acquisition d'une langue seconde. In V. Castellotti & D. Moore (Ed.), *Alternance des langues et contruction de savoirs* (*Cahiers du français contemporain*, 5). (pp. 25-51). Fontenay: ENS éditions.
Lüdi, G., B. Py *et al.* (Ed.). (1995). *Changement de langage et langage du changement. Aspects linguistiques de la migration interne en Suisse.* Lausanne: L'Age de l'Homme.
Lüdi, G., Werlen, I. & Franceschini, R. (1997). *Le paysage linguistique de la Suisse.* Berne: Office fédéral de la statistique.
Lüdi, G. *et al.* (1998). *Quelles langues apprendre en Suisse pendant la scolarisation obligatoire* (Rapport d'un groupe d'experts mandaté par la

Commission Formation Générale pour élaborer un «concept général pour l'enseignement des langues en Suisse» à la Conférence Suisse des Directeurs Cantonaux de l'Instruction Publique). Berne: CDIP.

Lüdi, G., Pekarek S. & Saudan, V. (1999). *Apprentissage du français à l'intérieur et à l'extérieur de l'école* (Rapport de valorisation PNR 33). Bern, Aarau: Schweizerische Koordinationsstelle für Bildungsforschung.

Lyons, J. (1977/fr. 1978). *Eléments de sémantique.* Paris: Larousse.

Mackey, W. F. (1980). The ecology of language shift. In P. H. Nelde (Ed.), *Sprachkontakt und Sprachkonflikt.* (pp. 35-42). Wiesbaden: Franz Steiner.

Martinet, A. (1975). *Studies in Functional Syntax.* München: Fink.

Matthey, M. (1996). *Apprentissage d'une langue et interaction verbale.* Berne: Lang.

Meisel, J. (1989). Early differentiation of languages in bilingual children. In K. Hyltenstam & L. Obler (Ed.), *Bilingualism across the lifespan. Aspects of acquisition, maturity and loss.* (pp. 13-40). Cambridge: Cambridge University Press.

— (Ed.) (1994). *Bilingual first language acquisition. French and German grammatical development.* Amsterdam: John Benjamins.

Melucci, A. (1982). *L'invenzione del presente: movimenti, identità, bisogni individuali.* Bologna: Il Mulino.

Miller, G. A. (1951). *Language and communication.* New York: McGraw-Hill.

Milroy, L. & Muysken, P. (Ed.). (1995). *One speaker, two languages. Cross-disciplinary perspectives on code-switching.* Cambridge, London, New York: Cambridge University Press.

Mitchell, R. & Myles, F. (1998). *Second language learning theories.* London: Arnold.

Moore, D. (1992). Perte, maintien ou extension des langues d'origine? Réflexions à partir de la situation indo-pakistanaise en Angleterre. In L. Dabène & J. Billiez (Ed.), *Autour du multilinguisme.* (*LIDIL*, 6, pp. 53-67). Grenoble: Presses Universitaires.

— (Ed.). (1995). *L'éveil au langage* (Coll. *Notions en Question*). Paris: Didier.

— (1996). Bouées transcodiques en situation immersive ou comment interagir avec deux langues quand on apprend une langue étrangère à l'école. *AILE, 7*, 95-122.

Moore, D. & Castellotti, V. (1999). *Alternance des langues et construction de savoirs* (Cahiers du français contemporain, 5).

Moretti, B. & Antonini, F. (2000). *Familie bilingue*. Lugano: Dadio.

Moussouri, E. (1998). Propositions typologiques pour la catégorisation des représentations linguistiques dans le processsus d'appropriation d'une langue seconde. In J. Billiez (Ed.), *De la didactique des langues à la didactique du plurilinguisme. Hommage à Louise Dabène*. (pp. 199-207). Grenoble: Université Stendhal.

Myers-Scotton, C. (1993). *Social Motivations for Codeswitching. Evidence from Africa*. Oxford: Claredon Press.

— (1997). *Duelling languages. Grammatical structure in codeswitching* (1st ed. 1993, 2nd paperback edition 1997 with new «Afterword»). Oxford: Oxford University Press.

Myers-Scotton, C. & Jake, J. (1995). Matching lemmas in bilingual competence and performance model: Evidence from intrasentential codeswitching. *Linguistics, 33*, 98-124.

Nemser, W. (1971). Approximative systems of foreign language learners. *IRAL, IX/2*, 115-123.

Nickel, G. (Ed.). (1972). *Reader zur kontrasiven Linguistik*. Frankfurt a.M.: Athenäum.

Ninyoles, R. (1977). *Cuatro idiomas para un estado*. Madrid: Cambio 16.

Oesch-Serra, C. & Py, B. (1997). Le crépuscule des lieux communs, ou les stéréotypes entre consensus, certitude et doute. *TRANEL, 27*, 51-62.

Office fédéral de statistique (Ed.). (1992). *Résultat du recensement fédéral de la population 1990*. Genève: Service cantonale de statistique.

Oksaar, E. (1976). *Berufsbezeichnungen im heutigen Deutsch. Soziosemantische Untersuchungen mit deutschen und schwedischen experimentellen Kontrastierungen*. Düsseldorf: Schwann.

— (1980). Mehrsprachigkeit, Sprachkontakt und Sprachlonflikt. In H. P. Nelde (Ed.), *Sprachkontakt und Sprachkonflikt*. (pp. 43-51). Wiesbaden: Franz Steiner.

— (1983). Sprachkontakte im Rahmen von Kulturkontakten. Verhaltens- und Strukturmodelle. In H. P. Nelde (Ed.), *Theorie, Methode und Modelle der Kontaktlinguistik*. Bonn: Dümmler.

Olmos, A. (1977). Enseignement de la langue maternelle à des enfants migrants. *Bulletin CILA, 26*, 47-52.

Olsson, M. (1974). *A Study of Errors: Frequency, Origin and Effects*. Göteborg: Pedagogiska Institutionen.

Osgood, Ch. E. (1952). The nature of measurement of meaning. *Psychological Bulletin, 49*, 197 -237.

Osgood, Ch. & Ervin, S. (1954). Compound and coordinate systems. In Ch. Osgood & Th. A. Sebeok (Ed.), *Psycholinguistics*. (pp. 139-146). Bloomington: Indiana University Press.

Osgood, Ch. E., Suci G. J. & Tannenbaum, P. H. (1957). *The measurement of meaning*. Urbana: University of Illinois Press.

Pekarek, S. (1999). *Leçons de conversation. Dynamiques de l'interaction et acquisition de compétences discursives en classe de langue seconde*. Fribourg: Editions Universitaires.

Perdue, C. et al. (1982). *Second language acquisition by adult immigrants. A field manual*. Strasbourg: European Science Foundation.

— (Ed.). (1993). *Adult language acquisition. Cross-linguistic perspectives*. Cambridge, New York: Cambridge University Press.

Perregaux, Ch. (1995). L'école, espace plurilingue. In M. Candelier (Ed.), *Jalons pour une Europe des langues (LIDIL, 11*, pp. 125-139). Grenoble: Presses Universitaires.

Perrot, M.-E. (1994). Le chiac ou... whatever. Le vernaculaire des jeunes d'une école secondaire francophone de Moncton. *Etudes canadiennes, 37*, 237-246.

Pfaff, C. (1979). Constraints on language mixing. Intrasentential code-switching and borrowing in Spanish/English. *Language, 55*, 291-318.

Poplack, S. (1980). Sometimes I'll start a sentence in Spanish Y LO TERMINO EN ESPAGNOL: Toward a typology of code-switching. *Linguistics, 18*, 581-618.

Poplack, S. et al. (1988). The social correlates and linguistic processes of lexical borrowing and assimilation. *Linguistics, 26*, 47-104.

Porquier, R. & Noyau, C. (1984). *Communiquer dans la langue de l'autre*. Paris: Presses Universitaires de Vincennes.

Pottier, B. (1992). *Sémantique générale*. Paris: Presses Universitaires de France.

Py, B. (1980). Quelques réflexions sur la notion d'interlangue. *TRANEL, 1*, 31-54.

— (1984). L'analyse contrastive: histoire et situation actuelle. *Le français dans le monde, 185*, 32-37.

— (1990). Les stratégies d'acquisition en situation d'interaction. *Le français dans le monde, Recherches et applications, N° spécial*, 81-88.

— (1995) Quelques remarques sur les notions d'exolinguisme et de bilinguisme. *Cahiers de praxématique, 25*, 79-95.

— (1996): Apprendre une langue dans l'interaction verbale. *Bulletin suisse de linguistique appliquée, 63*, 11-23.

— (Ed.). (2000a). *Analyse conversationnelle et représentations sociales. Unité et diversité de l'image du bilinguisme (TRANEL, 32)*. Neuchâtel: Institut de linguistique.

— (2000b). Une Mexicaine à Neuchâtel. *Bulletin suisse de linguistique appliquée, 71*, 71-85.

Quilis, A. et al. (1982). *Interferencias lingüísticas en el habla de los niños españoles emigrantes en Francia*. Madrid: Ministerio de Educación y Ciencia.

Raith, J. (1981). *Sprachgemeinschaftstyp, Sprachkontakt, Sprachgebrauch. Eine Untersuchung des Bilinguismus der anabaptistischen Gruppen deutscher Abstammung in Lancaster County, Pennsylvania (USA)*. Wiesbaden: Franz Steiner.

— (Ed.). (1986). *Grundlagen der Mehrsprachigkeitforschung*. Wiesbaden: Franz Steiner.

Rehbein, J. (1981). Verbale und nonverbale Kommunikation im interkulturellen Kontakt. In P. H. Nelde et al. (Ed.), *Sprachprobleme bei Gastarbeiterkindern. Problèmes linguistiques des enfants de migrants. Taalproblemen van gastarbaiderskinderen*. (pp. 111-128). Tübingen: Narr.

Rémy, J. et al. (1978). *Produire ou reproduire?* (t. 1). Bruxelles: Les Editions Vie Ouvrière.

Rex, J., Joly, D. & Wilpert, C. (Ed.). (1987). *Immigrant Associations in Europe*. Aldershot: Gower.

Rey(-von Allmen), M. (1977). Problèmes relatifs aux enfants des travailleurs migrants tels qu'ils apparaissent dans le cadre scolaire genevois.

Aspects psychopédagogiques et sociaux. *Revue de neuropsychiatrie infantile, 25,* 509-521.

Richards, J. C. (Ed.). (1974). *Error Analysis. Perspectives on Second Language Acquisition.* London: Longman.

Riley, P. (1985). Coming to Terms: Negotiation and Intercultural Communication. Comprehension as Negotiation of Meaning (Beiträge eines Werkstattgesprächs des Goethe-Instituts Amsterdam vom 13.-15.9. 1984, pp. 61-111). Amsterdam.

Romaine, S. (1989). *Bilingualism.* (2nd ed. 1995). Oxford: Blackwell.

Sankoff, D. & Poplack, S. (1979). A formal grammar for code-switching. *Papers in Linguistics, 14.1,* 3-46.

Schäppi, P. (1971). *Der Schutz sprachlicher und konfessioneller Minderheiten im Recht von Bund und Kanton. Das Problem des Minderheitenschutzes.* Jur. Dissertation, Universität Zürich.

Schmidt, M. (1981). *Inégalités sociales et culturelles. Etude statistique de l'épreuve d'évaluation au cycle d'orientation* (Vous avez dit... pédagogie, 2). Neuchâtel: Université de Neuchâtel.

Schütz, A. (1987). *Der sinnhafte Aufbau der sozialen Welt. Eine Einleitung in die verstehende Soziologie.* Frankfurt a.M.: Suhrkamp.

Searle, J. R. (1969/dt. 1971): *Speechacts.* Cambridge: Cambridge University Press.

Selinker, L. (1972). Interlanguage. *IRAL, X/3,* 209-231.

Serra, C. (1999). Le développement de la compétence discursive et conversationnelle en français L2. Apprendre en deux langues à l'école secondaire. *TRANEL, 30,* 29-91.

Sieber, P. & Sitta, H. (1984). Schweizerdeutsch. Zwischen Dialekt und Sprache. *Kwartalnik neofilologiczny, 31:1,* 3-40.

Siguán, M. (1987). Code switching and code mixing in the bilingual speaker. A cognitive approach. In G. Lüdi (Ed.), *Devenir bilingue – parler bilingue.* (pp. 211-224). Tübingen: Niemeyer.

Slobin, D. (1991). Learning to think for speaking. Native language, cognition, and rhetorical style. *Pragmatics, 1.1,* 7-25.

Sofietti, J. P. (1955). Bilingualism and Biculturalism. *Journal of Educational Psychology, 14,* 222-227.

Stachowiak, F.-J. (1981). Zum funktional-operationalen Ansatz in der sprachlichen Universalienforschung aus psycholinguistischer Sicht. *Arbeiten des Kölner Universalien-Projekts, 40,* 5-66.

Stockwell, R. P., Bowen, I. D. & Martin, J. W. (1965). *The grammatical structures of English and Spanish. An analysis of structural differences between the two languages.* Chicago, London: The University of Chicago Press.

Svartvik, J. (Ed.) (1973). *Errata.* Lund: Glerup.

Tajfel, H. (1978). Social categorization, social identity and social comparison. In H. Tajfel (Ed.), *Differentiation between social groups.* New York: Academic Press.

Talmy, L. (1985). Lexicalization patterns. Semantic structure in lexical form. In T. Shopen (Ed.), *Language typology and syntactic description III.* (pp. 51-149). New York: Cambridge University Press.

— (1995). The relation of grammar to cognition. In G. Lüdi & Cl.-A. Zuber (Ed.), *Linguistique et modèles cognitifs, contributions à l'Ecole d'été de la Société Suisse de Linguistique, Sion, 6-10 septembre 1993 (ARBA, 3,* pp. 139-173). Bâle: Institut des langues et littératures romanes; Sion: Institut Universitaire Kurt Bösch.

Titone, R. (1972/fr. 1974). *Le bilinguisme précoce.* Bruxelles: Dessart.

Valdman, A. (Ed.) (1977). *Pidgin and Creole linguistics.* Bloomington IND: Indiana University Press.

— (Ed.) (1979). *Le français hors de France.* Paris: Champion.

Vasseur, M.-Th. (1990a). Bilinguisme, acquisition de langues étrangères et données intuitionnelles. Les autoconfrontations dans le programme ESF sur l'acquisition d'une L2 par des adultes migrants. *ESF Network on Code-Switching and Language Contact. Papers for the workshop on concepts, methodology and data Basel, 12 - 13 January 1990.* (pp. 171-188). Strasbourg: European Science Foundation.

— (1990b). Observables et réalités de l'acquisition d'une langue étrangère. Séquences de négociation et processus d'acquisition. *Langage et société, 50-51,* 67-86.

Veltman, C. (1983). *Language shift in the United States.* Berlin, New York, Amsterdam: Mouton de Gruyter.

Véronique, D. (1992). Recherches sur l'acquisition des langues secondes. Un état des lieux et quelques perspectives. *AILE, 1,* 5-35.

Vinay, J.-P. (1969). Problèmes du bilinguisme au Canada. In L. G. Kelly (Ed.), *Description and Measurement of Bilingualism*. (pp. 367-401). Toronto: University of Toronto Press.

Vogel, K. & Börner, W. (Ed.) (1995). *Der Text im Fremdsprachenunterricht*. Bochum: AKS-Verlag.

Wald, P. (1986). La diglossie immergée. Représentations alternatives du répertoire linguistique chez les Yakoma de Bangui. *Langages et société 38*, 51-67.

Wandruszka, M. (1975). Mehrsprachigkeit. *Sprachwissenschaft und Sprachdidaktik* (Jahrbuch des Instituts für deutsche Sprache, 9, pp. 321-350). Düsseldorf: Schwann.

Weinreich, U. (1953). *Languages in Contact*. New York: Publication of the Linguistic Circle of New York.

Weisgerber, L. (1966). Vorteile und Gefahren der Zweisprachigkeit. *Wirkendes Wort, 16*, 73-89.

Whorf, B. L. (1969). *Linguistique et anthropologie*. Paris: Denoel.

Yanaprasart, P. (2000). *Langue et culture dans l'enseignement du français en Thaïlande*. Thèse de doctorat en sciences humaines, Faculté des lettres et sciences humaines, Université de Neuchâtel.

Zarate, G. (1993). *Représentations de l'étranger et didactique des langues*. Paris: Didier.

POSTFACE

Actuellement, on assiste, en Europe et ailleurs, à une véritable revalorisation du plurilinguisme des nations, des régions, des institutions et des individus. Il est de plus en plus souvent perçu comme «normal» à son tour, comme un emblème identitaire, une composante essentielle de la culture, mais aussi une valeur économique qu'il vaut la peine de maintenir. De leur côté, certains spécialistes de l'acquisition insistent sur le fait que «the human language making capacity is designed for multilingualism» (Meisel, 2004). En même temps, les recherches sur la diversité linguistique et le multi-/plurilinguisme se sont multipliées. A côté de DYLAN, un réseau de recherche européen, LINEE, a été consacré à cette thématique (voir Studer & Werlen, 2012). On commence à mieux comprendre comment les acteurs sociaux mobilisent leurs compétences plurilingues dans des contextes caractérisés par une mobilité et un brassage croissants des populations, quelles sont leurs représentations du plurilinguisme et du pluriculturalisme qui marquent leur vie quotidienne, comment ils règlent, renforcent ou réduisent les dimensions plurilingues de leurs pratiques linguistiques, mais aussi comment le cerveau s'accommode à cette réalité.

Les différentes éditions de cet ouvrage, d'une première version allemande jusqu'en 2003, ont participé à ce mouvement. En 2002, Bernard Py et moi-même avions profondément revu notre texte. Une dizaine d'années plus tard – et après le décès prématuré de Bernard –, une nouvelle révision ne me semblerait pas opportune; j'ai donc décidé de me limiter à une postface. Celle-ci ne va évidemment pas pouvoir tenir compte, et de loin, de tous les développements des dernières années; elle se concentrera sur quelques réflexions dont une première trace se trouve dans notre dernière publication commune (Lüdi &Py, 2009) et qui se sont matérialisées dans le travail d'une équipe – issue de l'ancien axe Bâle-Neuchâtel – au sein du projet de recherche européen DYLAN.[1] Dans la

---

1 Voir www.dylan-project.org et Berthoud, Grin & Lüdi, 2012 et déjà Lüdi, Höchle & Yanaprasart, 2010;, Lüdi, 2010; Lüdi, Höchle, Steinbach & Yanaprasart, 2012.

lignée de nos recherches pendant plus de 30 ans sur la dynamique du développement et de la mise en œuvre de compétences plurilingues, nous nous limiterons donc, ici, à focaliser sur cinq points.

LA «COMPÉTENCE PLURILINGUE» COMME ENSEMBLE DE RESSOURCES

Au détriment de de Saussure, Chomsky et d'autres, qui avaient «réifié» la *langue*, voire la *compétence*, la concevaient comme atemporelle et décontextualisée – et négligeaient totalement sa mise en œuvre –, on s'est mis à définir, à la suite de Hymes (1972), la compétence de communication comme *compétence d'usage* («ability for use»): «what speakers need to know to communicate efficiently in culturally significant settings». Même la composante «linguistique» de cette compétence ne représente pas un système axiomatique formel, mais constitue une réponse complexe aux exigences de fonctions cognitives et sociales dans un contexte donné; il s'agit par conséquent d'un ensemble ouvert qui est loin de posséder une forme d'organisation interne parfaite et qui est déterminé par «selective pressures on what systems can evolve», les sélecteurs pertinents étant «the brain and speech apparatus, functional and cognitive constraints on communication systems, including conceptual constraints on the semantics, and internal organizational properties of viable semiotic systems» (Evans & Levinson, 2009, p. 446).

Py avait été parmi les premiers à modéliser la construction d'une interlangue (Py, 1986, 1994, 1996; De Pietro, Matthey & Py, 1989) en soulignant l'aspect discursif et socioconstructiviste de l'acquisition en interaction. «La grammaire, résumera Dewaele en 2001, est considérée comme un épiphénomène, un 'faire', de nature émergente». Influencée par Hopper (1987, 1998), Larsen-Freeman (2006) a formulé une véritable théorie «émergentiste» de l'acquisition. Elle est ainsi au diapason avec des conceptions formulées par Thorne et Lantolf (2007) et récemment par Makoni et Pennycook (2007) et Pennycook (2010), qui mettent en question les langues comme des systèmes ou unités énumérables et suggèrent que le langage émerge généralement des activités qu'il performe; ils considèrent par conséquent le langage comme pratique plutôt que comme structure, comme quelque chose que nous faisons plutôt que quelque chose sur quoi nous fondons nos activités:

> Learning is not the taking in of linguistic forms by learners, but the constant (co-) adaptation and enactment of language-using patterns in the service of meaning-making in response to the affordances that emerge in a dynamic communicative situation. (Larsen-Freeman & Cameron, 2008, p. ?)

Or, les situations de communication dynamiques sont souvent extrêmement complexes et comprennent l'emploi de nombreuses langues acquises à de différents moments et avec des degrés de maîtrise très variés. Ces réflexions sont donc valables bien au-delà de l'acquisition de langues secondes; elles incluent bien entendu la ou les langues première(s) et elles concernent par conséquent l'ensemble du *répertoire langagier* (Gal, 1986; Gumperz, 1982), voire de la *compétence plurilingue* (Coste, Moore & Zarate, 1997) ou *multicompétence* (Cook, 2008), définie très fonctionnellement comme nous l'avions fait dès la première version de cet ouvrage en 1984. Ces répertoires plurilingues représentent, dans la pratique, un ensemble de ressources — verbales et non verbales — mobilisées par les locuteurs pour trouver des réponses locales à des problèmes pratiques —, un ensemble indéfini et ouvert de microsystèmes grammaticaux et syntaxiques (et bien sûr aussi mimogestuels), partiellement stabilisés et disponibles aussi bien pour le locuteur que pour son interlocuteur, ces microsystèmes pouvant provenir de différentes variétés *(lectes)* d'une langue ainsi que de diverses expériences de nature discursive», mais aussi et surtout de plusieurs «langues» (voir Py, 2003 et Ludi & Py, 2009 pour plus de détails).

UNE VISION INTÉGRÉE DES RESSOURCES PLURILINGUES

Selon une représentation sociale partagée par une grande majorité des locuteurs, mais soutenue par l'opinion avertie de nombreux spécialistes, une langue est parlée par une communauté linguistique vivant dans un territoire bien délimité, correspondant plus ou moins aux états nationaux: la France pour le français, l'Italie pour l'italien, etc. Elle serait représentée par une variété standard (le *bon usage*) codifiée par une autorité légitime. Cela mène à ces conceptions «additionnistes» du plurilinguisme comme celles, prototypiques, de Bloomfield et de Ducrot & Todorov [bilingualism is] the native-like control of two languages (Bloomfield, 1933, p. 56).

Un individu est dit bilingue (multilingue) s'il possède deux (plusieurs) langues, apprises l'une comme l'autre en tant que langues maternelles [...]. Le bilingue peut «parler parfaitement» les deux langues. (Ducrot & Todorov, 1972, p. 83)

Cette conception reproduit les vues traditionnelles, basées sur les processus de normalisation dans les langues nationales — qui doivent être maitrisées autant que possible — et sur la conception des langues — mentionnée plus haut — comme «objets» idéalisés, atemporels et décontextualisés, soigneusement séparés les uns des autres par les linguistes, enseignants, etc. Elle est la base de formes de multilinguisme institutionnel, de politiques linguistiques éducatives, mais aussi de mesure de protection ou de revitalisation dans des cas où des langues fortement minorisées ne sont plus parlées/comprises par les membres de la majorité comme le Gaélique en Ecosse.

Or, nous venons précisément de mettre en cause le statut des langues comme des unités autonomes, décontextualisées et renfermées sur elles-mêmes; et notre critique concerne aussi et en particulier l'existence de liens essentiels entre les «langues» et des espaces géographiques et politiques clairement délimités et séparés. Au contraire, la notion de «multicompétence» perçoit les différentes langues qu'une personne parle comme «one connected system, rather than each language being a separate system» (Cook, 2008, p. ?), c'est-à-dire comme une compétence intégrée. Lemke (2002, p. 85) a sans doute raison d'attribuer de nombreux problèmes, pédagogiques, mais aussi politiques, au fait que «we bow to dominant political and ideological pressures to keep 'languages' pure and separate». A la suite d'affirmations avancées par Blommaert (2005) et Rampton (2010), nous pensons que les lieux du langage ne peuvent plus simplement être situés au sein de la géographie politico-culturelle des communautés linguistiques, ni moins de communautés «nationales». Rien en dehors d'idéologies linguistiques élaborées dans l'Europe de l'époque moderne ne nous invite penser à des états-nations comme *loci* privilégiés pour situer les variétés linguistiques «pures».

L'introduction de la notion de *speech community* dans la définition de Irvine (1989, p. 251): «speech community as an organization of linguistic diversity, having a repertoire of ways of speaking that are indexically associated with social groups, roles, or activities» a ouvert de nouveaux horizons à ce propos. L'importance réside dans la dissociation entre les notions de *langue* et de *communauté*. D'une part, on peut douter du fait que tous les locuteurs d'une langue, répartis dans le monde et souvent sans contacts réguliers, constituent une «communauté». D'autre part et surtout, des locuteurs de langues différentes, plus ou moins plurilingues, ayant des contacts réguliers dans des sociétés hétéroglossiques, peuvent très bien être considérés comme formant une communauté caractérisée par un répertoire de formes de parlers indexées.

Ainsi, des études récentes sur les usages linguistiques dans des zones de contact entre langues – le français, l'arabe et l'anglais au Caire (Dermarkar & Pfänder, 2010) ou l'espagnol et le quechua à Cochabamba (Pfänder, 2000, 2009) – ont pu considérer les formes de parler hybrides qu'elles y ont rencontrées comme l'apanage de communautés hétérogènes, certes, formées de locuteurs possédant des répertoires divers, mais partageant néanmoins un ensemble de valeurs communes. Sans nier l'existence de systèmes linguistiques différents, le focus est mis sur leur instabilité foncière, sur la dynamique de leur développement et sur l'émergence de nouveaux microsystèmes due au contact entre langues. Pfänder parle, à ce propos, d'une véritable «grammaire métisse» *(gramática mestiza)*.

LE PARLER PLURILINGUE: DU *CODE-SWITCHING* AU PLURILANGUAGING

Faisons un pas en arrière et revenons aux ressources plurielles qui composent le répertoire plurilingue. Ces ressources sont mises en œuvre de manière située en fonction, entre autres, de la configuration des connaissances linguistiques — des profils linguistiques — des interlocuteurs (Mondada, 2001; Pekarek Doehler, 2005).

Le concept de ressources plurilingues, tel que nous l'entendons ici, ouvre la voie à une «grammaire en interaction» telle que la conçoit par exemple Mondada (2001) – et qui rejoint les conceptions présentées plus haut:

> Si l'on considère que l'interaction sociale est le lieu fondamental d'élaboration du lien social et d'usage de la langue, alors on peut faire l'hypothèse que les ressources linguistiques sont configurées d'une manière adéquate compatible voire adéquate par rapport aux formes et aux contraintes organisationnelles

de l'interaction. Par conséquent, la description de la grammaire – terme employé ici de façon générale pour désigner les ressources de la langue, considérées, conformément à une perspective wittgensteinienne sur la grammaire, du point de vue des pertinences émergeant de leur usage situé — doit tenir compte des dynamiques interactionnelles, considérées comme structurantes à tous les niveaux de l'analyse linguistique. (pages ?)

En d'autres termes – et pour employer une image de Lévi-Strauss (1962, p. 27) – on pourrait concevoir les ressources plurilingues partagées comme une espèce de «boîte à outils» pour bricoleurs: la règle de son enjeu est de toujours s'arranger avec les «moyens du bord». Ces derniers constituent un ensemble hétéroclite d'outils et de matériaux, résultat, non pas d'un projet particulier, mais contingent de toutes les occasions à l'issue desquelles le stock a été renouvelé, enrichi ou entretenu avec les résidus de constructions et de déconstructions antérieures. Ces ressources ont la forme d'ensembles semi-organisés de moyens parfois hétéroclites; certaines sont préfabriquées et mémorisées, d'autres sont des procédures de création d'énoncés inédits, parmi lesquelles on trouve aussi des moyens heuristiques destinés soit à renforcer les ressources expressives déjà disponibles, soit à développer des hypothèses d'interprétation d'autres langues. Autrement dit, elles permettent de créer et de jouer, de conduire une activité verbale dans des contextes particuliers, donc de prendre des risques.

Dans le cadre des leurs activités discursives, les participants disposent, dans un mode plurilingue (Grosjean, 2001), de l'ensemble de leurs répertoires. Les recherches des dernières années ont largement confirmé nos réflexions du chapitre 6. En effet, de telles pratiques plurilingues ne sont nullement chaotiques. Jessner (2008a et b) rappelle avec raison que la situation plurilingue ne se distingue pas de la situation unilingue par l'absence de forces régulatrices ou «normes», mais par l'existence de «normes plurilingues» à la place de «normes traditionnelles». Par exemple, le choix de langue n'est souvent pas définitif, mais les interlocuteurs alternent entre les langues qui sont à leur disposition sur la base d'une «grammaire de l'alternance codique» avec une dimension fonctionnelle et une dimension formelle. Comme le formule MacSwan (1999):

> ... lexical items may be drawn from the lexicon of either language to introduce features into the numeration which must be checked for convergence in

just the same way as monolingual features must be checked (or must not «mismatch»), with no special mechanisms permitted. [...] No «control structure» is required to mediate contradictory requirements of the mixed systems. The requirements are simply carried along with the lexical items of the respective systems. (page ?)

L'intérêt particulier de cette approche réside dans le fait qu'elle ne présuppose ni une «troisième grammaire», ni des principes universaux spécifiques pour régler le code-switching. La «grammaire plurilingue» ne serait, en fin de compte, pas différente d'une grammaire quelconque, simplement qu'elle inclue des phénomènes tels que le code-switching.

Mais si la notion de «code-switching» (Auer, 1998; Myers Scotton, 1997; etc.) semble présupposer l'existence de «langues» séparées, les frontières entre les langues s'estompent souvent dans mise en œuvre et créative des ressources plurielles. La nouvelle question de recherche est celle de savoir comment les interlocuteurs mobilisent leurs ressources dans des contextes plurilingues: «In what ways do people draw on language resources, features, elements, styles as they engage in translingual, polylingual, metrolingual language practices?».[2] L'accent s'est donc déplacé des *langues* vers les pratiques, ressources, styles et répertoires (Lüdi & Py, 2009), la langue étant conçue, comme nous le suggérions plus haut, comme émergente du «doing being a speaker of a language» (Mondada, 2004, page ?). Pour des monolingues, on parlera d'un changement de focus des langues *(language)* vers leur usage *(languaging)*.[3] Dans la perspective qui est la nôtre, cela signifie que nous plaçons la priorité sur les différentes formes de parler plurilingue *(plurilanguaging)* au détriment de la compétence plurilingue.

Parfois, le mode exolingue-plurilingue peut prendre des formes inattendues, voire extrêmes comme dans l'exemple suivant, enregistré dans

---

2 Voir Pennycook sur www.wesleycollege.net/Our-Community/Wesley-College-Institute/Public-Education/Global-Language-Convention/Presentations/~/media/Files/Wesley%2520College%2520Institute/Global%2520Language%2520Convention/Alastair%2520Pennycook.ashx (consulté le 20 mars 2010)

3 Voir García (2008) et Pennycook (2010) et déjà Ellis & Larsen-Freeman (2006): «We believe that our interests in language can better be furthered when it is conceived of as the emergent properties of a multi-agent, complex, dynamic, adaptive system, a conception that usefully conflates a property theory with a transition theory».

le milieu hospitalier à Bâle. Il s'agit d'une heure de consultations, le médecin est germanophone, la patiente lusophone, ils ne partagent réellement aucune langue:

```
1  M  so hat es doch noch geklappt
2  P  vous parlez français!
3  M  <französisch. > (°oder°) spanisch?
4     ((M a l'air embarassé))
5  P  espanisch. ja
6  M  sie kommen von portugal hab ich gehört ja.
7  P  °portugal°
8  M  ja. (tratamos) en con español.
9  P  <eetabo.>
10    ((très vite; probablement portugais «está bom»))
11 M  ok. (..) bueno. (.) puede explicarme eh [tus problemas] síntomas.
12 P                                                      [eh tengo ma!l]e.
13    a la cabeza?
14 M  mmh
15 P  eh duo-dolores y e (bri tisas)?
16 M  mmh
17 P  y me doile tambem moito la la spalda.
18 M  la columna! due[le.]
19 P               [la ]columna me doi molto! y e: (..) e +<cui> un poco+
20    ((prononciation italienne; touche sa gorge))
21 M  ähä a- +aquí+
22    ((touche ea propre gorge))((il note tout ce qu'elle dit))
23 P  sí. ho pensato que la gri!pe? +por qu+ la ot[ra ] settimana
24    ((prononciation portugaise))
25 M                                             [mmh]
26 P  mine [(niña) (…) gr]ipe! y ahora]
27 M       [ah? la niña?] (…)
28 M  e tiene también dolores [en los a]rticulaciones. (.)
29 P                          [sim sim]
30 M  desde quándo tie[ne?]
31 P                  [eh?] desde iere
32 M  desde ayer. ah.
33 P  anteontem (…)
34 M  tiene? fiebre.
38 P  eh ontem a notte? noite un poco [de fiebre ]
39 M                                  [un poco.] e quánto?
40 P  e trentanove
41 M  aou! ja.
```

Tout d'abord, les ressources mobilisables (allemand, espagnol, portugais) et celles qui ne le sont pas (français) sont déployées. Le choix en faveur de l'espagnol proposé par M est accepté par P — mais en portugais. En réalité, dès les prochains tours de parole, l'«espagnol» parlé par P se révèle être un mélange d'espagnol, de portugais et d'italien, une espèce de «pan-roman» que M semble assez bien comprendre.

La compréhension reste pourtant approximative, malgré les efforts communs de travail lexical («me doile tambem moito la la spalda» reformulé par M: «la columna duele» et repris par P: «la columna me doi molto»), ce qui nécessite le double recours à des gestes déictiques de la part des deux acteurs («cui un poco» —> «ähä a- aquí»). Manifestement, médecin et patiente recherchent la certitude sur les symptômes pour permettre un diagnostic correct à l'aide d'un «bricolage» plurilingue et multimodal; pour ce faire, ils accumulent les moyens verbaux et non verbaux, les retours en arrière et les séquences de réparation. A d'autres moments, cependant, des malentendus potentiels ne sont pas signalés interactivement. C'est le cas du mot opaque «bri tisas» et de la séquence «iere» reprise par «ayer» (hier) et reformulé par «anteontem» (avant-hier). Les participants «acceptent ainsi une certaine indétermination de l'intercompréhension à toutes fins pratiques» (Mondada, 2012, p. 115).

Dans cette perspective, il émerge de l'interaction entre les différentes ressources une entité d'un niveau de complexité supérieur, un système adaptif, résultant d'un mouvement permanent d'auto-organisation; la non-linéarité signifie que les effets ne sont pas proportionnels à la cause. Ce système est dynamique et évolue en fonction de son usage entre les individus. Il représente à la fois une ressource cognitive et sociale. Chaque individu progresse selon une voie de développement individuelle, consistante, mais montrant un haut degré de variation et instable sur l'axe du temps. Toutefois, la sédimentation de telles pratiques peut mener à des parlers métissés comme nous les avons mentionnés plus haut.

Inutile de dire que les représentations courantes du plurilinguisme n'ont pas tiré toutes les conséquences de cette évolution, de sorte que les personnes plurilingues se trouvent prises dans un ensemble de contradictions entre conscience de l'environnement social et modélisation du plurilinguisme (Cavalli *et al.*, 2003).

L'ANGLAIS *LINGUA FRANCA* COMME FORME DE PARLER PLURILINGUE ?

Influencées par l'idée reçue que toutes les langues sont mutuellement transparentes, les mesures prises pour résoudre les problèmes de communication engendrés par la diversité linguistique optent souvent pour une langue unique; et l'anglais semble s'offrir quasi naturellement comme langue universelle – appelée souvent *lingua franca* – dans le monde économique, dans les sciences et dans le domaine de la politique internationale. Cette solution semble reproduire, dans la situation actuelle, une évolution bien connue des états nationaux naissants pendant l'ère moderne: l'implantation d'un monolinguisme généralisé dans une seule langue, imposée aux locuteurs au détriment de leurs langues nationales et régionales. On a pu parler, à ce propos, de *standardisation* (Vandermeeren, 1998, 2005).

Or, à la suite des réflexions présentées dans cet ouvrage – et issues des recherches qu'il a contribué à engendrer –, il faut repenser la notion très vague et polysémique de *lingua franca*, classiquement définie comme une forme de parler employée par des interlocuteurs ne partageant pas de langue commune, avec ou sans la présence de natifs.

On commencera par dénoncer un malentendu persistant dans les discussions autour de la standardisation, à savoir la confusion entre une langue parlée par des natifs (et des locuteurs quasi natifs) et la même langue servant de *lingua franca*. Ainsi l'anglais est-il employé par des centaines de millions de locuteurs pour lesquels ils s'agit d'une L2, L3 …, Ln et qui possèdent des niveaux de compétences parfois très approximatifs.

L'emploi d'une *lingua franca* – d'autres langues comme le français, le russe ou l'arabe ont joué et jouent encore le même rôle – relève, à première vue, du mode unilingue-exolingue. Or, plus la compétence des acteurs est approximative, plus ils ont recours à l'ensemble de leurs ressources, verbales et non verbales, et leur parler est très souvent parsemé de nombreuses marques transcodiques. Nous glissons ainsi vers un mode plurilingue-exolingue. Par conséquent, de plus en plus de chercheurs considèrent toutes les *lingue franche* – dont l'anglais comme formes d'usage langagier dynamiques et hybrides, bricolées à partir de l'ensemble des ressources des interlocuteurs à la frontière entre l'uni- et le plurilinguisme (Böhringer, Hülmbauer & Seidlhofer 2009, Seidlhofer, 2011, Böhringer & Hülmbauer, 2010, Mondada, 2012). Comme dans l'exemple de parler plurilingue cité plus haut, des malentendus potentiels ne sont pas signalés interactivement; un principe dit de la *progressivité* privilégie la continuation de la conversation aux prix d'une incompréhension partielle, traitée par les participants comme non pertinente (Firth, 1996, p. 244). Les participants « acceptent ainsi une certaine indétermination de l'intercompréhension à toutes fins pratiques » (Mondada, 2012, p. 115). Pour les spécialistes, ceci serait précisément caractéristique des interactions en *lingua franca* (House, 2003, Mauranen, 2006).

Mais même dans un mode unilingue d'autres langues peuvent être implicitement présentes. Citons le cas de publications en anglais produites dans un laboratoire typique aux Etats Unis comprenant des chercheurs (professeurs, postdocs, doctorants) en provenance de langues et cultures très différentes (ce qui serait d'ailleurs un gage de créativité [Compendium, 2009]). Chacun amène, dans ses bagages, sa culture de recherche d'origine, a aussi accès à la littérature scientifique dans sa langue d'origine; et cette dernière et souvent pratiquée au sein du groupe lorsque cela est possible soit dans le mode unilingue (une langue à la fois), soit dans un mode plurilingue (plusieurs langues en même temps). A en juger par les publications, on pourrait croire à un laboratoire unilingue anglophone. Mais l'habit ne fait le moine. Pour illustrer ce phénomène, nous avons proposé la métaphore du mille-feuilles, une pâtisserie d'origine française faite de plusieurs couches de pâte feuilletée et de crème pâtissière, le dessus étant glacé avec du fondant. Ce qui saute à l'œil, c'est le glaçage, à savoir la surface anglaise. Ce n'est qu'en y regardant de plus près qu'on décèle des traces de la construction multilingue du savoir dans le sens de la «description épaisse» de Geertz (2003). En combinant ce concept avec celui de «standardisation» de Vandermeeren, cité plus haut, Usunier (2010) a forgé le terme de «standardisation épaisse» pour saisir le phénomène de textes unilingues émergeant d'un milieu plurilingue, tenir compte de différences au sein de ce qui pouvait paraître homogène, voire de la dynamique complexe entre la diversité et l'homogénéisation (voir Berthoud, Grin & Lüdi, 2012 et à paraître). Il est inutile de rappeler, dans un ouvrage focalisant sur le bi-/plurilinguisme issu de mouvements migratoires, que ces réflexions s'appliquent tout autant à des situations ou des migrants et des indigènes communiquent dans un mode apparemment unilingue en langue d'accueil.

Perspectives

L'idéal de l'homoglossie nationale est encore très répandu et souvent extrapolé sur l'ensemble de l'Europe ou sur une société globalisée. On trouve pourtant aussi des traces de la conscience aiguë que le multilinguisme représente, au niveau du continent, un élément inaliénable du patrimoine et de l'identité européenne — et une nécessité. Comme le formule Beacco (2004):

> Les politiques linguistiques éducatives sont fondées, dans les institutions européennes sur le plurilinguisme. [...] Le plurilinguisme est à considérer sous ce double aspect: il constitue une conception du sujet parlant comme étant fondamentalement pluriel et il constitue une valeur, en tant qu'il est un des fondements de l'acceptation de la différence, finalité centrale de l'éducation interculturelle. A ces titres, il constitue l'un des fondements possibles d'une appartenance européenne. [...] Si les Européens n'ont pas de langue commune à laquelle s'identifier pour percevoir affectivement leurs appartenances à cet espace, ils disposent tous, effectivement ou potentiellement, d'une même compétence plurilingue, déclinée en milliers de répertoires différents, qui est le véritable vecteur commun d'une «identité linguistique» partagée et non repliée sur elle-même. (pages ?)

Il est vrai que la diversité des langues est souvent vécue comme une barrière à la libre circulation de la population et des idées. Mais le prix à payer pour l'éliminer serait démesurément élevé et affecterait des atouts fondamentaux et des valeurs inaliénables. Rappelons simplement que des recherches précédentes ont révélé les avantages cognitifs et sociaux dont bénéficient les individus plurilingues (Bialystok, 2009; Compendium, 2009; Furlong, 2009; Nisbett, 2003). Généralement parlant, le plurilinguisme individuel semble favoriser la créativité, qu'elle soit linguistique (faculté de choisir au sein d'un lexique mental multiple et de créer des formes linguistiques hybrides), cognitive (accès plus large à l'information, voies alternatives pour penser et percevoir le monde), interactionnelle (flexibilité majeure pour s'accommoder à de nouveaux contextes communicatifs) ou même stratégique (modes de négociation, de prise de décisions, de résolution de problèmes ou de contrôler les actions). (Lüdi *et al.*, en préparation). Par ailleurs et dans la mesure où «se comprendre mutuellement» signifie aussi «se comprendre culturellement à l'aide du langage (et d'autres ressources)», l'atout plurilingue est toujours aussi un atout interculturel. On pourrait même être tenté d'argumenter que les avantages mentionnés résultent de la diversité culturelle plutôt que linguistique, c'est-à-dire du fait que les membres d'équipes mixtes ne partagent pas les mêmes valeurs et expériences, voire la même vision du monde, à cause de leurs racines et de leur socialisation précoce dans des cultures différentes. La créativité résulterait du choc entre des perspectives, des modes d'interprétation ou de prédiction divergents (Page, 2007) et de différentes formes d'emploi du langage dans les espaces conceptuels, plus précisément les «in-between spaces» (Bhabha, 1994) entre cultures. Ces «troisièmes espaces» constituent la scène pour explorer des possibilités inédites, où le «thinking for speaking» (Slobin, 1991) correspond à une manière de «thinking at or beyond the limit» (Hall & Du Gay, 1996).

Il faut donc trouver des solutions pour gérer la diversité linguistique sur le plan institutionnel aussi bien que sur le plan individuel. Les recherches dans le cadre de DYLAN ont montré que les acteurs adoptent une large gamme de stratégies et qu'ils le font de manière extrêmement variable et dynamique, réévaluant constamment les solutions choisies (Berthoud, Grin & Lüdi, 2012; Lüdi, Höchle & Yanaprasart, en préparation). Ces «solutions» pour surmonter les problèmes potentiels comprennent, certes, l'utilisation d'une *lingua franca* (souvent l'anglais), mais aussi l'invention de variétés émergentes du type pidgin, le choix de la langue d'un des interlocuteurs connu (du moins partiellement) par les autres (notamment dans le cas des immigrants), l'exploitation de compétences réceptives ou *lingua receptiva* (tout le monde utilise sa langue propre, par exemple dans des établissements qui sont officiellement multilingues) et l'emploi de diverses formes de parler plurilingue ainsi que, bien sûr, le recours à des services de traduction et d'interprétation. Par ailleurs, nous avons vu que la *lingua franca* et le parler plurilingue dans ses différentes manifestations ne représentent pas un dichotomie tranchée, mais les pôles d'un continuum avec de nombreuses positions intermédiaires choisies en fonction des profils des acteurs, des savoirs partagés sur les schémas d'action sous-jacents, des besoins communicatifs, du cadre de participation négocié et constamment renégocié entre les participants (Mondada & Nussbaum, 2012), de considérations concernant l'efficacité et l'équité de la communication, etc.

Terminons par une réflexion d'un autre ordre. Si l'on ne considère plus le plurilinguisme comme un phénomène marginal qui n'intéresse que les spécialistes, mais au contraire comme la caractéristique de la majorité des êtres humains, et si on reconsidère des conceptions exclusivement «additionnistes» du plurilinguisme (sans les rejeter dans toutes les situations), cela va porter à conséquences pour les théories du langage. Est exigée, en d'autres termes, une linguistique pour laquelle des répertoires langagiers plurilingues représentent le cas normal, aussi bien au niveau de l'individu qu'à celui de la société, une linguistique pour laquelle la question du choix de la langue ou variété appropriée fait nécessairement partie d'un modèle du langage en action, une linguistique qui inclut impérativement la gestion du plurilinguisme – précoce aussi bien que tardif – dans tout modèle du traitement du langage, une linguistique qui prend son départ dans l'observation de toutes les formes de mise en œuvre de répertoires pluriels, du choix d'une *lingua franca* dans un mode unilingue jusqu'aux formes les plus extravagantes de parler plurilingue. En d'autres termes, toute théorie du langage devrait, pour être valable, rendre compte de répertoires plurilingues et de la manière dont un locuteur plurilingue tire parti de l'ensemble de ses ressources. Une telle théorie reste, selon toute vraisemblance, à élaborer, mais de premiers pas dans la bonne direction ont été faits.

Bâle, en mars 2013
Georges Lüdi

Parutions récentes

Beacco, J.-C. (2004). *Agir pour le plurilinguisme en Europe: Les profils nationaux des politiques linguistiques éducatives*. <http://www.ciep.fr/courrieleuro/2004/0204_beacco.htm>

Berthoud, A.-C., Grin, F. & Lüdi, G. (2012). *The DYLAN project booklet. Dylan project, main findings*. <http://www.dylan-project.org/Dylan_en/dissemination/final/booklet/booklet.php>

Berthoud, A.-C., Grin, F. & Lüdi, G. (Ed.) (à paraître). *DYLAN: Exploring the dynamics of Multilingualism*. Amsterdam: John Benjamins.

Bhabha, H.K. (1994). *The location of culture*. New York: Routledge.

Bialystok, E. (2009). Bilingualism. The good, the bad, and the indifferent. *Bilingualism: Language and Cognition, 12*(1), 3-11.

Bloomfield, L. (1933). *Language*. New York: H. Holt.

Böhringer, H. & Hülmbauer, C. (2010). Englisch als Lingua Franca im Kontext der europäischen Mehrsprachigkeit. In C. Hülmbauer, E. Vetter & H. Böhringer (Ed.), *Mehrsprachigkeit aus der Perspektive zweier EU-Projekte: DYLAN meets LINEE* (pp. 171-189). Frankfurt am Main: Peter Lang.

Cavalli, M., Coletta, D., Gajo, L., Matthey, M. & Serra, C. (Ed.) (2003). *Langues, bilinguisme et représentations sociales au Val d'Aoste: rapport de recherche*. Aoste: IRRE-VDA.

Compendium (2009). *Study on the contribution of multilingualism to creativity. Compendium Part One: Multilingualism and creativity: Towards an evidence-base*. Brussels: European Commission <http://eacea.ec.europa.eu/llp/studies/documents/studyonthecontributionofmultilingualismtocreativity/compendiumpart1en.pdf>.

Cook, V. (2008). *Second Language Learning and Language Teaching*. London: Arnold.

Coste, D., Moore, D. & Zarate, G. (1997). *Compétence plurilingue et pluriculturelle*. Strasbourg: Conseil de l'Europe.

De Pietro, J.-F., Matthey, M. & Py, B. (1989). Acquisition et contrat didactique: les séquences potentiellement acquisitionnelles dans la conversation exolingue. In D. Weil & H. Fugier (Ed.), *Actes du 3e Colloque Régional de Linguistique* (pp. 99-124). Strasbourg: Université des Sciences Humaines.

Dermarkar, C. & Pfänder, S. (2010). *Le français cosmopolite. Témoignages de la dynamique langagière dans l'espace urbain du Caire.* Berlin: Berliner Wissenschaftsverlag.

Dewaele, J.-M. (2001). L'apport de la théorie du chaos et de la complexité à la linguistique. *La Chouette* <http://www.bbk.ac.uk/lachouette/chou32/Dewael32.PDF>

Ducrot, O. & Todorov, T. (1972). *Dictionnaire encyclopédique des sciences du langage.* Paris: Seuil.

Ellis, N. & Larsen-Freeman, D. (2006). Language emergence: Implications for Applied Linguistics – Introduction to the Special Issue. *Applied Linguistics, 27*(4), 558-589.

Evans, N. & Levinson, S.C. (2009). The myth of language universals: Language diversity and its importance for cognitive science. *Behavioral and Brain Sciences* 32, 429-492.

Firth, A. (1996). The discursive accomplishment of normality: On 'lingua franca' English and conversation analysis. *Journal of Pragmatics, 26*(2), 237-259.

Furlong, A. (2009). The relation of plurilingualism/culturalism to creativity: a matter of perception. *International Journal of Multilingualism, 6*(4), 343-368.

Gal, S. (1986). Linguistic repertoire. In U. Ammon, N. Dittmar, K.J. Mattheier & P. Trudgill (Ed.), *Sociolinguistics: an international handbook of the science of language and society* (pp. 286-292). Berlin: Walter de Gruyter.

García, O. (2008). *Bilingual Education in the 21st Century: A Global Perspective.* Oxford: Wiley-Blackwell.

Geertz, C. (1973). Thick Description. Toward an Interpretative Theory of Cultures. In *The Interpretation of Cultures. Selected Essay.* New York: Basic Books.

Grosjean, F. (2001). The bilingual's language modes. In J.L. Nicol (Ed.), *Language Processing in the Bilingual* (pp. 1-25). Oxford: Blackwell.

Hall, E. (1976). *Beyond Cultures.* New York: Doubleday.

Hopper, P. (1987). Emergent Grammar. *BLS, 13*, 139-157.

Hopper, P. (1998). Emergent Grammar. In M. Tomasello (Ed.), *The new psychology of language* (pp. 155-175). Mahwah, NJ: Lawrence Erlbaum.

House, J. (2003). English as a lingua franca: A threat to multilingualism? *Journal of Sociolinguistics, 7*(4), 556-578.

Hülmbauer, C. & Seidlhofer, B. (à paraître). English as a lingua franca in European multilingualism. In A.-C. Berthoud, F. Grin & G. Lüdi (Ed.),

Multilingualism and Diversity Management. Amsterdam: John Benjamins.
Hymes, D. (1972). On communicative competence. In J.B. Pride & J. Holmes (Ed.), *Sociolinguistics* (pp. 269-293). London: Penguin.
Irvine, J. (1989). When talk isn't cheap: Language and political economy. *American Ethnologist*, 16(2), 248-67.
Jessner, U. (2008a). Teaching third languages: Findings, trends and challenges. State-of-the-Art Article. *Language Teaching*, 41(1), 15-56.
Jessner, U. (2008b). Multicompetence approaches to language proficiency development in multilingual education. In J. Cummins & N.H. Hornberger (Ed.), *Encyclopedia of Language and Education* (pp. 91-103). New York: Springer.
Larsen-Freeman, D. (2006). The emergence of complexity, fluency, and accuracy in the oral and written production of five Chinese learners of English. *Applied Linguistics*, 27(4), 590-619.
Larsen-Freeman, D. & Cameron, L. (2008). *Complex Systems and Applied Linguistics*. Oxford: Oxford University Press.
Lemke, J.L. (2002). Language development and identity: Multiple timescales in the social ecology of learning. In C. Kramsch (Ed.), *Language acquisition and language socialization* (pp. 68-87). London: Continuum.
Lévi-Strauss, C. (1962). *La pensée sauvage*. Paris: Plon.
Lüdi, G. (2011). Vers de nouvelles approches théoriques du langage et du plurilinguisme. *Travaux Neuchâtelois de Linguistique*, 53, 47-64.
Lüdi, G. (Ed.) (2010). *Le plurilinguisme au travail entre la philosophie de l'entreprise, les représentations des acteurs et les pratiques quotidiennes*. Basel: Institut für Französische Sprach- und Literaturwissenschaft (=*Acta Romanica Basiliensia* [ARBA] 22).
Lüdi, G., Höchle, K. & Yanaprasart, P. (à paraître). Multilingualism and Diversity Management in Companies in the Upper Rhine Region. In A.-C. Berthoud, F. Grin & G. Lüdi (Ed.), *DYLAN: Exploring the dynamics of Multilingualism*. Amsterdam: John Benjamins.
Lüdi, G., Höchle, K., Steinbach, F. & Yanaprasart, P. (2012). Stratégies d'inclusion et formes d'exclusion dans des interactions exolingues au travail. In L. Mondada & L. Nussbaum (Ed.), *Interactions cosmopolites: l'organisation de la participation plurilingue* (pp. 29-62). Limoges: Lambert Lucas.
Lüdi, G., Höchle, K. & Yanaprasart, P. (2010). Patterns of language in polyglossic urban areas and multilingual regions and institutions: a Swiss case study. *International Journal of the Sociology of Language*, 205, 55-78.

Lüdi, G. & Py, B. (2009). To be or not to be ... a plurilingual speaker. *International Journal of Multilingualism*, 6(2), 154-67.
MacSwan, J. (1999). *A Minimalist Approach to Intrasentential Code Switching*. New York: Garland Press.
Makoni, S. & Pennycook, A. (Ed.) (2007). *Disinventing and reconstituting languages*. Clevedon: Multilingual Matters.
Mauranen, A. (2006). Signalling and preventing misunderstanding in English as lingua franca communication. *International Journal of the Sociology of Language*, 177, 123-150.
Meisel, J. (2004). The Bilingual Child. In T.K. Bhatia & W.C. Ritchie (Ed.), *The Handbook of Bilingualism*. (pp. 91-113). Oxford: Blackwell Publishers.
Mondada, L. (2001). Pour une linguistique interactionnelle. In *Marges linguistiques* 1, (pp. 142-162). Lieu: éditeur ??.
Mondada, L. (2004). Ways of 'Doing Being Plurilingual' In International Work Meetings. In R. Gardner & J. Wagner (Ed.), *Second Language Conversations* (pp. 27-60). London: Continuum.
Mondada, L. (2012). L'organisation émergente des ressources multimodales dans l'interaction en lingua franca: entre progressivité et intersubjectivité. *Bulletin Vals-Asla*, 95, 97-121.
Mondada, L. & Nussbaum, L. (Ed.) (2012). *Interactions cosmopolites: l'organisation de la participation plurilingue*. Limoges: Lambert Lucas.
Nisbett, R.E. (2003). *The Geography of Thought. How Asians and Westerns Think Differently and Why*. London: Nicholas Brealey Publishing.
Page, S.E. (2007). *The difference: How the power of diversity creates better groups, firms, schools, and societies*. Princeton, NJ: Princeton University Press.
Pekarek Doehler, S. (2005). De la nature située des compétences en langue. In J.-P. Bronckart, E. Bulea & M. Pouliot (Ed.), *Repenser l'enseignement des langues: comment identifier et exploiter les compétences?* (pp. 41-68). Villeneuve d'Ascq: Presses universitaires du Septentrion.
Pennycook, A. (2010). *Language as a social practice*. New York: Routledge.
Pfänder, S (2000). *Aspekt und Tempus im Frankokreol*. Tübingen: Narr.
Pfänder, S. (2009, ²2010). *Gramática mestiza: Presencia del quechua en el castellano*. La Paz: Academia Boliviana de la Lengua/Editorial Signo.
Py, B. (1986). Making sense: interlanguage's intertalk in exolingual conversation. *Studies in Second Language Acquisition*, 8, 343-353.
Py, B. (1994). Simplification, complexification et discours exolingue. *Cahiers du Français contemporain*, 1, 89-101.

Py, B. (1996). Reflection, conceptualisation and exolinguistic interaction: observations on the role of the first language. *Language Awareness*, 5(3-4), 179-187.

Py, B. (2003). Acquisition d'une langue seconde, organisation macrosyntaxique et émergence d'une microsyntaxe. *Marges linguistiques*, 4, 48-55.

Rampton, B. (2010). From 'multi-ethnic adolescent heteroglossia' to 'contemporary urban vernaculars'. *Working Papers in Urban Language and Literacies*, 61 (October 2010). <http://www.kcl.ac.uk/schools/sspp/education/research/groups/llg/wpull41.html>

Seidlhofer, B. (2011). *Understanding English as a Lingua Franca*. Oxford: Oxford University Press.

Studer, P. & Werlen, I. (Ed.) (2012). *Linguistic Diversity in Europe. Current Trends and Issues*. Berlin/New York: De Gruyter Mouton.

Thorne, S.L. & Lantolf, J.P. (2007). A linguistics of communicative activity. In S. Makoni & A. Pennycook (Ed.), *Disinventing and reconstituting languages* (pp. 170-195). Clevedon: Multilingual Matters.

Usunier, J.-C. (2010). Un plurilinguisme pragmatique face au mythe de l'anglais lingua franca de l'enseignement supérieur. In *Les enjeux du plurilinguisme pour la construction et la circulation des savoirs. Colloque d'automne du 12-13 novembre 2009* (pp. 37-48). Berne: Académie suisse des sciences humaines et sociales.

Vandermeeren, S. (1998). *Fremdsprachen in europäischen Unternehmen*. Waldsteinberg: Popp.

Vandermeeren, S. (2005). Foreign language needs in business firms. In M. Long (Ed.), *Second language needs analysis* (pp. 169-181). Cambridge: Cambridge Applied Linguistics Series.

Exploration

Ouvrages parus

Education: histoire et pensée

- Catherine Bouve: *L'utopie des crèches françaises au XIXe siècle. Un pari sur l'enfant pauvre*. Essai socio-historique. 308 p., 2010.
- Loïc Chalmel: *La petite école dans l'école – Origine piétiste-morave de l'école maternelle française*. Préface de J. Houssaye. 375 p., 1996, 2000, 2005.
- Loïc Chalmel: *Jean Georges Stuber (1722-1797) – Pédagogie pastorale*. Préface de D. Hameline, XXII, 187 p., 2001.
- Loïc Chalmel: *Réseaux philanthropinistes et pédagogie au 18e siècle*. XXVI, 270 p., 2004.
- Nanine Charbonnel: *Pour une critique de la raison éducative*. 189 p., 1988.
- Marie-Madeleine Compère: *L'histoire de l'éducation en Europe. Essai comparatif sur la façon dont elle s'écrit*. (En coédition avec INRP, Paris). 302 p., 1995.

- Jean-François Condette, *Jules Payot (1859-1940). Education de la volonté, morale laïque et solidarité. Itinéraire intellectuel et combats pédagogiques au cœur de la IIIe République.* 316 p., 2012.
- Lucien Criblez, Rita Hofstetter (Ed./Hg.), Danièle Périsset Bagnoud (avec la collaboration de/unter Mitarbeit von): *La formation des enseignant(e)s primaires. Histoire et réformes actuelles / Die Ausbildung von PrimarlehrerInnen. Geschichte und aktuelle Reformen.* VIII, 595 p., 2000.
- Daniel Denis, Pierre Kahn (Ed.): *L'Ecole de la Troisième République en questions. Débats et controverses dans le Dictionnaire de pédagogie de Ferdinand Buisson.* VII, 283 p., 2006.
- Marcelle Denis: *Comenius. Une pédagogie à l'échelle de l'Europe.* 288 p., 1992.
- Patrick Dubois: *Le Dictionnaire de Ferdinand Buisson. Aux fondations de l'école républicaine (1878-1911).* VIII, 243 p., 2002.
- Philippe Foray: *La laïcité scolaire. Autonomie individuelle et apprentissage du monde commun.* X, 229 p., 2008.
- Jacqueline Gautherin: *Une discipline pour la République. La science de l'éducation en France (1882-1914).* Préface de Viviane Isambert-Jamati. XX, 357 p., 2003.
- Daniel Hameline, Jürgen Helmchen, Jürgen Oelkers (Ed.): *L'éducation nouvelle et les enjeux de son histoire.* Actes du colloque international des archives Institut Jean-Jacques Rousseau. VI, 250 p., 1995.
- Rita Hofstetter: *Les lumières de la démocratie. Histoire de l'école primaire publique à Genève au XIXe siècle.* VII, 378 p., 1998.
- Rita Hofstetter, Charles Magnin, Lucien Criblez, Carlo Jenzer (†) (Ed.): *Une école pour la démocratie. Naissance et développement de l'école primaire publique en Suisse au 19e siècle.* XIV, 376 p., 1999.
- Rita Hofstetter, Bernard Schneuwly (Ed./Hg.): *Science(s) de l'éducation (19e-20^{e}siècles) – Erziehungswissenschaft(en) (19.–20. Jahrhundert). Entre champs professionnels et champs disciplinaires – Zwischen Profession und Disziplin.* 512 p., 2002.
- Rita Hofstetter, Bernard Schneuwly (Ed.): *Passion, Fusion, Tension. New Education and Educational Sciences – Education nouvelle et Sciences de l'éducation. End 19th – middle 20th century – Fin du 19e – milieu du 20e siècle.* VII, 397 p., 2006.
- Rita Hofstetter, Bernard Schneuwly (Ed.), avec la collaboration de Valérie Lussi, Marco Cicchini, Lucien Criblez et Martina Späni: *Emergence des sciences de l'éducation en Suisse à la croisée de traditions académiques contrastées. Fin du 19e – première moitié du 20e siècle.* XIX, 539 p., 2007.
- Jean Houssaye: *Théorie et pratiques de l'éducation scolaire (1): Le triangle pédagogique.* Préface de D. Hameline. 267 p., 1988, 1992, 2000.
- Jean Houssaye: *Théorie et pratiques de l'éducation scolaire (2): Pratique pédagogique.* 295 p., 1988.
- Alain Kerlan: *La science n'éduquera pas. Comte, Durkheim, le modèle introuvable.* Préface de N. Charbonnel. 326 p., 1998.
- Francesca Matasci: *L'inimitable et l'exemplaire: Maria Boschetti Alberti. Histoire et figures de l'Ecole sereine.* Préface de Daniel Hameline. 232 p., 1987.

- Pierre Ognier: *L'Ecole républicaine française et ses miroirs*. Préface de D. Hameline. 297 p., 1988.
- Annick Ohayon, Dominique Ottavi & Antoine Savoye (Ed.): *L'Education nouvelle, histoire, présence et devenir*. VI, 336 p., 2004, 2007.
- Johann Heinrich Pestalozzi: *Ecrits sur l'expérience du Neuhof*. Suivi de quatre études de P.-Ph. Bugnard, D. Tröhler, M. Soëtard et L. Chalmel. Traduit de l'allemand par P.-G. Martin. X, 160 p., 2001.
- Johann Heinrich Pestalozzi: *Sur la législation et l'infanticide. Vérités, recherches et visions*. Suivi de quatre études de M. Porret, M.-F. Vouilloz Burnier, C. A. Muller et M. Soëtard. Traduit de l'allemand par P.-G. Matin. VI, 264 p.,2003.
- Martine Ruchat: *Inventer les arriérés pour créer l'intelligence. L'arriéré scolaire et la classe spéciale. Histoire d'un concept et d'une innovation psychopédagogique 1874–1914*. Préface de Daniel Hameline. XX, 239 p., 2003.
- Jean-François Saffange: *Libres regards sur Summerhill. L'œuvre pédagogique de A.-S. Neill*. Préface de D. Hameline. 216 p., 1985.
- Michel Soëtard, Christian Jamet (Ed.): *Le pédagogue et la modernité. A l'occasion du 250e anniversaire de la naissance de Johann Heinrich Pestalozzi (1746-1827)*. Actes du colloque d'Angers (9-11 juillet 1996). IX, 238 p., 1998.
- Alain Vergnioux: *Pédagogie et théorie de la connaissance. Platon contre Piaget?* 198 p., 1991.
- Alain Vergnioux (éd.): *Grandes controverses en éducation*. VI, 290 p., 2012.
- Marie-Thérèse Weber: *La pédagogie fribourgeoise, du concile de Trente à Vatican II. Continuité ou discontinuité?* Préface de G. Avanzini. 223 p., 1997.

Recherches en sciences de l'éducation

- Linda Allal, Jean Cardinet, Phillipe Perrenoud (Ed.): *L'évaluation formative dans un enseignement différencié*. Actes du Colloque à l'Université de Genève, mars 1978. 264 p., 1979, 1981, 1983, 1985, 1989, 1991, 1995.
- Claudine Amstutz, Dorothée Baumgartner, Michel Croisier, Michelle Impériali, Claude Piquilloud: *L'investissement intellectuel des adolescents. Recherche clinique*. XVII, 510 p., 1994.
- Bernard André: *S'investir dans son travail: les enjeux de l'activité enseignante*. XII, 289 p., 2013
- Guy Avanzini (Ed.): *Sciences de l'éducation: regards multiples*. 212 p., 1994.
- Daniel Bain: *Orientation scolaire et fonctionnement de l'école*. Préface de J. B. Dupont et F. Gendre. VI, 617 p., 1979.
- Jean-Michel Baudouin: *De l'épreuve autobiographique. Contribution des histoires de vie à la problématique des genres de texte et de l'herméneutique de l'action*. XII, 532 p., 2010.
- Véronique Bedin & Laurent Talbot (éd.): *Les points aveugles dans l'évaluation des dispositifs d'éducation ou de formation*. VIII, 211 p., 2013

- Ana Benavente, António Firmino da Costa, Fernando Luis Machado, Manuela Castro Neves: *De l'autre côté de l'école*. 165 p., 1993.
- Denis Berthiaume & Nicole Rege Colet (Ed.): *La pédagogie de l'enseignement supérieur: repères théoriques et applications pratiques*. Tome 1: Enseigner au supérieur. 345 p., 2013.
- Anne-Claude Berthoud, Bernard Py: *Des linguistes et des enseignants. Maîtrise et acquisition des langues secondes*. 124 p., 1993.
- Dominique Bucheton: *Ecritures-réécritures – Récits d'adolescents*. 320 p., 1995.
- Sandra Canelas-Trevisi: *La grammaire enseignée en classe. Le sens des objets et des manipulations*. 261 p., 2009.
- Jean Cardinet, Yvan Tourneur (†): *Assurer la mesure. Guide pour les études de généralisabilité*. 381 p., 1985.
- Felice Carugati, Francesca Emiliani, Augusto Palmonari: *Tenter le possible. Une expérience de socialisation d'adolescents en milieu communautaire*. Traduit de l'italien par Claude Béguin. Préface de R. Zazzo. 216 p., 1981.
- Evelyne Cauzinille-Marmèche, Jacques Mathieu, Annick Weil-Barais: *Les savants en herbe*. Préface de J.-F. Richard. XVI, 210 p., 1983, 1985.
- Vittoria Cesari Lusso: *Quand le défi est appelé intégration. Parcours de socialisation et de personnalisation de jeunes issus de la migration*. XVIII, 328 p., 2001.
- Nanine Charbonnel (Ed.): *Le Don de la Parole. Mélanges offerts à Daniel Hameline pour son soixante-cinquième anniversaire*. VIII, 161 p., 1997.
- Gisèle Chatelanat, Christiane Moro, Madelon Saada-Robert (Ed.): *Unité et pluralité des sciences de l'éducation. Sondages au cœur de la recherche*. VI, 267 p., 2004.
- Christian Daudel: *Les fondements de la recherche en didactique de la géographie*. 246 p., 1990.
- Bertrand Daunay: *La paraphrase dans l'enseignement du français*. XIV, 262 p., 2002.
- Jean-Marie De Ketele: *Observer pour éduquer*. (Epuisé)
- Jean-Louis Derouet, Marie-Claude Derouet-Besson (éds.): *Repenser la justice dans le domaine de l'éducation et de la formation*. VIII, 385 p., 2009.
- Joaquim Dolz, Jean-Claude Meyer (Ed.): *Activités métalangagières et enseignement du français. Actes des journées d'étude en didactique du français (Cartigny, 28 février – 1 mars 1997)*. XIII, 283 p., 1998.
- Pierre Dominicé: *La formation, enjeu de l'évaluation*. Préface de B. Schwartz. (Epuisé)
- Pierre-André Doudin, Daniel Martin, Ottavia Albanese (Ed.): *Métacognition et éducation*. XIV, 392 p., 1999, 2001.
- Pierre Dominicé, Michel Rousson: *L'éducation des adultes et ses effets. Problématique et étude de cas*. (Epuisé)
- Andrée Dumas Carré, Annick Weil-Barais (Ed.): *Tutelle et médiation dans l'éducation scientifique*. VIII, 360 p., 1998.
- Jean-Blaise Dupont, Claire Jobin, Roland Capel: *Choix professionnels adolescents. Etude longitudinale à la fin de la scolarité secondaire*. 2 vol., 419 p., 1992.

- Vincent Dupriez, Jean-François Orianne, Marie Verhoeven (Ed.): De l'école au marché du travail, l'égalité des chances en question. X, 411 p., 2008.
- Raymond Duval: *Sémiosis et pensée humaine – Registres sémiotiques et apprentissages intellectuels*. 412 p., 1995.
- Eric Espéret: *Langage et origine sociale des élèves*. (Epuisé)
- Jean-Marc Fabre: *Jugement et certitude. Recherche sur l'évaluation des connaissances*. Préface de G. Noizet. (Epuisé)
- Monique Frumholz: *Ecriture et orthophonie*. 272 p., 1997.
- Pierre Furter: *Les systèmes de formation dans leurs contextes*. (Epuisé)
- André Gauthier (Ed.): *Explorations en linguistique anglaise. Aperçus didactiques*. Avec Jean-Claude Souesme, Viviane Arigne, Ruth Huart-Friedlander. 243 p., 1989.
- Patricia Gilliéron Giroud & Ladislas Ntamakiliro (Ed.): *Réformer l'évaluation scolaire: mission impossible*. 264 p. 2010.
- Michel Gilly, Arlette Brucher, Patricia Broadfoot, Marylin Osborn: *Instituteurs anglais instituteurs francais. Pratiques et conceptions du rôle*. XIV, 202 p., 1993.
- André Giordan: *L'élève et/ou les connaissances scientifiques. Approche didactique de la construction des concepts scientifiques par les élèves*. 3e édition, revue et corrigée. 180 p., 1994.
- André Giordan, Yves Girault, Pierre Clément (Ed.): *Conceptions et connaissances*. 319 p., 1994.
- André Giordan (Ed.): *Psychologie génétique et didactique des sciences*. Avec Androula Henriques et Vinh Bang. (Epuisé)
- Corinne Gomila: *Parler des mots, apprendre à lire. La circulation du métalangage dans les activités de lecture*. X, 263 p. 2011.
- Armin Gretler, Ruth Gurny, Anne-Nelly Perret-Clermont, Edo Poglia (Ed.): *Etre migrant. Approches des problèmes socio-culturels et linguistiques des enfants migrants en Suisse*. 383 p., 1981, 1989.
- Francis Grossmann: *Enfances de la lecture. Manières de faire, manières de lire à l'école maternelle*. Préface de Michel Dabène. 260 p., 1996, 2000.
- Jean-Pascal Simon, Francis Grossmann (Ed.): *Lecture à l'Université. Langue maternelle, seconde et étrangère*. VII, 289 p., 2004.
- Michael Huberman, Monica Gather Thurler: *De la recherche à la pratique. Eléments de base et mode d'emploi*. 2 vol., 335 p., 1991.
- Institut romand de recherches et de documentation pédagogiques (Neuchâtel): Connaissances mathématiques à l'école primaire: J.-F. Perret: *Présentation et synthèse d'une évaluation romande*; F. Jaquet, J. Cardinet: *Bilan des acquisitions en fin de première année*; F. Jaquet, E. George, J.-F. Perret: *Bilan des acquisitions en fin de deuxième année*; J.-F. Perret: *Bilan des acquisitions en fin de troisième année*; R. Hutin, L.-O. Pochon, J.-F. Perret: *Bilan des acquisitions en fin de quatrième année*; L.-O. Pochon: *Bilan des acquisitions en fin de cinquième et sixième année*. 1988-1991.
- Daniel Jacobi: *Textes et images de la vulgarisation scientifique*. Préface de J. B. Grize. (Epuisé)

- René Jeanneret (Ed.): *Universités du troisième âge en Suisse*. Préface de P. Vellas. 215 p., 1985.
- Samuel Johsua, Jean-Jacques Dupin: *Représentations et modélisations: le «débat scientifique» dans la classe et l'apprentissage de la physique*. 220 p., 1989.
- Constance Kamii: *Les jeunes enfants réinventent l'arithmétique*. Préface de B. Inhelder. 171 p., 1990, 1994.
- Helga Kilcher-Hagedorn, Christine Othenin-Girard, Geneviève de Weck: *Le savoir grammatical des élèves. Recherches et réflexions critiques*. Préface de J.-P. Bronckart. 241 p., 1986.
- Georges Leresche (†): *Calcul des probabilités*. (Epuisé)
- Francia Leutenegger: *Le temps d'instruire. Approche clinique et expérimentale du didactique ordinaire en mathématique*. XVIII, 431 p., 2009.
- Even Loarer, Daniel Chartier, Michel Huteau, Jacques Lautrey: *Peut-on éduquer l'intelligence? L'évaluation d'une méthode d'éducation cognitive*. 232 p., 1995.
- Georges Lüdi, Bernard Py: *Etre bilingue*. 4e édition. XII, 223 p., 2013.
- Pierre Marc: *Autour de la notion pédagogique d'attente*. 235 p., 1983, 1991, 1995.
- Jean-Louis Martinand: *Connaître et transformer la matière*. Préface de G. Delacôte. (Epuisé)
- Jonas Masdonati: *La transition entre école et monde du travail. Préparer les jeunes à l'entrée en formation professionnelle*. 300 p., 2007.
- Marinette Matthey: *Apprentissage d'une langue et interaction verbale*. XII, 247 p., 1996, 2003.
- Paul Mengal: *Statistique descriptive appliquée aux sciences humaines*. VII, 107 p., 1979, 1984, 1991, 1994, 1999 (5e + 6e), 2004.
- Henri Moniot (Ed.): *Enseigner l'histoire. Des manuels à la mémoire*. (Epuisé)
- Cléopâtre Montandon, Philippe Perrenoud: *Entre parents et enseignants: un dialogue impossible?* Nouvelle édition, revue et augmentée. 216 p., 1994.
- Christiane Moro, Bernard Schneuwly, Michel Brossard (Ed.): *Outils et signes. Perspectives actuelles de la théorie de Vygotski*. 221 p., 1997.
- Christiane Moro & Cintia Rodríguez: *L'objet et la construction de son usage chez le bébé. Une approche sémiotique du développement préverbal*. X, 446 p., 2005.
- Lucie Mottier Lopez: *Apprentissage situé. La microculture de classe en mathématiques*. XXI, 311 p., 2008.
- Gabriel Mugny (Ed.): *Psychologie sociale du développement cognitif*. Préface de M. Gilly. (Epuisé)
- Romuald Normand: *Gouverner la réussite scolaire. Une arithmétique politique des inégalités*. XI, 260 p., 2011.
- Sara Pain: *Les difficultés d'apprentissage. Diagnostic et traitement*. 125 p., 1981, 1985, 1992.
- Sara Pain: *La fonction de l'ignorance*. (Epuisé)
- Christiane Perregaux: *Les enfants à deux voix. Des effets du bilinguisme successif sur l'apprentissage de la lecture*. 399 p., 1994.

- Jean-François Perret: *Comprendre l'écriture des nombres*. 293 p., 1985.
- Anne-Nelly Perret-Clermont: *La construction de l'intelligence dans l'interaction sociale*. Edition revue et augmentée avec la collaboration de Michèle Grossen, Michel Nicolet et Maria-Luisa Schubauer-Leoni. 305 p., 1979, 1981, 1986, 1996, 2000.
- Edo Poglia, Anne-Nelly Perret-Clermont, Armin Gretler, Pierre Dasen (Ed.): *Pluralité culturelle et éducation en Suisse. Etre migrant*. 476 p., 1995.
- Jean Portugais: *Didactique des mathématiques et formation des enseignants*. 340 p., 1995.
- Yves Reuter (Ed.): *Les interactions lecture-écriture*. Actes du colloque organisé par THÉODILE-CREL (Lille III, 1993). XII, 404 p., 1994, 1998.
- Philippe R. Richard: *Raisonnement et stratégies de preuve dans l'enseignement des mathématiques*. XII, 324 p., 2004.
- Marielle Rispail et Christophe Ronveaux (Ed.): *Gros plan sur la classe de français. Motifs et variations*. X, 258 p., 2010.
- Yviane Rouiller et Katia Lehraus (Ed.): *Vers des apprentissages en coopération: rencontres et perspectives*. XII, 237 p., 2008.
- Guy Rumelhard: *La génétique et ses représentations dans l'enseignement*. Préface de A. Jacquard. 169 p., 1986.
- El Hadi Saada: *Les langues et l'école. Bilinguisme inégal dans l'école algérienne*. Préface de J.-P. Bronckart. 257 p., 1983.
- Muriel Surdez: *Diplômes et nation. La constitution d'un espace suisse des professions avocate et artisanales (1880-1930)*. X, 308 p., 2005.
- Valérie Tartas: *La construction du temps social par l'enfant*. Préfaces de Jérôme Bruner et Michel Brossard XXI, 252 p., 2008.
- Sabine Vanhulle: *Des savoirs en jeu aux savoirs en «je». Cheminements réflexifs et subjectivation des savoirs chez de jeunes enseignants en formation*. 288 p., 2009.
- Joëlle Vlassis: *Sens et symboles en mathématiques. Etude de l'utilisation du signe «moins» dans les réductions polynomiales et la résolution d'équations du premier degré à inconnue*. XII, 437 p., 2010.
- Gérard Vergnaud: *L'enfant, la mathématique et la réalité. Problèmes de l'enseignement des mathématiques à l'école élémentaire*. V, 218 p., 1981, 1983, 1985, 1991, 1994.
- Nathanaël Wallenhorst: *L'école en France et en Allemagne. Regard de lycéens, comparaison d'expériences scolaires*. IX, 211 p., 2013.
- Jacques Weiss (Ed.): *A la recherche d'une pédagogie de la lecture*. (Epuisé)
- Tania Zittoun: *Insertions. A quinze ans, entre échec et apprentissage*. XVI, 192 p., 2006.